张艳伟 石来德 宓为建 著

集装箱码头混合装卸系统生产组织关键技术研究

Operations Research on Maritime Container Terminal with a Hybrid of Single-Trolley and Dual-Forty Feet-Trolley Quay Cranes

内容提要

随着集装箱货运量的快速增长和港口竞争的日益加剧，港口经营者面临着更大的机遇和挑战。本书以出口箱堆存与翻箱等集装箱码头关键技术为研究内容，从计划和动态决策两个层面展开深入系统的研究，对实现集装箱码头关键业务的自动化智能决策，促进双40英尺岸桥在集装箱装卸作业中的广泛应用和推广具有一定的实用价值和理论意义。

本书适合高校相关专业师生参考使用。

图书在版编目(CIP)数据

集装箱码头混合装卸系统生产组织关键技术研究 / 张艳伟，石来德，宓为建著. —上海：同济大学出版社，2017.8

(同济博士论丛 / 伍江总主编)

ISBN 978-7-5608-7004-5

Ⅰ.①集… Ⅱ.①张… ②石… ③宓… Ⅲ.①集装箱码头-港口装卸-生产组织-研究 Ⅳ.①F550.61

中国版本图书馆 CIP 数据核字(2017)第 093885 号

集装箱码头混合装卸系统生产组织关键技术研究

张艳伟　石来德　宓为建　著

出 品 人　华春荣　　责任编辑　张崇豪　熊磊丽
责任校对　徐春莲　　封面设计　陈益平

出版发行	同济大学出版社　www.tongjipress.com.cn	
	(地址：上海市四平路1239号　邮编：200092　电话：021-65985622)	
经　　销	全国各地新华书店	
排版制作	南京展望文化发展有限公司	
印　　刷	浙江广育爱多印务有限公司	
开　　本	787 mm×1092 mm　1/16	
印　　张	16.5	
字　　数	330 000	
版　　次	2017年8月第1版　2017年8月第1次印刷	
书　　号	ISBN 978-7-5608-7004-5	
定　　价	76.00元	

本书若有印装质量问题，请向本社发行部调换　　版权所有　侵权必究

"同济博士论丛"编写领导小组

组　　　长：杨贤金　钟志华

副 组 长：伍　江　江　波

成　　　员：方守恩　蔡达峰　马锦明　姜富明　吴志强
　　　　　　徐建平　吕培明　顾祥林　雷星晖

办公室成员：李　兰　华春荣　段存广　姚建中

"同济博士论丛"编辑委员会

总 主 编： 伍 江

副总主编： 雷星晖

编委会委员：（按姓氏笔画顺序排列）

丁晓强	万 钢	马卫民	马在田	马秋武	马建新
王 磊	王占山	王华忠	王国建	王洪伟	王雪峰
尤建新	甘礼华	左曙光	石来德	卢永毅	田 阳
白云霞	冯 俊	吕西林	朱合华	朱经浩	任 杰
任 浩	刘 春	刘玉擎	刘滨谊	闫 冰	关佶红
江景波	孙立军	孙继涛	严国泰	严海东	苏 强
李 杰	李 斌	李风亭	李光耀	李宏强	李国正
李国强	李前裕	李振宇	李爱平	李理光	李新贵
李德华	杨 敏	杨东援	杨守业	杨晓光	肖汝诚
吴广明	吴长福	吴庆生	吴志强	吴承照	何品晶
何敏娟	何清华	汪世龙	汪光焘	沈明荣	宋小冬
张 旭	张亚雷	张庆贺	陈 鸿	陈小鸿	陈义汉
陈飞翔	陈以一	陈世鸣	陈艾荣	陈伟忠	陈志华
邵嘉裕	苗夺谦	林建平	周 苏	周 琪	郑军华
郑时龄	赵 民	赵由才	荆志成	钟再敏	施 骞
施卫星	施建刚	施惠生	祝 建	姚 熹	姚连璧

袁万城　莫天伟　夏四清　顾　明　顾祥林　钱梦騄
徐　政　徐　鉴　徐立鸿　徐亚伟　凌建明　高乃云
郭忠印　唐子来　阎耀保　黄一如　黄宏伟　黄茂松
戚正武　彭正龙　葛耀君　董德存　蒋昌俊　韩传峰
童小华　曾国荪　楼梦麟　路秉杰　蔡永洁　蔡克峰
薛　雷　霍佳震

秘书组成员： 谢永生　赵泽毓　熊磊丽　胡晗欣　卢元姗　蒋卓文

总 序

在同济大学110周年华诞之际,喜闻"同济博士论丛"将正式出版发行,倍感欣慰。记得在100周年校庆时,我曾以《百年同济,大学对社会的承诺》为题作了演讲,如今看到付梓的"同济博士论丛",我想这就是大学对社会承诺的一种体现。这110部学术著作不仅包含了同济大学近10年100多位优秀博士研究生的学术科研成果,也展现了同济大学围绕国家战略开展学科建设、发展自我特色,向建设世界一流大学的目标迈出的坚实步伐。

坐落于东海之滨的同济大学,历经110年历史风云,承古续今、汇聚东西,秉持"与祖国同行、以科教济世"的理念,发扬自强不息、追求卓越的精神,在复兴中华的征程中同舟共济、砥砺前行,谱写了一幅幅辉煌壮美的篇章。创校至今,同济大学培养了数十万工作在祖国各条战线上的人才,包括人们常提到的贝时璋、李国豪、裘法祖、吴孟超等一批著名教授。正是这些专家学者培养了一代又一代的博士研究生,薪火相传,将同济大学的科学研究和学科建设一步步推向高峰。

大学有其社会责任,她的社会责任就是融入国家的创新体系之中,成为国家创新战略的实践者。党的十八大以来,以习近平同志为核心的党中央高度重视科技创新,对实施创新驱动发展战略作出一系列重大决策部署。党的十八届五中全会把创新发展作为五大发展理念之首,强调创新是引领发展的第一动力,要求充分发挥科技创新在全面创新中的引领作用。要把创新驱动发展作为国家的优先战略,以科技创新为核心带动全面创新,以体制机制改革激发创新活力,以高效率的创新体系支撑高水平的创新型国家建设。作为人才培养和科技创新的重要平台,大学是国家创新体系的重要组成部分。同济大学理当围绕国家战略目标的实现,作出更大的贡献。

大学的根本任务是培养人才,同济大学走出了一条特色鲜明的道路。无论是本科教育、研究生教育,还是这些年摸索总结出的导师制、人才培养特区,"卓越人才培养"的做法取得了很好的成绩。聚焦创新驱动转型发展战略,同济大学推进科研管理体系改革和重大科研基地平台建设。以贯穿人才培养全过程的一流创新创业教育助力创新驱动发展战略,实现创新创业教育的全覆盖,培养具有一流创新力、组织力和行动力的卓越人才。"同济博士论丛"的出版不仅是对同济大学人才培养成果的集中展示,更将进一步推动同济大学围绕国家战略开展学科建设、发展自我特色、明确大学定位、培养创新人才。

面对新形势、新任务、新挑战,我们必须增强忧患意识,扎根中国大地,朝着建设世界一流大学的目标,深化改革,勠力前行!

万 钢
2017 年 5 月

论丛前言

承古续今,汇聚东西,百年同济秉持"与祖国同行、以科教济世"的理念,注重人才培养、科学研究、社会服务、文化传承创新和国际合作交流,自强不息,追求卓越。特别是近20年来,同济大学坚持把论文写在祖国的大地上,各学科都培养了一大批博士优秀人才,发表了数以千计的学术研究论文。这些论文不但反映了同济大学培养人才能力和学术研究的水平,而且也促进了学科的发展和国家的建设。多年来,我一直希望能有机会将我们同济大学的优秀博士论文集中整理,分类出版,让更多的读者获得分享。值此同济大学110周年校庆之际,在学校的支持下,"同济博士论丛"得以顺利出版。

"同济博士论丛"的出版组织工作启动于2016年9月,计划在同济大学110周年校庆之际出版110部同济大学的优秀博士论文。我们在数千篇博士论文中,聚焦于2005—2016年十多年间的优秀博士学位论文430余篇,经各院系征询,导师和博士积极响应并同意,遴选出近170篇,涵盖了同济的大部分学科:土木工程、城乡规划学(含建筑、风景园林)、海洋科学、交通运输工程、车辆工程、环境科学与工程、数学、材料工程、测绘科学与工程、机械工程、计算机科学与技术、医学、工程管理、哲学等。作为"同济博士论丛"出版工程的开端,在校庆之际首批集中出版110余部,其余也将陆续出版。

博士学位论文是反映博士研究生培养质量的重要方面。同济大学一直将立德树人作为根本任务,把培养高素质人才摆在首位,认真探索全面提高博士研究生质量的有效途径和机制。因此,"同济博士论丛"的出版集中展示同济大学博士研究生培养与科研成果,体现对同济大学学术文化的传承。

"同济博士论丛"作为重要的科研文献资源,系统、全面、具体地反映了同济大学各学科专业前沿领域的科研成果和发展状况。它的出版是扩大传播同济科研成果和学术影响力的重要途径。博士论文的研究对象中不少是"国家自然科学基金"等科研基金资助的项目,具有明确的创新性和学术性,具有极高的学术价值,对我国的经济、文化、社会发展具有一定的理论和实践指导意义。

"同济博士论丛"的出版,将会调动同济广大科研人员的积极性,促进多学科学术交流、加速人才的发掘和人才的成长,有助于提高同济在国内外的竞争力,为实现同济大学扎根中国大地,建设世界一流大学的目标愿景做好基础性工作。

虽然同济已经发展成为一所特色鲜明、具有国际影响力的综合性、研究型大学,但与世界一流大学之间仍然存在着一定差距。"同济博士论丛"所反映的学术水平需要不断提高,同时在很短的时间内编辑出版110余部著作,必然存在一些不足之处,恳请广大学者,特别是有关专家提出批评,为提高同济人才培养质量和同济的学科建设提供宝贵意见。

最后感谢研究生院、出版社以及各院系的协作与支持。希望"同济博士论丛"能持续出版,并借助新媒体以电子书、知识库等多种方式呈现,以期成为展现同济学术成果、服务社会的一个可持续的出版品牌。为继续扎根中国大地,培育卓越英才,建设世界一流大学服务。

伍 江

2017 年 5 月

前　言

随着集装箱货运量的快速增长和港口竞争的日益加剧,港口经营者面临着更大的机遇和挑战。如何在既定的自然条件、政策法规、先进的设备设施和装卸工艺条件下,通过各作业环节的合理组织和管理,最大限度地发挥作业系统的整体效率,是提高集装箱码头物流能力和服务质量的关键所在。另一方面,由于船舶具体到达时间、外卡到港规律、港内交通实况、机械设备的实际作业效率、预到港进出口箱的信息等均具有一定的不确定性和随机性,以及各子系统间的复杂耦合和相互动态作用,致使集装箱码头的生产组织十分复杂。虽然国内外对集装箱码头生产管理难题进行了一定程度的研究,并出现了用于生产实际的管理信息系统,但相关研究仍存在深度不足、缺乏对不确定因素和干扰的应对能力等局限。对集装箱码头作业系统和关键业务进行更深入和细致的研究势在必行。

集装箱码头生产营运主要涉及出口箱、进口箱和中转箱作业。对于出口箱来说,从港外分散进场→堆场暂存→集中装船的作业过程可看作约束和冲突逐步增强的过程;与出口箱相反,进口箱的物流过程可看作约束和冲突逐步松弛的过程;而集中卸船后在堆场暂存,待二程船到港后集中装船的中转箱,其业务一定程度上具有进出口箱业务的综合特性。为此,可以说,集装箱码头作业系统中出口箱业务最为复杂。出口箱业务主要涉及堆场堆存和翻箱、船舶配载与发箱序列决策、设备配置与调度等几大方面。其中,集港计划、箱位动态分配、翻箱决策等与堆场空间资源分配相关的业务是出口箱业务中最基础和核心的环节。合理的堆场状态和高效的翻箱方案,有利于提高作业效率,可为船舶配载和装船时设备的调度奠定良好的基础;无序的堆存状态和较劣的翻箱方案,会使作业效率下降,甚至导致设备调度困难,即使对发箱顺序和设备调度策略进行优化也无法保证装船流畅性的现象。考虑到出口箱业务的复杂性及出口箱堆场堆存与翻箱等核心决策的重要性,本书以出口箱堆存与翻箱等集装箱码头关键技术为研究内容,从计划和动态决策两个层面展开深入系统的研究。

针对亚洲特别是中国各大型集装箱港口广泛采用的"岸桥—轮胎吊—集卡"装卸工艺,考虑到近年出现的新型双40英尺岸桥对集装箱码头生产组织带来的新挑战,本书以岸边配备有常规岸桥和双40岸桥2种机型、堆场配备轮胎吊、集卡为水平运输设备的混合装卸系统为研究对象,以出口箱堆场空间资源分配业务为研究主线,主要就集港计划、出口箱具体箱位动态分配、装船前位内预翻箱、装船时位内被动翻箱等,直接影响设备调度环境和出口箱装船组织的核心决策及决策信息流进行深入研究。旨在解决集装箱码头生产实际中存在的出口箱堆存不够合理、翻箱效率低,甚至造成装船时场桥无法合理调度,严重影响船舶作业效率的问题。同时,为多层直接堆垛集装箱码头实现自动化,以及双40英尺岸桥在集装箱码头作业系统中特别是复杂的出口箱装船作业中发挥既定的效率提供一定的科学手段。

本书涉及的决策问题可分为:与整个系统或多个子系统存在较大关联,且相关因素具有较大随机性的"大问题";较具体的"局部问题"。其中,集港计划和出口箱箱位分配的智能多级堆存问题属于"大问题"范畴,相关因素涉及范围广,各因素多具有一定的随机性和不确定性,且相互之间存在动态作用,通过精确计算很难得到问题的解。对于此类问题的研究,本书提出问题的数学描述、决策信息流描述和系统仿真相结合的技术路线。其中,抽象的数学描述利于理清相关目标的影响因素;信息流描述便于系统直观地认知各因素的数据来源及相互之间的数据交互关系;而系统仿真在影响因素和决策信息流已明确的基础上,从更具体的层面对实际系统进行模拟,从统计和概率的角度对相应的方案、方法或策略进行性能评价,最终达到解决问题的目的。而对于倍位内翻箱决策等"局部问题",针对问题的大规模组合特性,本书对模型的合理描述及相应的求解方法进行了深入的研究,尤其注重问题自身启发信息的有效利用和优化算法的合理设计,保证以尽量小的计算代价得到满足工程实际需求的较优决策方案。优化模型和求解方法经计算机编程和大量实例计算验证有效后,可与集港计划方案等"大问题"决策一起嵌入系统仿真模型中,以便系统整体性能的评价。

本书共分 8 章,主要包括常规岸桥及双 40 英尺岸桥作业系统的出口箱集港计划、出口箱智能多级分类堆存体系的构建及具体箱位的分配、出口箱装船前预翻箱和装船时被动翻箱方案的优化、堆场关键决策信息流的描述及码头生产系统仿真等。涉及复杂随机离散系统和大规模组合问题的研究,采用了数学建模方法、蚁群优化算法描述、决策流程 Petri 网、系统仿真等技术手段。相关数学模型描述和求解方法、技术路线等适用于堆场为多排多层直接堆垛的自动化或非自动化集装箱码头。部分研究成果,如:倍位内翻箱优化决策等,也适用于与集装箱具有相似堆垛特点的木箱、托盘等物流系统。本书的研究对实现集装箱码头关键业务的自动化智能决策,促进双 40 英尺岸桥在集装箱装卸作业中的广泛应用和推广具有一定实用价值和理论意义。同时为探索复杂离散随机系统和大规模组合优化问题的研究手段提供了一定的理论支持。

目 录

总序
论丛前言
前言

第1章 引言 ·· 1
  1.1 研究背景 ·· 1
  1.2 问题提出 ·· 4
  1.3 问题描述 ·· 5
    1.3.1 研究对象的界定 ·· 5
    1.3.2 研究问题的描述分析 ··· 8
  1.4 国内外研究动态 ··· 12
    1.4.1 出口箱场箱位分配 ··· 13
    1.4.2 堆场转堆及翻箱决策 ·· 15
    1.4.3 大规模组合优化问题求解方法 ·· 16
    1.4.4 仿真技术在集装箱码头生产系统研究中的应用 ······················· 17
  1.5 本书研究的目的和意义 ·· 19
    1.5.1 研究目的 ·· 19
    1.5.2 研究的实际价值与理论意义 ·· 19
  1.6 研究内容、结构及创新点 ··· 20
    1.6.1 研究内容与本书结构 ·· 20
    1.6.2 本书的创新点 ··· 22
  1.7 本章小结 ·· 22

第 2 章 出口箱集港堆存计划 ... 23
2.1 问题描述与分析 ... 23
2.1.1 集港箱的信息特征 ... 24
2.1.2 滚动式计划策略的确定 ... 26
2.2 问题解决思路 ... 27
2.2.1 相关假设 ... 27
2.2.2 集港计划的决策内容及目标 ... 29
2.2.3 解决问题的技术路线 ... 30
2.3 堆场区段分配计划模型构建 ... 31
2.3.1 面向船舶的集港箱堆场区段分配计划 ... 31
2.3.2 面向箱组的集港箱堆场区段匹配计划 ... 39
2.4 堆场倍位计划模型构建 ... 43
2.5 本章小结 ... 50

第 3 章 出口箱堆存箱位动态分配 ... 51
3.1 问题描述与分析 ... 51
3.2 智能多级分类堆存体系构建 ... 53
3.2.1 出口箱分类堆存级别的划分 ... 54
3.2.2 智能多级分类堆存体系的建立 ... 55
3.3 多级分类堆存体系中 2 种典型的分类堆存研究 ... 57
3.3.1 适合双 40 英尺岸桥作业的具体箱位动态分配 ... 58
3.3.2 重压轻策略下具体箱位的动态分配 ... 66
3.4 本章小结 ... 75

第 4 章 出口箱装船前位内预翻箱优化决策 ... 76
4.1 问题描述与分析 ... 76
4.1.1 出口箱装船前整理作业的分类 ... 77
4.1.2 位内预翻箱问题的特征分析 ... 78
4.1.3 倍位状态的有效表达 ... 80
4.2 倍位目标状态的确定 ... 81
4.2.1 事先确定目标状态的必要性 ... 81
4.2.2 基于启发信息的目标状态的确定 ... 82

4.3 翻箱方案的优化决策 ································· 84
   4.3.1 方案搜索过程中无效翻箱的控制 ················ 85
   4.3.2 方案形成后翻箱序列的进一步优化 ··············· 89
   4.3.3 翻箱方案优化决策流程 ······················· 95
4.4 位内预翻箱智能决策系统的实现 ······················ 96
   4.4.1 "启发式深度优先"算法的设计 ·················· 96
   4.4.2 位内预翻箱智能决策系统 ······················ 97
4.5 本章小结 ·· 103

第 5 章 装船时位内翻箱优化决策 ························· 105
5.1 问题描述与分析 ·································· 105
5.2 优化决策数学模型 ································ 107
   5.2.1 模型框架 ································· 107
   5.2.2 约束条件及处理方法 ························ 109
   5.2.3 优化数学模型的构建 ························ 110
5.3 装船时翻箱智能决策系统的实现 ···················· 112
   5.3.1 "启发式深度优先"算法设计 ··················· 112
   5.3.2 实例求解及结果分析 ························ 113
5.4 位内翻箱优化决策的蚁群算法描述 ··················· 121
   5.4.1 蚁群算法的解空间结构 ······················· 122
   5.4.2 翻箱问题混合层状解构造图的构建 ··············· 124
   5.4.3 蚁群优化算法的设计 ························ 126
5.5 本章小结 ······································· 128

第 6 章 出口集装箱层次工作流 Petri 网建模 ················ 130
6.1 基于 Petri 网的工作流建模方法 ······················ 131
   6.1.1 工作流技术 ······························· 131
   6.1.2 工作流 Petri 网描述 ······················· 134
   6.1.3 工作流 Petri 网正确性验证 ·················· 137
6.2 出口箱决策业务流程描述与分析 ····················· 138
   6.2.1 集装箱码头出口箱业务系统 ··················· 138
   6.2.2 出口箱堆场决策业务流程 ····················· 139

6.3 出口箱决策业务层次工作流 Petri 网构建 ……………………… 146
    6.3.1 出口箱工作流 Petri 网顶层结构 ……………………… 146
    6.3.2 工作流 Petri 网顶层结构正确性分析 ………………… 148
    6.3.3 出口箱堆场工作流子网描述与分析 …………………… 149
6.4 本章小结 ……………………………………………………… 152

第 7 章 集装箱堆场生产组织仿真 ……………………………………… 153
7.1 离散系统仿真及仿真环境选取 ……………………………… 154
7.2 仿真模型构建与实验设计思路 ……………………………… 155
7.3 仿真模型的基本数据 ………………………………………… 156
    7.3.1 船舶、外卡和集装箱产生模块 ………………………… 161
    7.3.2 泊位和岸桥分配模块 …………………………………… 161
    7.3.3 出口箱集港模块 ………………………………………… 162
    7.3.4 进口箱进场及提箱模块 ………………………………… 164
    7.3.5 场桥和内卡调度模块 …………………………………… 165
7.4 集装箱码头系统仿真模型的实现 …………………………… 166
7.5 仿真结果输出与分析 ………………………………………… 171
    7.5.1 仿真模型输出指标设计 ………………………………… 171
    7.5.2 仿真模型实验设计 ……………………………………… 172
    7.5.3 方案仿真及仿真结果分析 ……………………………… 174
7.6 本章小结 ……………………………………………………… 178

第 8 章 结论与展望 ……………………………………………………… 179

参考文献 ………………………………………………………………… 182

附录 A 装船前预翻箱智能决策系统部分程序代码 ………………… 190
附录 B 装船时翻箱智能决策系统部分程序代码 …………………… 218

后记 ……………………………………………………………………… 244

第 1 章 引 言

1.1 研 究 背 景

20 世纪 80 年代以来,全球集装箱货运量持续快速增长。进入 21 世纪,集装箱运量的增长速度有所减缓,但仍保持较高的增长量。据 LINK Project 的统计和预测,2011 年,集装箱运量有望达到 122.7 百万 TEU(Twentyfoot Equivalent Unit,20 英尺标准箱),较 1999 年的 59.0 百万 TEU,12 年间约增长 108%,绝对增量超过了 20 世纪 90 年代年运量的最大值(图 1-1)。随着集装箱运量的快速增长,集装箱船舶先后经历了从第 1 代至第 6 代的发展过程,大型化和超大型化已成为一种不可逆转的趋势。据 DREWRY 最新报告显示,2007 年有 453 艘,141 万 TEU 运力交付,其中,8 000 TEU 以上船舶有 45 艘,运力为 40

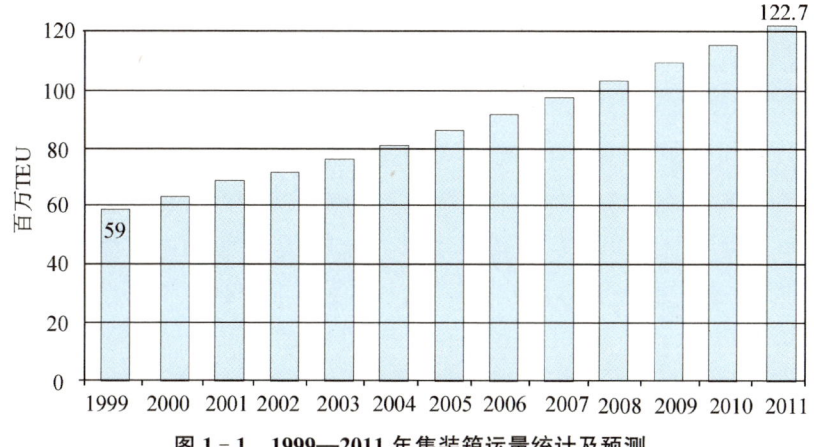

图 1-1 1999—2011 年集装箱运量统计及预测

数据来源:LINK Project。注:不计空箱运量。

万 TEU,占总交付运力的 28.5%;2008 年以后有 714 艘,296 万 TEU 运力交付使用,其中 8 000 TEU 以上的 111 艘,运力为 103 万 TEU,占总交付运力的 35%;8 000 TEU 及以上集装箱船的订单运力为现有该船型运力的 2 倍左右(表1-1),船舶大型化将得到普遍发展。

表 1-1 世界集装箱船舶运力及订单情况

船型/TEU		2006 年底			现 有 订 单		
		现有集装箱船/艘	现有运力/TEU	占总运力比重	2007 年订单新增运力/TEU	2008 年及以后订单新增运力/TEU	现有订单新增运力/TEU	现有订单新增运力占当前运力的比重
巴拿马及以下船型(<4 000)		3 089	4 653 920	51.4%	538 000	637 000	1 175 000	25.2%
超巴拿马型	4 000—4 999	328	1 439 499	15.9%	223 000	543 000	766 000	53.2%
	5 000—5 999	220	1 199 408	13.3%	130 000	249 000	379 000	31.6%
	6 000—6 999	98	634 412	7.0%	84 000	501 000	585 000	92.2%
	7 000—7 999	45	330 980	3.7%	36 000	—	36 000	10.9%
	8 000 以上	92	789 721	8.7%	403 000	1 036 000	1 439 000	182.2%
	小 计	783	4 394 020	48.6%	876 000	2 329 000	3 205 000	72.9%
合 计		3 872	9 047 940	100%	1 414 000	2 966 000	4 380 000	48.4%

数据来源:Drewry。

同时,随着亚洲特别是中国经济的快速发展,全球集装箱海运重心已加快向东亚,特别是向中国转移。由表 1-2 可知,2006 年全球集装箱吞吐量前 10 的集装箱港口中前 6 位均在亚洲,且前 6 位有 4 个属于中国。中国集装箱年吞吐量占世界集装箱年吞吐总量的比重也逐年上升,2006 年突破了 20%,2007 年已达到 24% 左右(图 1-2)。为进一步提高在国际集装箱运输中的竞争力,取得枢纽港或国际中转港地位,我国与韩国等周边国家主要集装箱港口之间的竞争日益加剧,国内各大港口群之间的竞争亦较为激烈(图 1-3)。

第1章 引言

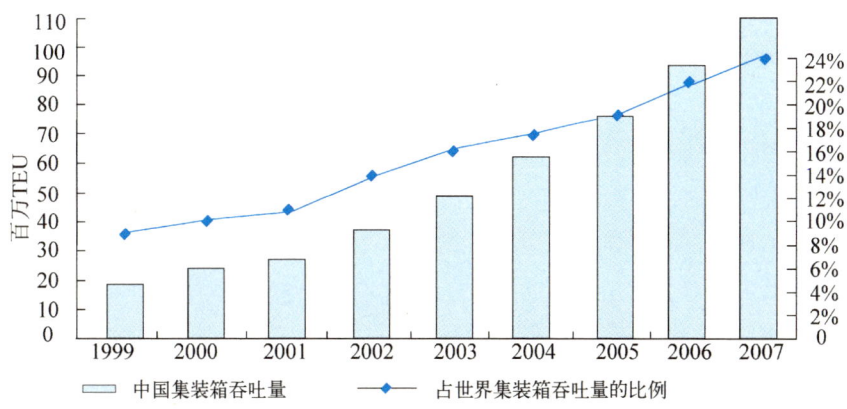

图1-2 1999—2007年中国集装箱吞吐量及占全球吞吐总量的比重

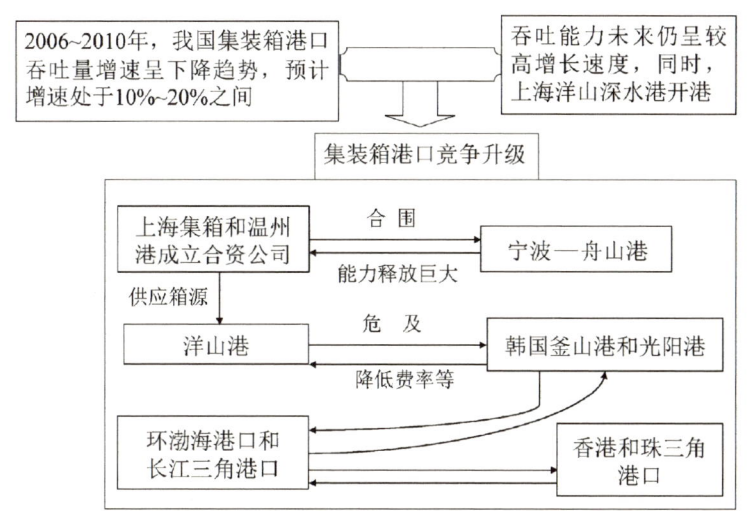

图1-3 东亚各主要港口之间的竞争情况

表1-2 2006年全球十大集装箱港口历年吞吐量统计　　单位：万TEU

排名	港　口	2006年	2005年	2004年	2003年	2002年	2001年	2000年
1	新加坡	2 480.0	2 320.0	2 134.3	1 810.0	1 680.0	1 552.0	1 704.0
2	香　港	2 323.4	2 242.0	2 198.0	2 044.9	1 914.4	1 782.6	1 809.8
3	上　海	2 171.8	1 808.0	1 455.0	1 128.0	861.0	634.0	561.3
4	深　圳	1 846.8	1 620.0	1 365.0	1 061.0	761.0	507.6	399.4
5	釜　山	1 203.0	1 184.0	1 149.5	1 036.7	945.3	807.3	754.0

续 表

排名	港口	2006年	2005年	2004年	2003年	2002年	2001年	2000年
6	高雄	977.4	947.0	971.3	884.0	849.3	754.1	742.6
7	鹿特丹	960.0	930.0	830.4	710.0	651.2	610.2	628.0
8	迪拜港	892.3	762.0	643.0	515.0	418.7	350.2	307.2
9	汉堡	886.1	810.0	701.3	613.8	537.4	468.9	424.8
10	洛杉矶	847.0	748.0	731.9	718.0	610.6	518.4	487.9

数据来源：《香港经济年鉴》，《港口经济》及《中国港口集装箱网》。

1.2 问题提出

在既定的自然条件下，为提高竞争力，各大集装箱港口必须在硬件、软件设施、管理理念及资金、保险、政策等外部因素方面做进一步提升（图1-4）。其中，硬件设施主要包括航道、泊位、堆场、装卸设备、集疏运条件等；软件要素主要包括港口集装箱业务信息化管理水平、现代物流服务理念和港口运行机制等。在既定的泊位岸线、后方堆场等土建设施条件及政府政策下，在不考虑配送、加工等附加物流活动的情况下，配置先进合理的装卸工艺，配备与装卸工艺相符的先进作业机械，以及提高生产组织管理水平是提升集装箱码头竞争力的有效手段。

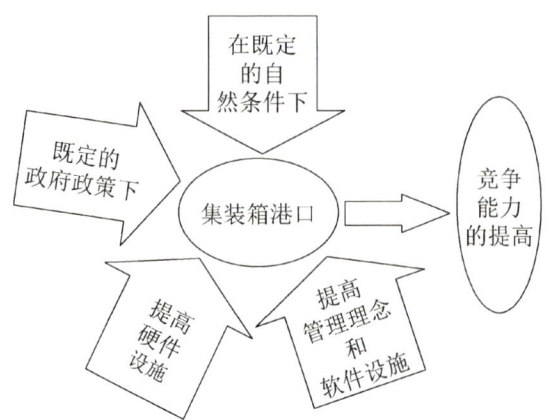

图1-4 影响集装箱港口竞争能力的主要因素

集装箱装卸工艺布置和装卸机械选型通常发生在新建、扩建或改建集装箱码头工程时的规划阶段。在码头投入运营后，如何在既定的设备设施和装卸工艺条件下，通过码头作业各环节的合理组织和管理，最大水平地发挥作业系统的整体效率，是减少船舶在港停时，提高服务质量的关键所在。由于船舶到港时间、外集卡到港信息、港内车况等大量不确定性因素的影响，以及各子系统间的相互动态作用，致使集装箱码头生产组织与管理十分复杂。虽然国内外对集装箱码头生产管理难题进行了一定程度的研究，并出现了用于集装箱码头生产实际的管理信息系统，如：美国的 NAVIS、比利时的 COSMOS 和韩国的 TSB、上海海勃物流软件有限公司及上海海事大学等单位均开发了相应的集装箱码头营运管理系统，但相关的研究还存在一定的局限，其深度和广度还有待进一步探索。主要表现在：对不确定因素的影响考虑不够全面；子问题的解决多为有限个既定方案或经验规则的简单比选；缺乏对集装箱码头作业系统信息流的整体研究等。

针对目前研究存在的不足，本书拟在充分考虑不确定因素和集装箱码头系统中各子系统间复杂影响的情况下，以作业情况最为复杂的出口集装箱为研究对象，以出口箱从集港至装船整个过程为主线，对出口箱集港计划、出口箱到港动态箱位分配、出口箱装船前堆存位内预翻箱整理、出口箱装船发箱时被动翻箱等集装箱码头核心决策业务进行深入研究。提出适合常规岸桥和双 40 英尺岸桥作业系统的集港计划和箱位动态分配决策方法；构建适合不同堆场密度的多级分类堆存体系；开发智能高效的翻箱方案决策支持系统；实现相关决策流程的 Petri 网描述，基于层次决策流 Petri 网模型构建集装箱码头整体作业系统仿真模型，通过仿真验证集装箱码头核心业务决策方案的有效性与实用性。

1.3 问题描述

1.3.1 研究对象的界定

堆场是集装箱码头的重要资源，除直装、直提的危险品箱外，所有的集装箱从陆运转为水运、水运转为陆运或从水运转为水运，均需事先在堆场堆存。首先结合如图 1-5 所示对进、出口箱及中转箱的作业流程进行如下描述。

(1) 出口箱。一般在相应船舶到港前 3～5 天开始集港，由外集卡陆续陆运进港堆存在堆场内，并在船舶到港前 6 h 结港(停止进箱)，以便根据集港箱

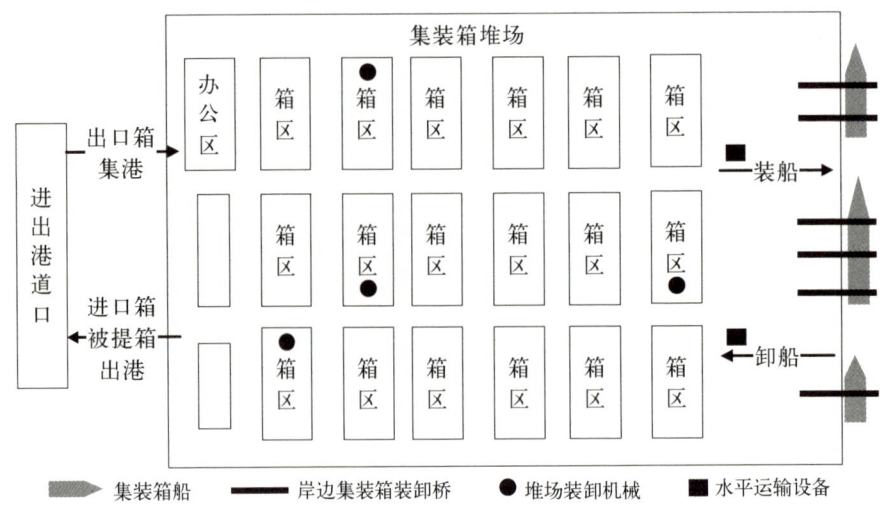

图 1-5　集装箱码头布局示意图

信息进行船舶配载及装船作业计划。装船开始后,堆场机械将出口箱装上水平运输机械,经水平运输机械运输至岸边后,由岸边集装箱装卸桥将出口箱装船。

(2) 进口箱。船舶到港后由岸桥将进口箱卸船,经水平运输机械运输至堆场后,由堆场作业机械将其堆存在相应的堆存位内。客户可在免费堆存期内由外集卡陆续提箱出港。超过堆存期(一般为7天)的进口箱将统一疏港,以加快堆场的箱量周转,提高堆场的物流能力。

(3) 中转箱。一程船到港后,集中卸船,堆存在堆场内,当二程船到港后,再集中从堆场内发箱进行装船作业。

由上述描述可知,出口箱为分散集港,集中装船;进口箱为集中卸船,分散提箱;中转箱为集中卸船,集中装船。每条船舶对应的集装箱具有分散集疏运,集中装卸船的特点。堆场作业涉及装船、卸船、集港、提箱等,几乎和集装箱码头的所有操作均存在相关性。其有效协调了集中装卸船和分散集疏运的关系,可看作集装箱码头的缓冲区,对提高装、卸船效率,减少船舶在港停时、减少外集卡在港等待时间及码头内的交通拥堵起着至关重要的作用。合理有效地组织堆场业务是提高整个码头生产能力的主要环节。

堆场业务涉及进口箱、出口箱和中转箱的作业。如图1-6(a)所示,与生产车间加工过程类似,若将某个船舶的出口箱看作一批工件,堆场作业可看作出口箱的前驱工序,其直接影响着后续的装船工序。为此,充分考虑堆场作业对装船作业的影响,合理有效地组织出口箱堆场业务,对有效保证装船的连续性,提高装船效率,减少船舶在港停时至关重要。但由于堆场对出口箱进行集港等作业时,相应船舶尚未到达,与船舶作业相关的信息滞后或不确定,给堆场业务的合理组织带来了很大的难度。另外,由于出口箱集港时分散进场,各箱到港时间的随机性和动态性进一步加大了堆存业务的难度。与出口箱不同,进口箱的卸船作业为前驱工序(图 1-6(b)),且在船舶到港后进行卸船,进口箱信息准确,堆场作业相对简单。同进口箱相似,由于卸船时信息准确中转箱堆场业务亦较出口箱简单。由此可知,堆场业务涉及集港、提箱、装船、卸船,几乎和集装箱码头的所有操作均有关联,是整个集装箱码头作业系统的核心。在堆场子系统中,与出口箱相关的业务又最为复杂。本书以出口箱的堆场作业为研究主线,拟对与出口箱相关的堆场业务关键技术进行深入研究。

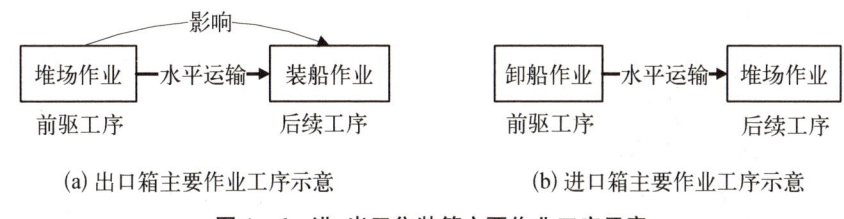

(a) 出口箱主要作业工序示意　　　　　　(b) 进口箱主要作业工序示意

图 1-6　进、出口集装箱主要作业工序示意

堆场的堆垛形式、堆垛高度不同,出口箱堆场业务的复杂程度不尽相同,常见或已提出概念设计的堆垛形式可归纳为如下 3 大类(表 1-3):

表 1-3　集装箱堆场堆垛形式

集装箱堆场堆存形式		堆　高	特　点
(1) AS/RS 方式		多层	堆场利用率高、操作方便,目前仍处于概念设计阶段
(2) 底盘车方式		单层	操作方便,堆场利用率低
(3) 多层直接堆垛方式	跨运车作业方式	2—3 层	堆场利用率高,各集装箱直接堆垛,存在下面集装箱先取箱,需要移开上面各集装箱的情况(翻箱),堆场业务复杂,且堆高越高情况越复杂
	轮胎吊作业方式	4 层	
	轨道式门机方式	5—13 层	
	高架栅格轨道方式		

其中的底盘车型式,装有集装箱的底盘车直接停放在堆场内,装船时,由拖

车牵引至岸边,不需要堆场机械,作业方式简单,但由于堆场利用率低且需要大量的底盘车,在当前集装箱吞吐量迅速增长的形势下,几乎不再使用。集装箱堆存在高架货格内的 AS/RS[1](Automated Storage/Retrieval System,如图1-7所示)型式,具有堆场利用率高,取箱时集装箱之间不相互影响的优点,但该型式目前仍处于概念设计阶段。多层直接堆垛方式为目前唯一广泛使用的集装箱堆场堆垛型式,根据堆场机械的不同,又可分为跨运车方式、轮胎吊方式、轨道式门机方式,以及仍处于概念设计阶段的高架栅格轨道方式(GR[1]:overhead Grid Rail,如图1-8所示)等,各种方式的集装箱堆垛高度也不尽相同。其中,4层直接堆垛的轮胎吊作业方式在亚洲特别是中国集装箱码头最为常见,与之对应的集装箱装卸工艺为"岸桥—轮胎吊—集卡"。

图1-7 堆场 AS/RS 堆垛形式示意

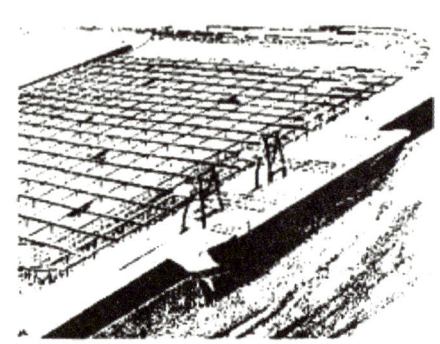
图1-8 堆场 GR 堆垛形式示意

考虑到"岸桥—轮胎吊—集卡"装卸工艺在亚洲特别是中国各集装箱码头的广泛应用,堆场生产组织特别是出口箱堆场生产组织的复杂性,及近年出现的新型双40英尺岸桥对堆场业务带来的新挑战,本书针对"常规岸桥、双40英尺岸桥—轮胎吊—集卡"混合装卸工艺,以出口箱为切入点,拟对堆场业务关键技术进行深入研究。本书涉及的方法和技术路线完全适用于多层直接堆垛型式中堆高更高的集装箱堆场,且部分内容的研究方式和方法也适用于与集装箱堆码方式相似的木箱、托盘等物流系统。

1.3.2 研究问题的描述分析

堆场按功能和堆存集装箱类型的不同,可划分为:出口箱区、进口重箱箱区、空箱箱区等(图1-9)。各堆存区域可进一步细划为箱区、区段和倍位,同时涉及集卡车道布局,具体情况如图1-10所示,集装箱堆场倍位立面图(图1-11)和堆场倍位实景图(图1-12)。

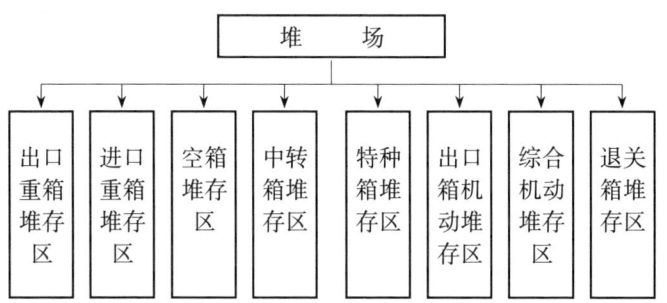

图 1-9 集装箱堆场堆存区域划分

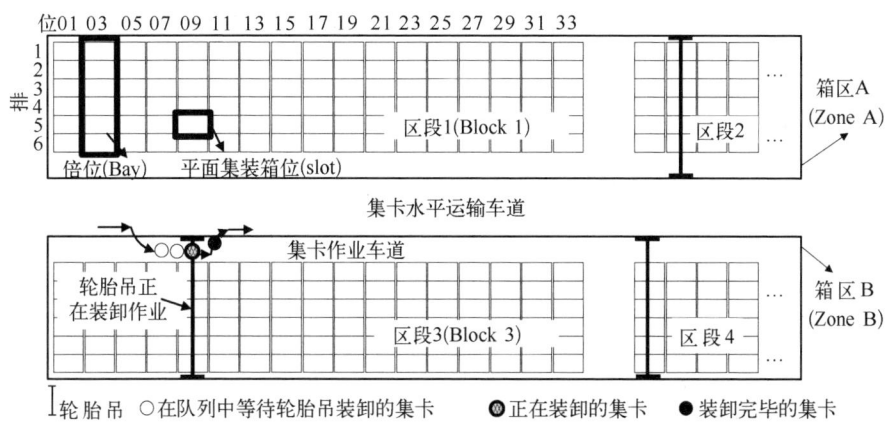

图 1-10 集装箱堆场堆区平面图

(1) 堆存区域细分。堆存区域由多个箱区组成,一个箱区包含多个区段,每个区段内通常有 10 多个甚至 30 多个倍位。奇数倍位为 20 英尺倍,相邻的 2 个 20 英尺倍可组倍为偶数倍以堆存 40 英尺集装箱。每个倍位可堆垛 6 排,每排最大堆高为 4 层。每个集装箱堆存箱位可用"箱区—区段—倍位—排—层"唯一标识。

(2) 场内道路布局。堆场内主要通道可分为集卡水平运输车道和集卡作业车道。各箱区或各区段之间一般留有集卡运输车道,用于集卡水平运输,部分运输车道亦可供轮胎吊调度转场;集卡作业车道位于轮胎吊跨距内,只有轮胎吊大车停靠在某个倍位进行装卸作业时,待装卸的集卡才进入作业车道在轮胎吊下排队等待,作业完毕后离开作业车道驶入水平运输车道。每个箱区区段通常配备 1—2 台轮胎吊,2 个轮胎吊之间应保持最小作业间距,以保证轮胎吊大车和待装卸的集卡队列互不干扰。

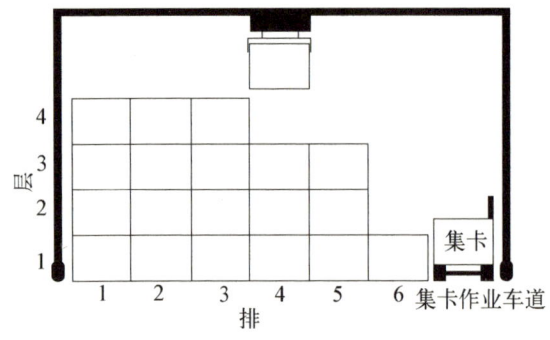

图 1-11　集装箱堆场倍位立面图　　　　图 1-12　堆场倍位实景图

在既定的堆场平面布局和最大允许堆垛高度下，出口箱堆场业务主要涉及堆场空间资源分配决策、设备调度决策和装船发箱顺序决策3大方面。其中，堆场空间资源分配决策具体涉及集港计划、箱位动态分配、翻箱方案决策等，如表1-4所列。

表 1-4　出口箱堆场业务的主要内容

出口箱堆场业务					
堆场空间资源分配决策			设备调度决策		装船发箱顺序决策
集港阶段	翻箱阶段				
集港计划	出口箱到港时具体箱位的动态分配	装船前预翻箱整理方案的制定	装船时被动翻箱方案的制定	内集卡调度	轮胎吊调度	结合船舶配载、出口箱堆存位状态、岸桥和场桥调度等制定相应船舶出口箱的堆场发箱顺序

其中，集港箱箱位分配决策是出口箱业务中最基础和核心的环节。合理的集港箱箱位分配将为装船时设备的调度奠定良好的基础，相反，出口箱的无序堆存将为设备调度带来很大困难。在出口箱倍位堆存状态杂乱的情况下，即使对发箱顺序和设备调度策略进行优化，也无法保证装船作业的流程性。鉴于集港箱箱位分配的重要性，本书将其作为主要研究内容之一，具体可细分为集港计划和具体箱位动态分配两个研究层面。针对集装箱班轮航线、挂靠港、客户群和出口箱量较稳定，而出口箱集港时各箱的到港顺序、具体到港时间却无法事先预知的特点，将计划与动态决策相结合，周密合理的计划能有效保证集港箱堆存的整理优化性，而集港箱到港时具体箱位的动态分配在确保不违背集港计划的情况

下，有效保证了具体箱位分配的灵活性，为常规岸桥和双 40 英尺岸桥混合装卸系统出口箱的后续生产组织奠定良好的基础。

由于堆场密度较高时集港箱箱位分配的优化空间有限，且由于出口箱集港时信息不准、集港后临时抽检、放关情况不理想等不可控随机因素的影响，在一定的堆场密度下，集港箱箱位优化分配只能最大限度地保证出口箱的倍位状态满足装船原则的要求，却无法完全避免先装船的集装箱堆存在倍位下层的情况，翻箱操作普遍存在。考虑到翻箱是影响集装箱码头生产效率的主要因素之一，且现有的码头生产营运系统均未能提供较好的翻箱决策模块，堆场翻箱通常由场桥司机凭经验或根据简单规则进行决策，工人劳动强度大，翻箱具有一定的盲目性，翻箱效率较低等情况，拟将出口箱翻箱问题的优化决策作为本书的另一主要研究内容。由于出口箱集港时制定了详细周密的集港计划和动态箱位分配方案，集港结束后出口箱堆存位的状态较为有序，堆场系统可不涉及倍位间整理或装船前整体转堆等针对出口箱堆存状态较杂乱情况下进行的大范围整理作业，仅采取位内翻箱作业对出口箱进行整理，具体可分装船前位内主动预翻箱整理和装船时位内被动翻箱 2 种情况进行深入探讨。其中，装船前位内翻箱利用场桥零散空闲时间在装船前对出口箱进行位内翻箱整理，以达到减少或避免装船时需要翻箱的可能，提高装船效率的目的。对于没有足够时间或足够场桥完成预翻箱整理的堆存位，以及预翻箱时集装箱信息不完全准确的堆存位，装船时，仍可能存在倍位状态与装船顺序不完全吻合的情况，当堆存在下层的集装箱需要装船发箱时，必须对其上方的集装箱进行被动翻箱，以保证发箱的顺利进行。本书拟对装船前和装船时位内翻箱问题进行优化研究，给出相应的优化模型和求解方法，以达到输入堆存位状态即可给出装船前预翻箱优化方案或装船时翻箱优化方案的目的。相应决策模型和算法有望嵌入集装箱码头生产运营系统，以指导堆场翻箱操作，避免翻出箱的盲目堆存，保证发箱效率和装船系统的整体流畅性。

集装箱码头出口箱操作主要包括"道口进场—堆场轮胎吊收箱—堆场轮胎吊发箱—内卡从堆场至岸边水平运输—岸桥装船"。单就物流工序来看，同生产车间加工工序类似，但集装箱码头与生产车间之间存在非常明显的特征差异，具体如下：

① 码头内每个集装箱具有不同的箱信息，而生产车间内同类型的零部件之间不存在差异，零部件的种类也较少。

② 集装箱堆场为多层堆垛，且船舶配载对堆存系统有强制约作用。

③ 与车间的零部件相比，集装箱具有体积和重量大的特征，需要大型设备

进行搬运装卸,场桥等大型机械不易频繁往复调动以及应尽量避免发生作业冲突等因素限制了集装箱的随机存取,而生产车间内可进行随机存取。

④ 具体集装箱的集港或取箱具有随机性和动态性,集装箱在堆场内的堆存时间跨度大,通常从几小时到几天。

以上特征使得集装箱堆场虽具有缓冲区的功能但远比生产车间的缓冲区复杂,集装箱码头作业系统也不能简单地等同于常规生产车间或流水线作业车间,其间,最为复杂的不是物流,而是伴随物流的决策信息流。为有效理清堆场系统与其他子系统之间信息传递的接口问题,便于堆场核心决策研究成果在集装箱码头营运系统中的成块嵌入,本书拟将集装箱码实际生产过程中信息动态传递的 Petri 网建模作为另一个重要研究内容。另外,还将着重探讨集装箱码头作业系统 eM-Plant 仿真模型的构建,通过实例仿真验证 Petri 网模型的合理性及出口箱堆场核心决策的正确性与实用性,为本书涉及的堆场核心决策无缝嵌入集装箱码头生产营运系统中提供一定的理论依据。

综上,本书主要就"常规岸桥、双 40 岸桥—轮胎吊—集卡"混合装卸系统中,出口箱集港计划优化决策、到港时具体箱位动态优化分配、装船前位内预翻箱方案优化决策、装船时位内翻箱方案优化、集装箱码头生产系统核心决策流程 Petri 网描述、集装箱码头生产系统仿真等进行深入研究和探讨。整个研究以出口箱堆场业务为主线。

1.4　国内外研究动态

与集装箱码头生产组织相关的研究主要包括:泊位分配[2-15]、船舶配载[16-28]、发箱和装船顺序决策[29-32]、堆场箱位分配[33-45]、设备配置与调度[46-65]、港内交通流控制[66-67]以及集装箱码头物流系统描述和评价[68-78]等。涉及的装卸工艺有"岸桥—轮胎吊—集卡"、"岸桥—轨道式龙门起重机—AGV"、"岸桥—跨运车"等。相关的研究方法有仿真建模技术、优化技术、模糊控制技术等。Steenken D[79]、Meersmans P J M[80]、丁以中[81]、Vis I F A[82]等较为全面地综述了与集装箱码头生产相关的理论与方法的研究现状。郝聚民[83]等综述了船舶配载相关技术及国内研究动态。沙梅[84]对物流系统建模及仿真的研究成果进行了综述。下面主要针对与本书研究内容相关的研究成果、理论方法和技术进行较为翔实的论述与分析。

1.4.1 出口箱场箱位分配

Zhang C. Q. 在其博士论文中对集装箱堆场箱位分配计划、具体箱位的动态分配进行了较为深入的研究[40]。在研究堆存计划时考虑了平衡计划时段内各区段的总作业量、与船舶装卸作业相关的作业量,以及最小化从堆存点至岸边的水平运输距离。对于出口箱具体箱位的分配,分别针对集港箱在计划时段开始时同时到达,以及在计划时段内分散到达 2 种模式进行了讨论。出口箱进场后允许插入倍位内其他集装箱的下方,其中,为插入集装箱所需翻箱次数与后续翻箱次数期望值之和最小的箱位为优化箱位。该研究认为出口箱不存在箱组,未对区段内面向箱组的集装箱堆存问题进行研究,从集港计划至具体箱位的分配整个优化过程未考虑出口箱堆存对装船时场桥大车移动次数的影响,优化结果无法避免船舶出口箱零散堆存在计划区段内的情况,不能保证实际装船时场桥发箱的连续性。Zhang C. Q. 在文献[41]中,以同样的模型和处理方法对出口箱集港计划进行了研究,仍存在未考虑出口箱箱组分类,优化后的集港计划不能保证将来装船时场桥连续发箱的问题。

Kim K. H. (2000)对出口箱具体箱位动态分配进行了研究[34]。假设集港箱共分 3 个重量级(其中,最重的箱组最先装船),充分考虑当前到港箱箱位分配对后续到港箱箱位分配的影响,建立了动态规划模型。根据动态规划模型的多阶段逆向求解特征,从位内仅剩 1 个可用空箱位开始,依次对问题进行求解。给出了求解方法:首先,根据位内剩余可用空箱位的个数列出可能的堆存状态;对于既定的堆存状态,分别就当前到港箱为第 1、第 2 或第 3 个重量级 3 种情况进行优化决策,给出相应的最优堆存箱位。最后,文献给出了对动态规划模型求解结果进行分类、简化并最终建立决策树的方法。Kim K. H. 等人的研究较为深入,基本上不存在理论缺陷,根据当前到港箱的重量级别和到港时堆存位的状态,查询决策树即可得到相应的优化堆存箱位。但由于决策树的建立完全基于动态规划的求解结果,计算量非常大,且实际生产中倍位内集港箱的重量常存在多于 3 个级别的情况,计算复杂度将进一步增大。若不和启发式规则结合,Kim K. H. 等人的研究成果将无法较好地适应集装箱码头生产实际的需要。

Kim K. H. (2003)较详细地概述了出口箱箱位分配问题[33],着重对集港计划进行了研究,但仅以装船时水平运输费用最小为必要目标函数建立了基本模型,给出了基于堆存期的优先规则以及次梯度优化 2 种启发式求解方法,并对 2 种方法的求解结果进行了分析。

Kim K. H. (2006)将约束满足技术应用到出口箱的堆场空间分配问题中[35],给出了4种变量排序规则,2种值排序规则,选取其中的4个约束共对应24种不同的优先考虑次序。通过实例计算,指出了不同变量排序规则、值排序规则和约束优先考虑次序对计算时间的影响。该研究对约束满足技术在集装箱码头资源分配中的应用和扩展具有一定的意义,但文中仅以计算时间为评估指标对各规则进行了比较,未能同时从装船效率、场桥作业效率、堆场利用率和翻箱率等技术指标着手进行更深入的研究。

针对某些集装箱港口出口箱进场时箱重信息准确率不高的情况,Kang J. (2006)对箱重信息不确定条件下出口箱具体箱位分配问题进行了研究[39]。与Kim K. H. (2000)相同,Kang J. 等亦将出口箱分3个重量级。但二者不同的是,Kim K. H. (2000)根据当前位内可用空箱位的个数对堆存位的可能状态进行描述,而Kang J. 从堆存排的状态描述着手,考虑了有空箱的堆存排的可能状态。出口箱到港时优先选择堆存位内哪种状态的堆存排是Kang J. (2006)的研究重点,优化既定重量级出口箱对应的堆存排优选次序是该研究的任务。整个优化过程运用模拟退化算法与仿真技术相结合的手段,其中,仿真用于出口箱进场堆存模拟,以便在充分考虑实际箱重与估计箱重偏差概率的情况下得到既定方案的评价指标。由于每个方案均需进行仿真,当箱组数增加时,问题规模随之增大,必定存在整个优化过程耗时较长,优化效果不理想的缺陷。若能进一步进行时间复杂度分析,同时将优化结果与相近研究成果进行比较,该研究的理论体系将更为完善。

Chen T. (1999)对造成集装箱堆场翻箱的各类因素进行了总结、分析[42],虽然未提出减少堆场翻箱发生的应对措施,但Chen T. 的工作对进一步研究各因素对翻箱发生的影响程度,以及减少堆场翻箱发生的系统规划方法等仍具有一定的引导作用。同文献[42]类似,文献[43]也属于分析论述性文献。该研究从生产实际出发提出了出口箱具体箱位的动态分配规则,具有一定的实用性。

基于本书第2章和第3章的研究成果,笔者在文献[36]中提出了出口箱箱位分配从计划到具体动态分配的三阶段分配法,给出了各阶段的优化目标,重点研究了三阶段中的具体箱位分配问题,提出了基于不同优先级的决策模型框架。各级子模型适用于不同的堆场密度,可分别构建,并有望嵌入集装箱码头的生产营运信息系统中,为最终实现箱位分配智能决策支持系统奠定了一定的理论基础。

1.4.2 堆场转堆及翻箱决策

出口箱堆场翻箱及整理可分为：堆存位内预翻箱[85-91]、堆存区段内移箱或整体转堆[92-93]等装船前主动整理，以及装船时位内被动翻箱[94-97]等。

Hirashima Y. (2006)在考虑出口箱箱组的情况下，对装船前位内预翻箱进行了研究[85]。认为同一箱组的集装箱只能堆存在相同层内，且可堆存在指定层的任一个箱位内。应用增强学习算法，分翻箱次序的确定和翻出箱堆存箱位的确定共 2 个阶段进行学习和翻箱计划的求解，给出了 Q 值更新规则、学习算法流程和 Q 表结构，并针对 6 排 6 层堆存位，位内仅堆存 3 层共 18 个集装箱，位内堆存率为 50%的堆存位实例进行了仿真实验，该文献未涉及堆存率更高，情况更为复杂的位内预翻箱实例。

许乃云[86]、Lee Y. S. 和 Hsu N. Y.[87]以网络结构型式描述了堆存位内翻箱问题，用多元商品流量表示翻箱次数，利用分支定界法进行模型求解，并给出了松弛限制式用于增加合理时间内求得最优解的可能性。研究结论指出，当问题规模较小时均能在合理时间内得到最佳解。在许乃云等人研究的基础上，陈建闽将出口箱位内翻箱与船舶配载相结合，建立了更为复杂的商品流网络模型[88]，利用线性规划软件进行模型求解。该研究尚难达到描述集装箱码头实际情况的功能，仅能以 6 个集装箱的规模，验证模型的正确性。

宋建宏对出口箱位内预翻箱问题的启发式决策进行了研究[89]。首先随机产生可行的翻箱计划，以其为起点，采用改变翻箱顺序，以门槛接受法接受新解的机制进行翻箱计划的局部优化。由于位内预翻箱为复杂的多阶段决策问题，若翻出箱的堆存箱位选取不当，可能造成后续翻箱过程中二次甚至多次反复翻箱，当问题规模较大时，若不采取合理有效的方法，很难在有限的时间内得到可行方案，文献[89]未对初始可行方案的产生方法进行探讨。

董琳等(2006)对位内预翻箱问题进行了描述，将翻箱过程中堆存位涉及的各个状态和各状态之间的转化抽象为一个无向图[90]。提出运用加以限制的广度搜索算法求解翻箱计划的方法，其中，对应的限制为：(1)若超过既定的翻箱次数堆存位状态仍未得到改善，对应的路径不再搜索；(2)阻止已有状态的重复产生。论文未对算法适用的问题规模及有效性进行实例验证和分析。

李岿等[91]假设翻箱完成后堆存位的最终状态与初始堆存状态越接近，需要的总翻箱次数越小，在此基础上提出首先根据堆垛规则构造堆存位的目标状态，然后运用改进广度优先算法搜索翻箱步骤的办法解决位内翻箱决策。其中，改进后的广度搜索过程为：从初始状态开始经既定深度的广度搜索后，选取一个最优节点，仅对该节点继续进行既定深度的广度搜索，直到达到目标状态。该文献提出的方法兼顾了计算效率和优化性要求，较为合理有效。

Kim K. H. (1998)以移动距离最短和移箱次数最少为目标，对各倍位出口箱的归并整理问题进行了研究[92]。假设出口箱当前堆存状态和目标堆存状态已知的情况下，分别就当前倍位与目标倍位的匹配和移箱个数的决策、移箱次序决策2个子问题建立了子模型。研究结论指出，需进一步设计启发算法以便对模型进行有效求解。

不同于文献[92]中出口箱的归并整理，文献[93]致力于出口箱整体转堆问题的研究。考虑了尽量避免多台场桥间的干涉、转堆取箱时翻箱次数最小、转堆结束后的堆存状态能最大限度地满足装船需要等目标因素，给出了目标堆存状态的启发式确定方法，得到了出口箱移箱偏序图。提出了通过偏序图的邻域搜索和偏序图对应移箱计划的构建进行优化求解的方法。实验结果表明有待对偏序图的有效邻域搜索进行更深入的研究。

Kim K. H.[94]、蔡培均[95]、赵时樑[96]和张维英等[97]均以总翻箱次数最小为优化目标，分别对装船时位内翻箱优化决策模型进行了描述，但均未考虑均衡每次取箱对应的翻箱次数，以减少发箱时间的波动，尽量保证装船作业的流畅性。在模型求解方面，Kim K. H. 给出了深度优先回溯算法和基于附加翻箱次数期望值的启发规则，实验结果表明当堆存位内可用箱位超过25个时，深度优先算法的计算时间急剧增加，而基于附加翻箱次数期望值的启发规则具有较好的计算效率。与 Kim K. H. 提出的启发式规则不同，张维英等在模型描述后，给出了基于经验的简单规则，不涉及启发信息值的复杂计算[97]。而蔡培均将建立的整数规划模型简单分成相互独立的子块分别进行求解[95]。赵时樑为保证在合理时间内得到翻箱方案，额外增加了固定部分出口箱的位置等约束[96]。

1.4.3 大规模组合优化问题求解方法

大规模组合优化问题一般属于 NP 难题，无法在多项式时间内得到最优解。通常采取首先降低问题维数，问题得到合理简化和降维后使用近似求解算法得到问题的可行解或近似优化解，再运用增强算法对近似解进行改进的方法，以尽可能低的搜索代价得到问题的较优解。其中，降低维数的方法一般有：将问题分解、将部分变量转化为已知量、减少变量可选取值的个数等；近似求解方法主要有：启发式方法、指导性搜索方法和动态演化方法等；可行解的改进方法有邻域搜索算法[98,99]（又称局部搜索算法）、k-opt 方法和 NEH 方法等。

充分利用问题自身的特征信息是大规模组合优化问题求解的关键，是问题简化和算法设计的基础。在工程领域应用较广的近似求解算法具体包括[100-105]：集束算法(BS)、禁忌搜索(TS)、模拟退火(SA)、遗传算法(GA)、演化规划(EP)等，近年又出现了蚁群优化算法、粒子群算法以及各种算法的改进算法或组合算法等。各种算法构造解的模式不尽相同，但算法的优化流程具有较大的相似性，对解空间均采用搜索方式进行探索，依照一定的准则更新当前解或当前变量，重复搜索步骤直到满足算法的收敛规则。各算法设计时，从搜索空间的结构上看，应尽量遍布问题的可行解空间，但同时应兼顾算法的效率；从状态的更新方式来看，应优先选择优解淘汰劣解，但一定情况下也接受劣解以尽量避免陷入局部最优。

上述各智能算法的出现为非线性不可微组合问题的求解提供了新途径，但算法的数学基础不完善，大多停留在仿真阶段，一般只能采用最坏情形分析、概论分布分析，以及大量计算实例统计分析等来评价求解效果和计算复杂性。算法的设计和相关参数的选择对工程问题自身特点，及设计者经验等的依赖程度较大，缺乏一定的规律性，且算法不具有绝对的可靠性和稳定性，对应用环境扰动的反映缺乏预知性。增强算法的理论依据，特别是算法的机理和收敛性分析，以及参数的选择和敏感性描述等是近似算法特别是群集智能算法的研究重点。对于既定的大规模工程组合优化问题，如何根据问题特征进行优化算法或混合优化算法的合理选取，如何将工程系统的复杂行为有效地映射到智能算法对应的低层次生物行为中，如何给搜索过程更加明确和合理的引导，保证在合理的计算时间内得到问题的较优解，是大规模组合优化问题求解中极为困难的问题，有待遇进行更系统的理论研究。

1.4.4 仿真技术在集装箱码头生产系统研究中的应用

集装箱码头生产系统是典型的随机、离散、动态系统，船舶的具体到达时间、进出口箱的箱量、箱型等信息、相关机械的实际作业效率、外卡的到港规律、道口服务时间以及港内交通流实况等均不能用一般的分布准确地描述。问题的数学描述有助于理清相关目标的影响因素，却无法进行精确的数学计算。问题的目标函数特别是涉及整体系统或子系统的目标函数，通常通过仿真得到结果。计算机仿真技术已成为研究复杂集装箱码头系统的有力工具。目前，相关研究主要包括：仿真建模方法（如面向对象的仿真建模技术、基于 Petri 网的仿真建模、复合仿真建模等)、智能仿真、分布交互仿真等。

在集装箱港口生产系统仿真方面,国内外有关文献主要针对确定合理泊位利用率、设备资源的合理配置与调度、装卸工艺流程的选择等进行了研究。文献系统地阐述了计算机模拟技术在港口规划和管理中的应用。秦永宏等[107]将计算机仿真技术应用于港口集装箱装卸工艺系统的分析。真虹[108]采用离散事件仿真技术和计算机动态图形技术,构造集装箱码头生产过程的动态仿真模型,开发相应的动态图形仿真系统,借助该系统对拟订方案进行分析。李冠声等[109]运用多级排队网络描述港口装卸系统,通过仿真运算对港口装卸系统的性能、响应和能力进行了模拟研究,并以随机过程理论和统计理论为基础,提出了桥吊、龙门吊和集卡的最优配比和最优设备数。文献[110—113]将仿真技术应用意大利 La Spezia 集装箱码头的堆场空间分配、资源分配和资源调度中,建立了基于预测、计划、仿真的体系结构。鲁子爱和黄晓鸣等[114-116]将港口生产视为随机服务系统,运用仿真技术和排队理论,确定港口最优的泊位数。张煜[67]利用 CPN Tool 软件建立了集装箱码头物流系统的分层赋时着色 Petri 网模型,对设备配置进行了仿真分析。上述各文献多采用有限方案分别仿真,根据仿真结果进行择优的方法对资源配置或设备调度策略等进行研究。

由于仿真技术自身的局限性,仿真只能实现既定方案下系统的模拟,却不能实现对系统的优化。近年来又出现了仿真与优化相结合的仿真优化技术,杨湘龙[117]、王凌[118]等对仿真优化技术的相关理论和进展进行了较详细的综述。随着仿真优化理论研究与应用的深入和逐步完善,许多学者和公司将优化算法嵌入在仿真软件中,开发了相应的仿真优化软件。如:

(1) 基于 GA 和神经网络算法的 eM-Plant 软件和 FactoryOPT 软件包。

(2) PROMODEL 公司基于 GA 开发的 SimRunner(ProModel)软件。

(3) AutoSimulation 公司基于 EC 开发的 AutoStat(AutoMod)软件。

(4) Optimization Technologies 公司基于 TS 和神经网络开发的 OptQuest 软件。

(5) Visual Thinking International 有限公司基于神经网络开发的 OPTIMIZ 软件。

(6) Lanner Group 公司基于 SA 和 TS 开发的 Optimizer 软件。

(7) 可用于设备布局分析和优化的软件包 LayOPT 等。

这些软件的推出很大程度上推动了仿真优化的发展,但由于仿真优化中的目标评价依赖于仿真过程,复杂系统仿真的大量耗时一定程度上限制了仿真优化技术的应用,提高仿真优化的效率已成为亟待解决的问题。另外,各仿真优化软件的应用领域有限,先进性、通用性、面向对象性和可扩展性不足;优化算法与仿真技术没能有机结合;以及算法的收敛性和有效性研究欠缺等问题,是今后值得探讨和解决的重要课题。

1.5 本书研究的目的和意义

1.5.1 研究目的

结合上海市科委科技攻关项目"高效智能型立体装卸集装箱码头核心技术研发与应用"中的"堆场空间资源分配研究与优化"子课题,上海海事大学数字物流综合实验中心 2005 年开放基金资助项目"集装箱码头混合装卸系统集卡配置与调度仿真优化研究",以及"欧亚国际集装箱码头堆场作业机械的选型仿真"等项目,论文以集装箱码头生产组织中最为复杂的出口箱堆场业务为研究主线,以双 40 英尺岸桥和常规岸桥混合装卸系统为切入点,目的在于对出口箱集港和翻箱等与堆场箱位分配相关的核心决策及决策信息流进行深入研究,以打破大型非自动化集装箱码头生产实际中出口箱堆存和翻箱多由人工凭经验或简单规则进行粗略决策的现状,减少人工决策强度提高决策质量。同时,为多层直接堆垛集装箱码头实现堆场作业自动化,以及双 40 英尺岸桥在集装箱码头作业系统中特别是复杂装船作业中发挥既定的效率提供一定的理论基础和科学手段。

1.5.2 研究的实际价值与理论意义

考虑到"岸桥—轮胎吊—集卡"装卸工艺在亚洲特别是中国各集装箱码头的广泛应用,堆场生产组织特别是出口箱堆场生产组织的复杂性,及近年出现的新型双 40 英尺岸桥给堆场业务带来的新挑战,本书以"常规岸桥+双 40 英尺岸桥—轮胎吊—集卡"混合装卸系统中出口箱堆场业务为研究对象,通过调研了解了生产实际的需求并收集了大量的生产数据,针对出口箱集港堆存、翻箱方案决策以及相应的决策信息流描述等与堆场空间资源优化分配相关的核心问题进行深入研究。该研究利于提高既定堆场密度下出口箱堆垛的有序性,减少翻箱率和翻箱操作的盲目性,具有为后续装船作业的有序组织奠定良好基础的重要意义。对解决集装箱码头生产实际中存在的出口箱堆存不够合理、翻箱效率低,甚至造成装船时场桥无法合理调度,严重影响船舶作业效率的问题具有重要的实际价值。同时,对实现集装箱码头作业系统自动化,促进双 40 英尺岸桥在集装箱装卸作业中的广泛应用和推广具有一定的实际意义。

针对集装箱码头作业系统的随机性、离散性和动态性特征,在研究涉及整个系统或子系统的"大问题"时,本书提出了目标函数的数学描述、相关的决策信息流描述和系统仿真相结合的方法体系,其中,数学描述利于理清相关目标的影响因素;信息流描述便于系统直观地认知各因素的数据来源,及相互之间的数据交互关系;而系统仿真在信息流描述的基础上,从更具体的层面对实际系统进行模拟和性能评价,弥补数学模型无法精确给出随机系统目标函数值的缺陷。该方法体系从抽象到具体,层层推进,对探索复杂离散随机系统的研究手段具有一定的理论意义。

在倍位内翻箱决策等"局部问题"研究时,针对问题的大规模组合特性,本书对模型的合理描述以及相应的求解方法进行了深入的研究。对工程组合优化问题,特别是与集装箱具有相似堆垛特点的木箱、托盘、钢材等物流系统的研究具有重要的理论指导意义。另外,蚁群算法动态层状解构造图的提出、大规模组合优化问题求解框架的制定、工作流 Petri 网在集装箱码头核心决策流程描述中的应用研究等,均为集装箱码头系统的优化决策理论提供了研究支持。值得指出的是,国内外相关的研究较少,与出口箱堆场业务有关的理论和方法还有待于进一步完善和发展,这也是本书研究的意义所在。

1.6 研究内容、结构及创新点

1.6.1 研究内容与本书结构

本书共分 8 章,组织结构如图 1-13 所示。主要涉及常规岸桥及双 40 英尺岸桥作业系统的出口箱集港计划、出口箱智能多级分类堆存体系的构建、重压轻策略下出口箱具体箱位的分配、出口箱装船前预翻箱和装船时被动翻箱方案优化决策支持系统的开发、集装箱码头核心业务决策流程 Petri 网描述及集装箱码头生产系统仿真等。具体内容如下:

第 1 章 引言。介绍本书的研究背景,阐明论文的研究对象、国内外研究动态、研究的目的和意义、主要研究内容、组织框架及主要创新点。

第 2 章 出口箱集港堆存计划。提出滚动式计划策略并分析其合理性;从面向船舶的区段分配、面向箱组的区段分配和堆场倍位分配 3 个层面构建常规岸桥和双 40 英尺岸桥作业系统出口箱滚动式集港计划的数学模型。

第 1 章 引 言

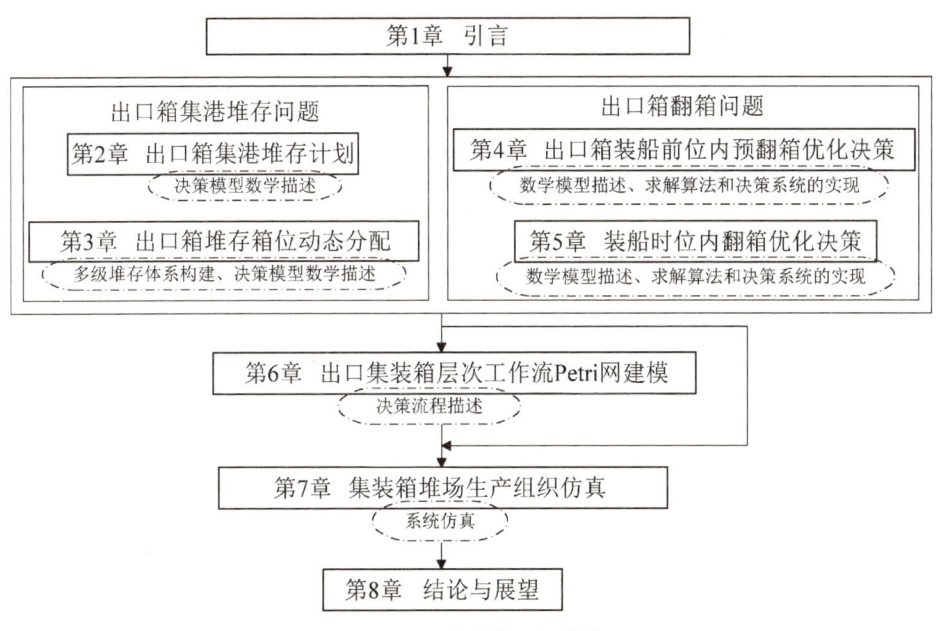

图 1-13 论文的组织结构

第 3 章 出口箱堆存箱位动态分配。构建出口箱的智能多级分类堆存体系框架；提出双 40 英尺岸桥作业系统中出口箱具体场箱位的分配方法；建立重压轻策略下出口箱具体箱位分配问题的优化决策模型。

第 4 章 出口箱装船前位内预翻箱优化决策。研究预翻箱目标堆存状态的确定方法，实现目标状态的自动构建；基于深度优先搜索、充分利用问题的启发信息设计模型求解算法，开发高效的预翻箱方案智能决策支持系统。

第 5 章 装船时位内翻箱优化决策。建立装船时位内翻箱决策的数学模型，给出合理的箱位选择原则，以实现简单原则对抽象约束的等价替换；基于启发式深度优先搜索解算法实现装船时翻箱方案智能决策系统的开发；探讨装船时位内翻箱决策高级行为如何转换为蚁群算法中蚁群的低层次行为，实现了装船时位翻箱决策问题的蚁群算法描述，为蚁群算法在复杂多阶段决策过程优化及集装箱港口智能决策中的应用做了有益的尝试。

第 6 章 出口集装箱层次工作流 Petri 网建模。分别对出口箱集港场箱位分配、装船前位内预翻箱和装船时位内被动翻箱等问题的决策流程进行描述，建立出口箱堆场业务关键决策信息流 Petri 网模型。

第 7 章 集装箱堆场生产组织仿真。对仿真模型的相关输入参数进行统计分析；基于前面各章对集港计划、集港箱箱位动态分配等问题决策模型的研究及决策信息流的描述，实现集装箱码头生产系统的仿真建模，通过实例仿真验证上述各章研究方法的正确性，着重对不易通过数学求解进行深入研究的集港计划等集装箱核心决策业务进行模拟和方案评估。

第8章　总结与展望。总结本书的研究成果，探讨今后研究工作的方向。

1.6.2　本书的创新点

本书的主要创新点如下：

（1）对40英尺岸桥作业系统出口箱堆存业务进行了深入研究。为双40英尺岸桥在大型集装箱码头作业系统中特别是复杂装船作业中的应用和推广奠定了一定的理论基础。

（2）构建了智能多级分类堆存体系，根据堆场密度灵活选取不同优先级的堆存决策模型，利于最大限度地合理化堆场堆存业务的整体性能。

（3）开发了装船前位内预翻箱和装船时位内被动翻箱方案优化决策支持系统，有望改变生产实际中工人根据经验或简单规则进行翻箱决策的现状。

（4）针对复杂离散随机系统决策和多阶段决策过程最优化，分别提出了问题数学建模、决策信息流描述和系统仿真相结合的研究方法体系及在有限存储和计算代价下能有效保证求解质量的启发式深度搜索方法。为工程实际中广泛存在的两类难题提供了解决思路。

（5）将位内翻箱方案决策问题有效转换为基于状态转移的多阶段决策过程最优化，构建了蚁群算法混合层状解构造图，解决了将翻箱方案优化决策映射为低层次蚂蚁行为的关键问题。

1.7　本章小结

本章分别对出口箱场箱位分配、堆场转堆及翻箱决策、大规模组合优化问题求解方法、仿真技术在集装箱码头生产系统研究中的应用等相关的国内外研究动态进行了较详细的论述和分析。并对本书的研究目的和意义、主要研究内容、组织结构和创新点等进行了阐述。

第2章
出口箱集港堆存计划

集港计划利于将问题有效解决于发生之前,从整体上把握集港箱堆存的合理性,对出口箱的集港堆存具有宏观指导作用,同时也是出口箱后续业务有效组织的前提和基础。本章从面向船舶的堆场区段匹配计划、面向箱组的堆场区段匹配计划、区段内倍位计划等多个层面对出口箱集港计划进行深入研究。从整体层面上注重整体优化、预管理、信息反馈和计划修订等,从具体层面上则突出问题合理简化的重要性和模型的实用性。分别建立了双40英尺岸桥和常规岸桥作业系统集港计划的决策数学模型,从抽象的角度明确了集港计划的影响因素,为集港计划的决策信息流描述及集港计划的具体决策奠定了基础。

2.1 问题描述与分析

出口箱集港计划通常有两种策略。策略1:不考虑后续装船作业,随机为出口箱划分可用堆存区域;策略2:考虑近期预到港各船舶的综合情况,在保证利于装船作业的前提下,制定详细周密的集港计划。显然,策略1下的集港计划很难起到"计划"和"指导"作用,装船前必须对出口箱进行整体转堆或大范围整理,以适应装船作业的需要。对于堆存空间资源紧缺的亚洲各大型集装箱码头,很难满足出口箱转堆所需的额外空间需求,且转堆前作业计划的制定、转堆时机械设备的投入和调度等,一定程度上增加了集装箱码头的业务量。为此,对于采用"岸桥—场桥—集卡"装卸工艺,没有足够的转堆缓冲区的大型现代化集装箱码头,基于策略2的前提下制定合理有效的集港计划无疑能起到事半功倍的效果。为此,本章拟对基于策略2的集港计划进行深入研究,重点对集港计划的数学模型进行描述,以便从抽象的角度理清集港计划的决策思路和影响因素,为集港计划的具体决策奠定基础。

2.1.1 集港箱的信息特征

　　随着吞吐量的迅猛增加，集装箱堆场已成为多数码头的紧缺资源。为满足出口箱分散进场，集中装船的需要，同时为加快集装箱周转速度，提高堆场利用率，多数集装箱港口在综合考虑客户和码头双方利益的情况下，采用船舶到港前2~5天开始集港，装船前4~6 h结港的方法进行出口箱集港作业。结港前通常无法精确预知既定船舶对应出口箱的具体箱量、箱型比例、箱重分布等信息，但由于大型集装箱港口的挂靠船舶多为航线班轮，一般拥有较固定的客户群和既定的卸货港，出口箱总量、各卸货港对应的出口箱量、箱重分布等较为稳定，相关信息一般可根据历史数据进行合理估计和预测。另外，在集港提前期确定的前提下，出口箱的堆存时间也一定程度上符合统计规律。图2-1—图2-4所示为提前5天集港的某集装箱码头出口箱堆存时间的统计情况（数据来源：调研）。

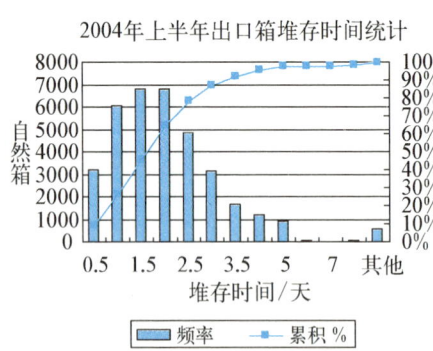

图2-1　2004年上半年出口箱堆存时间统计

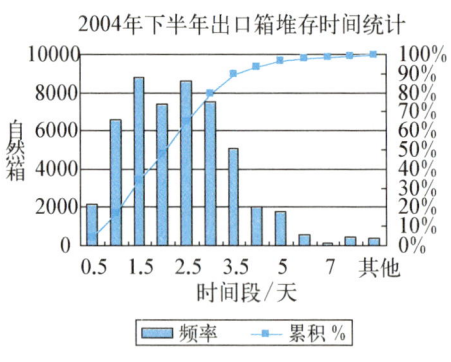

图2-2　2004年下半年出口箱堆存时间统计

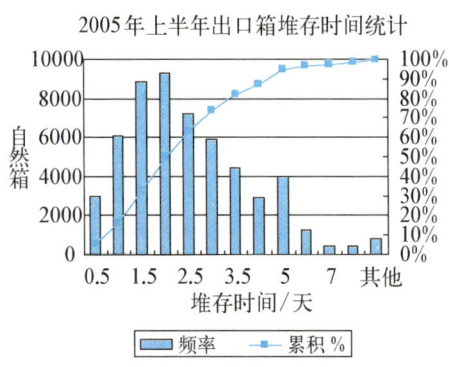

图2-3　2005年上半年出口箱堆存时间统计

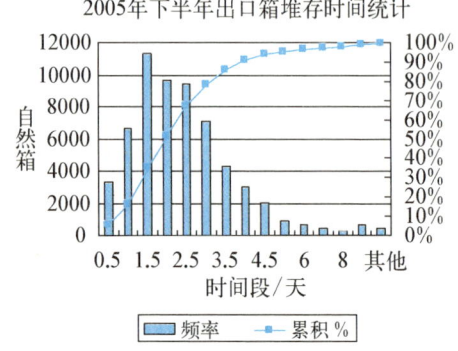

图2-4　2005年下半年出口箱堆存时间统计

图 2-1—图 2-4 所示以 12 个小时为一个时间段,对某码头 2004—2005 年出口箱的堆存时间进行了统计。该码头在船舶到港前第 5 天的上午 9 点开港集箱,且由图可知,堆存时间少于半天或大于 3 天的集装箱所占的比例均较小,即:离装船不足 12 个小时才到港的出口箱较少,开港的前 2 天到港的集装箱也相对较少,大部分集装箱集中在装船前 3 天至装船前半天这一时间段集港,该时间段为既定船舶的集港高峰期。表 2-1 进一步列举了该码头集港箱堆存时间和箱型比例的具体数据,由表可知,由于集港提前期为 5 天,除直接集装箱无需集港堆存外,96.21% 出口箱均在装船前 5 天内全部集港进场,其中装船前 3 天集港的出口箱平均占 79.23%,且该比例相对较稳定。

表 2-1　某装箱码头 2004—2005 年集港箱堆存时间统计

统计时间范围	出口箱数（自然箱）	干货重箱比例	空箱比例	堆存 3 天以内的集装箱所占比例	堆存 5 天以内的集装箱所占比例
2004 年上半年	35 345	79.86%	16.58%	87.34%	98.04%
2004 年下半年	51 401	85.38%	12.63	79.75%	97.06%
2005 年上半年	54 591	83.36%	13.18%	73.91%	94.67%
2005 年下半年	60 135	86.00%	10.00%	78.86%	95.82%
总　　计	201 472	84.05%	12.68%	79.23%	96.21%

由上述分析可知,集装箱班轮的出口箱量、出口箱的箱型、箱重分布、卸货港信息等可根据历史数据进行估计和预测。同时,出口箱堆存时间也符合历史统计规律。另外,班轮靠泊时间在制定泊位分配近期计划(船舶到港前 5 天)时已基本确定,为此,可认为开港时既定班轮的到港时间已知。由船舶到港时间可推测装船开始时间,综合出口箱堆存时间统计规律即可对既定船舶开港后各时段的集港量进行合理估计,具体如图 2-5 所示。

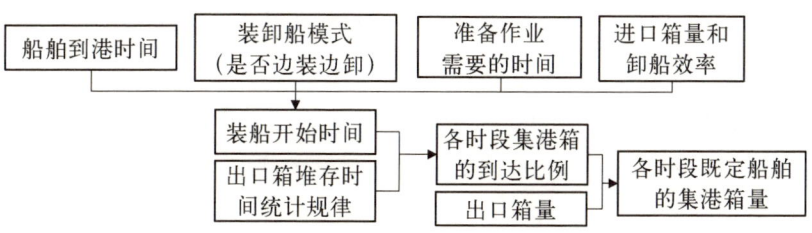

图 2-5　各时段既定船舶集港箱进场量的确定方法

2.1.2 滚动式计划策略的确定

根据预知数据、历史数据及统计规律等得到的各时间段集港箱的箱量、箱型、相关集港箱的装船离场时间等信息是集港计划的必需数据。集港计划需从大体上顾及未来几天拟到达船舶的整体情况，充分考虑近期将集港进场和装船出场的出口箱对堆场状态及后续到达船舶集港计划的影响。如若相关出口箱在后续船舶开港集箱前已装船出港，其集港堆场计划将不对既定后续船舶的集港计划造成影响。如表 2-1 所列，某集装箱码头约 80% 的出口箱在港堆存时间不超过 3 天，若以 3 天为决策周期，这些集装箱的装船离场信息可看作确定参数，其集港堆存计划不对 3 天后将集港的出口箱造成影响。若决策周期进一步增加将获得更多确定信息，但综合考虑计算效率和堆存计划的有效性，对于上述集装箱码头可以以 3 天为一个决策周期对近 3 天的集港箱制定集港堆存计划。考虑到集港箱信息的不确定性特征，在决策周期已确定的情况下，本书采取滚动式计划策略。该策略下只有集港计划的前一部分被执行，计划执行并更新相关信息后，当前决策周期向前推进，进行新一轮的决策。其中，集港计划的更新周期可称为滚动周期，具体如图 2-6 所示。滚动式决策对一个决策周期内的集港箱制定集港堆存计划，但每个决策周期的计划实际只执行滚动周期对应的时间长度。既保证了被执行的计划综合考虑了近期的整体情况，又利于避免各种不确定信息对后续计划逐级扩大的影响。

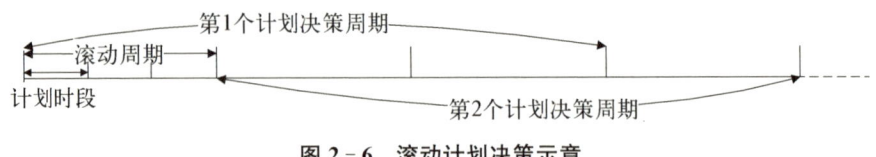

图 2-6 滚动计划决策示意

由上述分析可知，决策周期及滚动周期的确定直接决定了计算效率、堆存计划的整体优化性、反馈信息的有效利用等，是滚动式集港计划的基础。其中，决策周期的确定应兼顾计划的整体优化性和计算效率。一般小于集港提前期，可根据出口箱堆场时间统计规律来确定，以 80% 左右的出口箱的最长堆存期作为决策周期为宜。而滚动周期的确定需综合考虑计算量和不确定因素对集港有效性的影响，滚动周期越小，对反馈信息利用越充分，但计划的频繁修订无疑增加了计算量。一般可以 1 天为滚动周期，考虑到国内上海等各大型集装箱港口多采用三班制，也可根据实际情况以一个工班或半个工班为滚动周期对集港计划进行及时更新。为保证集港计划的可操作性,一般将决策周期进一步细化为计划时段,计划时段通常小于滚动周期。为此,滚动周期一般包括一个或多个计划时段,集港计划细化到各计划时段一定程度上避免了计划过粗造成的指导性和可操作性差等缺陷,具体如图2-6所示。

2.2 问题解决思路

在兼顾计算效率、整体优化性、反馈信息的有效利用、集港计划的可操作性等因素的情况下,合理确定计划决策周期、滚动周期和计划时段是滚动式集港计划决策的基础和前提。在上述参数已确定的情况下,综合考虑近期预集港进场和装船出场出口箱的预测信息,确定集港计划各层次的优化目标和相关影响因素是构建滚动式集港计划数学模型的关键。考虑到倍位计划为船舶区段计划和箱组区段匹配计划的下层决策层,其涉及的决策内容比区段计划更为具体和烦琐,若采取滚动式计划策略,数学描述十分复杂。基于该情况,同时考虑到各船舶之间最关键的作业干涉等问题完全可通过滚动式计划策略下的船舶区段计划来解决,在滚动式船舶区段计划及箱组区段计划优化决策的基础上滚动式倍位计划的整体优化空间非常有限,不会对码头作业效率造成根本的影响。为此,本书仅在船舶区段计划时采取滚动式计划策略,而在箱区区段匹配计划和倍位分配计划时采取单独以既定船舶为研究对象的策略。以达到模型整体优化性和实操作性有机结合的目的。

2.2.1 相关假设

为保证抽象数学模型的有效构建,本书对集港问题进行了合理简化,给出了如下假设:

(1) 出口箱区划分合理。
(2) 决策周期内预到港船舶的停靠泊位、靠、离泊时间已知。
(3) 预到港船舶的装卸箱量、箱型、重量分布等可根据历史统计规律预测。
(4) 每条预到港船舶装船时预投入的作业线数可预估。
(5) 出口箱在堆场的堆存时间符合历史统计规律。
(6) 各个区段最多配备1台场桥用于集港堆存,且最多可配备2台场桥负责装船发箱。
(7) 出口箱均为20英尺箱。

为有效地利用堆场空间,最大限度地提高堆场操作的便利性,大型集装箱码头通常考虑装、卸船的水平运输距离、危险品安全防护、堆场内电源插座布置情况、集装箱特性等将堆场分为出口箱区、进口重箱区、进口空箱区、特种箱区、冷藏箱区、中转箱区和机动箱区等。在各类箱区划分合理的基础上制定集港计划符合集装箱码头的生产实际。另外,出口箱一般最多提前5天集港,而大型集装箱港口停靠的船舶多为航线班轮,靠离泊时间较为固定且在泊位分配近期计划(船舶到港前5天)时,靠、离泊的具体时间和泊位分配计划已基本确定。为此,可认为集港前相关船舶的停靠泊位,和靠、离泊时间已知。由于班轮有固定的航线、卸货港和稳定的客户群,装卸箱量、箱型和重量分布等信息较为固定,可根据历史数据进行预测,假设(3)和(4)合理。同时,由调研数据分析可知,在既定的集港提前期下出口箱在堆场的堆存时间基本符合历史统计规律,假设(5)有效。大型集装箱码头装船作业时堆存区段内通常配备1—2台场桥以利于出口箱发箱作业的高效进行;而为了充分利用有限的场桥资源,且考虑到集港堆存作业的时间紧迫性不如装船发箱,一般一个区段最多配备1台场桥用于集港作业。假设(6)符合生产实际,相应的场桥配备数可满足生产需要。

在不影响问题实质的情况下,假设(7)一定程度上减少了模型描述的烦琐性。在20英尺箱和40英尺箱并存的情况下,需注重与箱尺寸相关的量及量的转化:

① 常规场桥一次仅能起吊1个40英尺箱或1个20英尺箱。即:其作业量以自然箱为标准。为此,在涉及各堆存区段作业量计算时应以自然箱为准。

② 装船时的水平运输总距离由运输次数和单次运输距离决定。由于常规集卡一次能运输1个40英尺箱或2个20英尺箱,即:2个20英尺箱仅需一次水平运输,为此,水平运输总距离的计算应以40英尺箱为单位。

③ 40英尺箱需占用2个相邻的20英尺倍位,区段堆存能力和堆存量计算时以20英尺箱为单位,一个40英尺箱需转化为2个20英尺箱。

另外,在倍位计划时相邻20英尺空倍位的数量,即:偶数倍的数量,应足以保证40英尺箱的堆存需要。总之,20英尺箱和40英尺箱并存时需正确处理和转化与箱尺寸相关的量。对集港计划进行数学描述旨在理清集港计划决策的技术路线,在不影响研究内容和研究思路的情况下,为减少模型的烦琐性,本书假设所有的出口箱均为20英尺箱。必要时分别考虑20英尺和40英尺箱的箱量等信息,对本书数学模型中的各区段作业量、区段堆存能力、装船时总体水平运输距离、相邻空倍位的量等与箱尺寸相关的数学式进行适当的修改,即可得到

20英尺和40英尺箱并存情况下的集港计划模型。

2.2.2 集港计划的决策内容及目标

本书针对常规岸桥和双40英尺岸桥作业系统的集港问题进行研究。其中，新型双40英尺岸桥的吊具突破了1次装卸1辆集卡的常规，理论上1次能装卸4个20英尺箱或2个40英尺箱，需2辆常规集卡同时为其服务，装船作业时只有始终保证2辆集卡同时或几乎同时到达岸边且运载的集装箱完全符合船舶积载要求，才能保证双40英尺，充分发挥其设计效率。显然，双40英尺岸桥作业系统的出口箱生产组织比常规岸桥及近年出现的双小车岸桥作业系统更为复杂。为促进新型双40英尺岸桥在大型集装箱码头中的应用和推广，本章除对常规岸桥作业系统的集港计划进行研究外，拟对双40英尺岸桥作业系统的集港计划进行较深入的探讨。相关研究方法适用于双40英尺岸桥、双小车双40英尺岸桥等配备有双40英尺吊具机构的大型岸桥作业系统的集港计划，同时对三40英尺岸桥，甚至将来更新型岸桥系统的生产组织研究也有一定的指导作用。

由于集港箱在堆场暂存几天即需装船出场，且堆存与装船作业均需要场桥来完成，尽量避免同一区段内装船与集港作业同时进行，同时，避免任何时间段区段内2条或多条船舶同时装船，利于满足船舶作业的紧迫性要求；由于集港箱最终需装船出场，集港计划应充分考虑集港箱的堆存对其将来装船发箱便利性的影响；另外，堆场计划对装船时内卡水平运输距离及场内交通状况的影响也不容忽视。为此，在合理的假设条件下，集港计划应致力于实现如下目标：

(1) 解决区段内集港与装船作业之间的冲突。
(2) 解决区段内各船舶装船作业之间的冲突。
(3) 满足将来装船时多作业路并行发箱的需要。
(4) 在尽量保证堆场利用率的情况下，保证集港箱的堆存利于场桥发箱连续性要求，减少场桥大车的往返移动次数和移动距离。
(5) 保证各船舶与堆存区域之间的总体距离最小，以有效避免各船舶装船时内卡水平运输路线的迂回交叉。

为实现上述目的，本书从区段计划和倍位计划2个层面，具体分"船舶—区段"分配计划、"箱组—区段"匹配计划和倍位计划等，分别确定了对应的优化决策目标及决策内容(决策变量)，具体如图2-7所示。其中，"船舶—区段"分配计划的决策内容包括：① 首先确定预开港船舶的出口箱应分配几个堆存区段。② 进一步确定应分配哪几个区段。

以"船舶—区段"分配计划和集装箱箱组的卸货港信息等为基础,"箱组—区段"匹配计划需对已分配给既定船舶的各区段具体应堆存该船舶的哪些箱组进行决策,以保证需并行发箱的出口箱在相关各区段内合理分散堆存,利于多作业路并行装船发箱。在"船舶—区段"分配和"箱组—区段"匹配计划方案的基础上,倍位分配计划以既定船舶为研究对象,进一步确定与既定船舶匹配的各区段内如何为相应的箱组计划倍位。

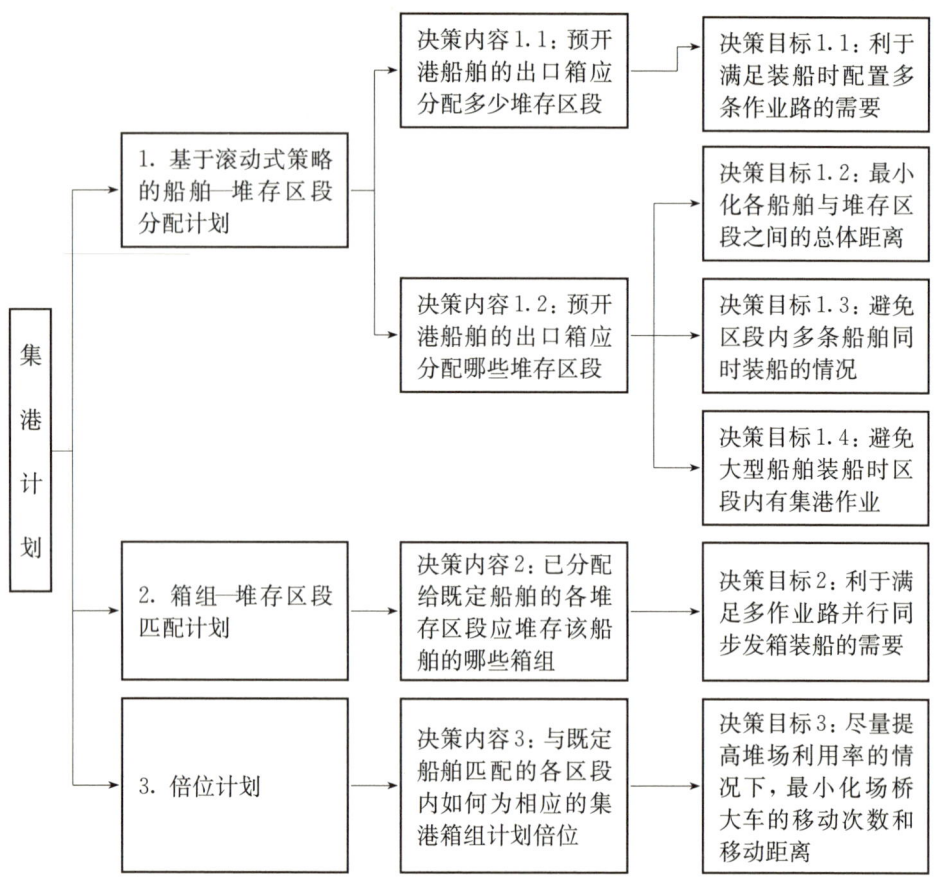

图 2-7　集港计划的决策内容

2.2.3　解决问题的技术路线

充分利用历史数据对班轮的出口箱量、卸货港信息、箱重分布、拟投入作业路数等进行估计和预测,同时,有效运用出口箱在港堆存时间统计规律、预知的班轮靠、离泊时间及停靠泊位等信息。首先,基于滚动式计划策略,在充分考虑决策周期内各集港船舶整体情况的条件下,以船舶为单位进行"船舶—区段"分配计划;在此基础上以既定船舶各箱组为单位进一步对"箱组—区段"匹配计划进行决策;在既定的"船舶—区段"计划和"箱组—区段"匹配计划方案条件下,以单个船舶为研究对象,进一步确定与既定船舶匹配的各区段内如何为相应的集港箱组计划倍位。整个计划决策模型既要保证从整体着眼,又需注重具体层次上问题的合理简化。

2.3 堆场区段分配计划模型构建

2.3.1 面向船舶的集港箱堆场区段分配计划

1. 确定预开港船舶的出口箱应分配的区段数

如图 2-8 所示,预开港船舶的出口箱应分配的堆存区段数,直接取决于船舶预投入的作业线数(岸桥数)、岸桥与场桥的配比情况、装船作业时区段内可投入的场桥数目等参数。

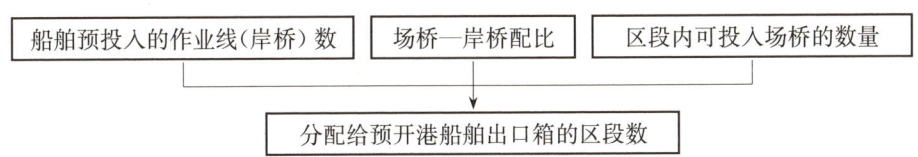

图 2-8 预开港船舶应分配区段数的直接影响因素

若上述各参数已知,易得到预开港船舶出口箱至少应分配的堆场区段数:

$$某船舶出口箱至少应分配的区段数 = \frac{预投入的作业线数 \times 场桥与岸桥的配比}{装船时各区段内允许并行投入的场桥数}$$

其中,船舶预投入的作业路数受船舶出口箱量、配载情况及船舶结构信息、船舶在港时间及紧迫性要求、装船作业时同时在港的其他船舶的情况及岸桥状况、预投入岸桥的类型、轨距及集卡在多台岸桥轨距下的组织情况等因素的影响;岸桥和场桥的配比主要取决于岸桥、场桥的设计效率、装船作业时的堆场翻箱率等因素。特别是,装船时区段内可并行投入的场桥数一般由出口箱的堆存状态、堆场的繁忙程度、场桥状况及调度情况等决定,与集港计划之间存在复杂的相互作用关系,只有各箱组堆存合理为装船时场桥的合理调度奠定了良好基础,才可能保证区段各场桥实际意义上的并行投入。

由上述分析可知,船舶预投入的作业路数、岸桥与场桥的配比、装船作业时区段内可并行投入的场桥数等参数,涉及多方面的未知因素,无法在集港计划时精确确定。预开港船舶出口箱应分配堆场区段数的确定实属不确定环境下的"大问题"决策。但另一方面,实际生产中上述各参数通常仅存在几种可能的取值。如:在现有岸桥 6 车道标准跨距下,考虑到岸桥下集卡调度组织的有效性,既定船舶配备常规岸桥的数目一般为 1~6 台不等,通常最多可达 7~8 台。另外,可根据船型大小和装卸箱量等因素对作业线的数目作进一步的限定。对于出口箱量大、箱型单一、箱重级别差异小且能满足双 40 英尺岸桥最大起重量的大型船舶也可合理配备双 40 英尺岸桥作业线,预投入作业路数应保证双 40 英尺岸桥跨距内 2 辆集卡的并行调度等。对于常规岸桥与场桥的配比通常为 1:2 或 1:3;场桥对双 40 英尺岸桥的配比应适当增加。另外,装船作业时一个区段一般投入 1 台或 2 台场桥。装船作业时区段内实际并行作业的场桥数可认为等于区段内投入的场桥数,同时,通过合理的箱组堆存计划(将在后续章节中研究)消除集港箱堆存不合理致使场桥无法合理调度,以至于区段内投入的场桥长时间相互等待或闲置的现象,保证区段内各场桥的真正并行投入。

针对上述特征,船舶预投入的作业路数、岸桥—场桥的配比、装船时区段内并行投入的场桥数等参数的取值可根据经验直接给出,或采取仿真手段通过有限方案的比选得到各参数的较优组合,进而得到预开港船舶出口箱应分配的堆场区段数。具体决策过程将在第 7 章堆场生产组织仿真研究中探讨。

2. 堆存区段与预开港船舶的匹配

预开港船舶应分配堆存区段的数目给定后,需进一步决策各船舶的出口箱应堆存在哪些区段。由图 2-7 可知,不同于预开港船舶堆存区段数目的决策,预开港船舶与堆存区段匹配计划的决策目标适合转化为优化目标或约束条件。根据各决策目标的特征,可将最小化集港箱堆存区段与各船舶预停靠泊位间的总体水平运输距离作为优化目标,将避免任一时段区段内多条船舶同时装船,以及避免装船作业时大量集港箱进入区段作为约束条件,对各预开港船舶与堆存区段的匹配问题进行数学描述,以便理清各因素对优化决策的具体影响情况。

1) 数学模型相关参数

H:当前决策周期。如图 2-6 所示,以滚动周期为长度可将当前决策周期分为多个子决策周期,分别记为 H_1,H_2,…,H_d,其中,d 为子决策周期的个数。如前所述,只有第 1 个子决策周期 H_1 对应的区段分配计划将被实际执行。

T：决策周期包含的计划时段数。

N_1：出口箱区区段数，为便于描述对各出口箱区段进行编号，记为：1，…，N_1。

N_2：码头泊位数。

d_{ij}：堆场区段 i 与泊位 j 之间的平均水平运输距离。

C_i：出口箱区区段 i 的堆存能力。

η_{imax}：出口箱区 i 最大允许堆存密度，$\eta_{imax} \in (0, 1)$。

S_{iH0}：当前决策周期开始，已堆存在箱区 i 的出口箱量所属船舶的集合。

L_{iHt}：当前决策周期的计划时段 t，箱区 i 内将装船出场的集装箱的箱量。

S_H：当前决策周期内预开港的船舶集合；根据船舶开港时间所属的子决策周期可细分为 S_{H1}，…，S_{Hd} 等，分别表示各子决策周期内预开港船舶的集合。

B_x：船舶 x 预停靠的泊位号，$x \in S_{H0} \bigcup S_H$。

$NSec_x$：船舶 x 的出口箱至少应分配的堆存区段总数（如前所述，已给定）。随着集港过程中实际信息的不断获取，若发现 $NSec_x$ 的值明显不合理，也可对其进行适当的调整和更新。

N_{x_O}：船舶 x 预出口箱量的预测值。

N_{large_O}：为较大的正整数，若 $N_{x\_O} > N_{large\_O}$ 表明船舶 x 的出口箱量较多。

N_{small_O}：为较小的正整数，若 $N_{x\_O} < N_{small\_O}$ 表明船舶 x 的出口箱量较少。

P_x：与船舶业务相关的时间点，$P_x = \{D_x, G_x, (A_x, a_x), (L_x, l_x), (E_x, e_x)\}$，其中，$D_x$ 为船舶 x 的开港时间，G_x 为船舶 x 的集箱量达到 50% 的时间；另外，A_x 和 a_x 为船舶 x 结港时刻所属的决策周期和计划时段，L_x，l_x 分别表示船舶 x 装船开始时刻所属的决策周期及时段，而 E_x，e_x 表示船舶 x 装船结束时的决策周期和时段。

$Stat_m$：距装船开始还有 m 个时段时，该船舶当前时段的集港箱量占其出口箱总量的比例，$Stat_m$ 的值可根据出口箱在港堆存时间的统计规律推算。

R：集港进箱高峰距装船的时间，$R = (R_l, R_u)$，即：集港高峰出现在对应船舶装船前 R_l—R_u 个时段，其取值需参考出口箱在港堆存时间的统计数据。

ζ：既定时段实际到港的出口箱量与预测集港箱量之间的误差系数。

V_{iH0}：当前决策周期开始初，箱区 i 内已由集装箱堆存或已预留给既定船舶的箱位数，即：当前决策周期开始前区段 i 内 V_{iH0} 个箱位已被分配。

HjD_x：对于预开港船舶 x，若其拟由双 40 英尺岸桥负责装船，且在当前决策周期的 j 时段开港或在 j 时段之前开港，则：$HjD_x = 1$，否则，$HjD_x = 0$，

$x \in S_H$。

HjG_x：对于拟由双 40 英尺岸桥负责装船的集港船舶 x，若其集箱量在当前决策内且在 j 时段或 j 时段之前达到总箱量的一半（即：$(H, 1) < G_x$，且 $G_x \in (H, j)$ 或 $(H, j) > G_x$），则：$HjG_x = 1$，否则，$HjG_x = 0$。其中，$x \in S_{H0} \cup S_H$。

γ_x：船舶 x 对应的倍位预留策略，$x \in S_{H0} \cup S_H$。下面将详细分析 γ_x 的含义。

保证各计划时段区段内的空倍位足以满足船舶集港的倍位需求，是"船舶—区段"匹配计划需考虑的重要约束。倍位预留策略直接决定着倍位需求的多少，是这一约束的关键参数。常见的策略有两种，策略 1：分时间段为集港箱预留倍位，且每次仅预留与该时间段集港箱量数量相符的倍位及箱位；策略 2：采取集港开始即为所有后续集港箱或部分后续集港箱预留倍位的方法。其中，策略 1 下预留的空倍位少，堆场利用率较高，但集港结束后区段内同箱组箱通常堆存在多个不同的倍位内。由于同箱组一般在同一时间段装船，装船时场桥大车在区段内各倍位间的往复移动较多，发箱效率较低。与策略 1 相对，策略 2 下预留的大量空倍位较长时间得不到有效利用，堆场利用率较低。但该策略便于区段内不同时段到港的同组箱堆存同一预留倍位内，利于保证装船发箱效率。基于上述 2 种策略，γ_x 可具体定义为：若船舶 x 集港计划时采取倍位预留存策略 1，则：$\gamma_x = 1$；而若采取倍位预留存策略 2，$\gamma_x = 0$。

由上述分析可知，倍位预留策略 1 适合于堆场空间资源紧张的集装箱码头；而对于堆场空间相对宽裕的集装箱码头，其中装船效率要求较高的特定航线可采取策略 2 进行倍位预留。考虑到双 40 英尺岸桥作业系统对装船效率的要求较高，及亚洲特别是国内各大型集装箱港口堆场资源相对紧缺的实际情况，对于配备常规岸桥和双 40 英尺岸桥混合装卸系统的大型现代化集装箱码头，由常规岸桥进行装船作业的船舶，集港计划时可采用倍位预留策略 1；而对于由双 40 英尺岸桥系统进行装船作业的船舶可采用策略 2 进行倍位预留。即：拟由常规岸桥装船的所有船舶其对应的 γ_x 的值均为 1；而拟由双 40 英尺岸桥装船的船舶其对应的 $\gamma_x = 0$。针对双 40 英尺岸桥作业系统对应船舶集港结束后同组箱需均衡分配在 2 个区段内的特点，本书在后续章节中提出了"2 区段互补集箱"的方法，以保证预留策略 2 下最大限度提高堆场的利用率。另外，针对双 40 英尺岸桥负责装船的既定船舶箱量大、箱类型少等特点，可通过压缩集港时间集中集港的方法，减少出口箱的堆存时间，以弥补倍位预留策略 2 造成的堆场空间的浪费。

2）数学模型决策变量

X_{Hix}：若将区段 i 分配给该决策周期内预开港船舶 x 的出口箱，$X_{Hix} = 1$，否则，$X_{Hix} = 0$，$1 \leqslant i \leqslant N_1$，$x \in S_H$。

3）目标函数与约束

依照集装箱码头生产实际中既定船舶的出口箱分散且集中堆存的原则，"船舶—区段"匹配计划在既定船舶预开港时，将最少且足以保证其多作路并行装需要的 $NSec_x$ 个堆存区段与之匹配。一旦该船舶的区段匹配计划被执行，其集港箱仅堆存在与之匹配的 $NSec_x$ 个堆存区段内，集港结束后不存在堆存在其他区段的现象。关于每个区段应堆存既定船舶的哪些卸货港和箱组的箱子，以及各堆存区段每个阶段或每次应计划多少个堆存倍位等将在 2.3.2 节和 2.4 节研究。为此，对于当前决策周期前已开港且当前决策周期将继续集港的船舶，由于与之匹配的堆存区段在其开港时已给定，当前决策周期不涉及该类船舶的堆存区段匹配计划，仅需针对周期内预开港船舶进行相应的堆存区段匹配决策。

对当前决策周期内所有预开港船舶进行区段分配计划时，除考虑各预开港船舶外，还应综合考虑当前决策周期前已开港的集港船舶、当前决策周期内的装船船舶等，且只有第 1 个子决策周期开港的船舶其区段分配计划被实际执行。计划被执行后将当前决策周期向前推进 1 个子决策周期，进行新一轮的决策。每次决策以最小化整个决策周期内预开港各船舶停靠泊位与其出口箱预堆存区段间的总体水平距离为优化目标，以避免将来区段内存在多条船舶同时装船或装船与集港并存为约束，为决策周期内各预开港船舶分配既定数量的堆存区段。目标函数与约束式如下：

目标函数：
$$\text{Min} \sum_{x \in S_H} \sum_{i=1}^{N_1} \left[\left(X_{Hix} \times \frac{N_{x\_O}}{NSec_x} \right) \div 2 \times d_{iB_x} \right] \quad (2-1)$$

约束条件：
$$1 \leqslant B_x \leqslant N_2 \quad (2-2)$$

$$\sum_{i=1}^{N_1} X_{Hix} = NSec_x, \quad x \in S_H \quad (2-3)$$

$$[(E_x, e_x) - (L_y, l_y)] \cdot [(L_x, l_x) - (E_y, e_y)] \cdot X_{Hix} \geqslant 0,$$

其中 $\begin{cases} x \in S_H, y \in S_{iH0}；或 \\ x, y \in S_H 且 X_{Hiy} = 1 \end{cases}$ \quad (2-4)

$$[((L_x, l_x) - R_l) - (L_y, l_y)] \cdot [((L_x, l_x) - R_u) - (E_y, e_y)] \cdot X_{Hix} \geqslant 0,$$
其中：

$$1 \leqslant i \leqslant N_1; x \in S_H, y \in S_{iH0} \text{ 或 } x, y \in S_H, \text{且 } X_{Hiy} = 1 \quad (2-5)$$

$$X_{Hix} \cdot X_{Hiy} = 0, \text{其中}, 1 \leqslant i \leqslant N_1;$$

$$x, y \in S_H \text{ 且 } D_x = D_y, N_{x\_O}, N_{y\_O} > N_{small} \quad (2-6)$$

$$\sum_{x \in S_H} \left[X_{Hix} \cdot r_x \cdot (1+\zeta) \left(\sum_{t=D_x}^{(H,j)} \frac{N_{x\_O} \cdot Stat_{[(L_x, l_x) - (H, t)]}}{NSec_x} \right) \right]$$

$$+ \sum_{x \in S_{iH0}} \left[r_x \cdot (1+\zeta) \left(\sum_{t=(H,1)}^{\min[(H,j), (A_x, a_x)]} \frac{N_{x\_O} \cdot Stat_{[(L_x, l_x) - (H, t)]}}{NSec_x} \right) \right]$$

$$+ \sum_{x \in S_H} \left[(1-r_x) \cdot (1+\zeta) \cdot HjD_x \cdot \frac{N_{x\_O} \times 50\%}{NSec_x} \right]$$

$$+ (1-r_x) \cdot (1+\zeta) \cdot HjG_x \cdot \frac{N_{x\_O} \times 50\%}{NSec_x}$$

$$+ \sum_{x \in S_{iH0}} \left[(1-r_x) \cdot (1+\zeta) \cdot HjG_x \cdot \frac{N_{x\_O} \times 50\%}{NSec_x} \right]$$

$$+ V_{iH0} - \sum_{t=(H,1)}^{(H,j)} L_{iHt} < C_i \cdot \eta_{imax}, \text{其中：}$$

$$1 \leqslant i \leqslant N_1, 1 \leqslant j \leqslant T, i, j \in Z^+; \quad (2-7)$$

依照既定船舶出口箱分散且集中堆存的原则，本书为既定船舶分配的区段数为利于多作业路并行装船的最小区段数：$NSec_x$。若 $NSec_x$ 个区段内所投入的场桥均能并行发箱，足以保证多作业路装船的需要，同时能有效避免堆存区段过多造成的场桥在区段间的调度。为利于 $NSec_x$ 个堆存区段并行同步发箱，以达到各区段几乎同时完成装船发箱作业的目的，应确保集港结束后相关集装箱合理均衡堆存在 $NSec_x$ 个堆存区段内，具体将在后续的箱组区段匹配计划和倍位计划中给予实现。为此，本阶段的"船舶—区段"匹配计划时，应认为既定船舶的集港箱量将平均分配到 $NSec_x$ 个堆存区段，每个区段的箱量将为 $N_{x\_O}/NSec_x$。式(2-1)综合考虑了决策周期内预开港船舶的整体情况，使所有船舶装船时的总体水平运输距离最小，且考虑到 1 辆常规集卡一次能运载 2 个 20 英尺箱情况下总体水平运输距离计算时相关单位的转化。

式(2-2)保证了任一船舶 x 预停靠的泊位号不超过港口泊位总数。式(2-3)表明与船舶 x 相匹配的区段的总个数应与既定船舶应分配堆存区段数的决策结果相吻合。

对于船舶 x 与 y,若一个船舶的装船结束时间早于另一个船舶的装船开始时间,即:$(E_x, e_x) < (L_y, l_y)$ 或 $(E_y, e_y) < (L_x, l_x)$ 时,两船舶的装船时间不交叉。相反当 $(E_x, e_x) > (L_y, l_y)$ 且 $(E_y, e_y) > (L_x, l_x)$ 时,即:$[(E_x, e_x) - (L_y, l_y)][(E_y, e_y) - (L_x, l_x)] > 0$ 或 $[(E_x, e_x) - (L_y, l_y)][(L_x, l_x) - (E_y, e_y)] < 0$ 时,两船舶装船时间有重叠。其中,(E_x, e_x) 和 (L_y, l_y) 进行数值比较时,时间在先的为小。由式(2-4)可知,如若 $[(E_x, e_x) - (L_y, l_y)][(L_x, l_x) - (E_y, e_y)] < 0$,船舶 x 与船舶 y 的装船时间重叠,且决策周期开始时船舶 y 的集港箱已在区段 i 内堆存,或船舶 x 和船舶 y 均在决策周期内开港且区段 i 已分配给船舶 y,则:$X_{Hix} = 0$,不再将区段 i 分配给预开港船舶 x;如若 $[(E_x, e_x) - (L_y, l_y)][(L_x, l_x) - (E_y, e_y)] > 0$,船舶 x 与船舶 y 的装船时间不交叉,则:$X_{Hix} = 1$ 或 0。即:在 2 条船舶的装船时间存在重叠的情况下,若已将某区段分配给其中的一条船舶,则:不可将该区段再分配给另一船舶;而当 2 条船舶的装船时间不存在交叉时,完全可以将对应的区段再分配给另一船舶。

同式(2-4)的含义相近,式(2-5)表示在船舶 y 的出口箱已堆存在某区段或已确定预堆存在某区段的情况下,若预开港船舶 x 的集港高峰同船舶 y 的装船时间存在重叠,则:不能将该区段分配给船舶 x。式(2-5)避免了同一区段内集港高峰同装船作业同时发生的现象。在区段内场桥投入数量有限的情况下,为保证装船效率,在集装箱码头生产实际中,往往不允许装船作业时同一区段有集港作业,此时,可将式(2-5)中船舶 x 集港高峰的开始时间 $(L_x, l_x) - R_u$ 和结束时间 $(L_x, l_x) - R_l$ 分别改写为船舶 x 的开港时间和结港时间,具体如式(2-5′):

$$[(A_x, a_x) - (L_y, l_y)] \cdot [D_x - (E_y, e_y)] \cdot X_{Hix} \geqslant 0,$$
$$1 \leqslant i \leqslant N_1; \begin{cases} x \in S_H, y \in S_{iH0}; \text{或} \\ x, y \in S_H \text{ 且 } X_{Hiy} = 1 \end{cases} \quad (2-5')$$

许多集装箱码头通常在每天上午 9 点开港集箱,在认为各班轮出口箱的在港堆存时间均符合出口箱在港堆存时间的总体规律时,同一天开港的船舶,将来的到港时间通常在同一天,装船时间重叠的可能性较大且集港箱通常在同一天达到进箱高峰。为避免集港高峰期重叠造成区段内作业量过于集中,更重要的为避免将来装船作业存在冲突的可能,式(2-6)规定,同一天开港的船舶,若出口箱量均大于一定数量,不管预测的装船时间是否重叠,应避免将其集港箱分配在同一区段。由于船舶装卸作业要持续数小时,大型船舶的装卸甚至持续两个工班以上,开港时间相差一天的船舶其装船作业时间也可能重叠,为此,式(2-4)根据预测的装船时间对区段内同时装船的情况进行了约束。与(2-4)以预测的装船时间为依据进行约束不同,式(2-6)针对同一天开港的船舶其同时装船的可能性较大的特征,对区段内可能存在的装船冲突进行了限制,以弥补由于各船舶具体装船时间预测不准造成的误差。

根据各集港船舶倍位预留策略及各时段进箱量统计规律等,式(2-7)保证了当前决策周期的任何时段分配到区段内的集港箱均有位置堆存。其中,当前决策周期的任一时段 j 区段 i 内的箱位的利用情况需考虑:

(1) 当前决策周期前已被集装箱占用或已预留给既定船舶的箱位,见式(2-7)中第 5 项。

(2) 从本周期开始至时段 j,各时段装船出场箱的累计量,具体为式(2-7)中第 6 项。

(3) 采用倍位预留策略 1 的已开港集港船舶和预开港船舶,从当前决策周期开始至时段 j 分配到区段 i 的累计进箱量。可根据船舶的出口箱总量、各时段的集箱规律等得到既定船舶各计划时段的集港箱量。对于此类船舶各计划时段需分配与其集箱量相吻合的箱位,且集箱量均衡地分配到 $NSec_x$ 个堆存区段内(具体将在后面的箱组分配计划中保证)。其中,对于当前周期前已开港在本周期内继续集港到区段 i 的船舶 x,若在 j 时段前结港,其累计进箱时段实际为 $(H,1)$—(A_x,a_x);而对于在本决策周期内开港并分配到区段 i 的船舶,由于决策周期通常比集港期短,集港作业一般应持续到本周期以后,其累计进箱时段实际从具体开港时间 D_x 开始直到时段 (H,j)。对应值分别为第 1 项和第 2 项。

(4) 采用倍位预留策略 2 的预开港船舶和已开港船舶所需的箱位。该策略下采取了"2 区段互补集箱"方法(具体可参见后续章节),既定船舶的箱位分配仅分二次,其中,在其具体开港时间 D_x 时段为其一次性分配数量与该船舶拟堆存到本区段总箱量的 50% 相当的空倍位或箱位;当集箱量达到 50%,第 1 次分配的箱位已被全部占用后,需再次一次性分配 50% 的箱位供后续集港。对于本决策周期内的预开港船舶,除其开港时需一次性分配箱位外,若其集箱量在当前决策周期内达到 50%,还涉及第 2 次为其分配箱位。而对于当前决策周期前已经开港的船舶,只可能存在为该船舶第 2 次分配箱位的情况,若其在当前决策周期前集箱量已经超过了 50%,则其所需的箱位在当前决策周期前已全部预留(包含在参数 V_{iH0} 中),无需再为其分配箱位。

由上述分析可知,约束式(2-7)综合考虑了区段已占用或已预留的箱位数、拟计划分配的箱位数、将空出的箱位数等,为区段堆存能力的通用约束。在集装箱码头生产实际中,一般情况下不同尺寸的集装箱不应堆存在同一个倍位,且在堆场空间资源允许的条件下需尽量避免不同船舶或不同港口的集装箱堆存在同一个倍位以便提高装船效率。在增加了这些约束后堆场的实际堆存能力将有所下降。为此,必要时可根据生产过程的实际要求,对装船效率和堆存能力进行合理权衡,以增强约束并可对式(2-7)进行适当修改。

由上述描述可知,"船舶—区段"匹配模型不存在区段内两条或多条船舶同时装船的情况;不存在装船作业与集港高峰或集港作业同时发生的情况;不存在同时开港且出口箱量较大的两条或多条船舶同时集箱到同一区段的情况。有效保证了任何时段区段内的装船效率,避免了装船作业存在冲突及作业量过于集中的现象。在出口箱区大小划分合理的情况下,上述数学模型能有效保证船舶与区段的有效匹配。

2.3.2　面向箱组的集港箱堆场区段匹配计划

以 2.3.1 节的研究内容为基础,在分配给既定集港船舶的堆存区段数及具体堆存区段均已确定的条件下,本节对"箱组—区段"匹配计划进行描述,进一步确定已分配给既定船舶的各区段与该船舶各箱组的合理匹配,以利于装船发箱的并行性与同步性。

遵循集装箱码头生产实际中出口箱"分散且集中"堆放的原则,2.3.1 节将 $NSec_x$ 个出口箱区段与预到港船舶 x 进行了匹配。在给定船舶预投入作业路数的情况下,$NSec_x$ 为利于保证多作路并行装船所需的最少区段数。只有 $NSec_x$ 个堆存区段内最大允许投入的场桥数均并行发箱,才能保证场桥与岸桥的配比要求。由于区段内投入的场桥数已达到了既定的最大允许数量,分配给船舶 x 的 $NSec_x$ 个区段中的各区段在整个装船过程中不存允许有新场桥投入。另一方面,理想境况下各岸桥同时完成作业,在其他相关区段均不允许有新场桥投入的情况下,若某区段内有场桥离开,必将造成场桥总数的减少,致使场桥数量不满足与岸桥的配比要求及作业路装船作业的需要。总之,整个装船过程中初始投入的场桥需并行发箱直至同时完成作业,不存在区段间的场桥调度,也不存在场桥的离开和重新投入。为此,需保证每个时间段装船的箱量均能平均分配给各场桥,以有效避免某时段的装船箱只分配给部分场桥,致使该时段实质上只有部分场桥作业,其他场桥因发出集装箱无法满足积载要求而无法真正投入作业的现象。

由上述分析可知,在各场桥作业效率相同、各区段投入装船发箱的场桥数相等且等于最大数量时,若每个时间段内装船的集装箱均能平均分配到各区段且平均分配到各场桥,则能有效保证装船发箱的并行同步性,且整个装船过程中场桥无需在区段间调度。另外,必定能保证既定船舶集港结束后,其出口箱总量较平均地分配在与之匹配的各区段内,确保 2.3.1 节"船舶—区段"匹配模型中这一前提条件的有效性。为此,将每个时段装船的箱子平均分配到各区段且保证平均分配到区段内的各个场桥,是"箱组—区段"匹配计划决策的核心目标,是"保证并行同步装船发箱"这一抽象决策目标的具体表达。由于该决策目标不易量化,下述模型主要针对相关约束进行数学描述。满足这些约束的方案均可保证装船发箱的并行性与同步性为可行"箱组—区段"匹配方案,也可看作较优方案。

1. 数学模型相关参数

Sec_x:与预到港船舶 x 相匹配的堆存区段的集合,Sec_x 包括 $NSec_x$(含义同 2.3.1 节)个元素,各元素用堆场区段代号表示,为便于模型描述可对 Sec_x 中的各元素进行编号,记为:$\{1, 2, \cdots, NSec_x\}$。

YC:将来装船时区段内最多允许投入的场桥数,$YC=1$ 或 2。为提高装船效率,装船时各个区段均配备 YC 个场桥。

DF_x:若船舶 x 预由双 40 英尺岸桥系统负责装船,$DF_x=1$,否则,$DF_x=0$。

$Group_x$:船舶 x 出口箱的箱组集合,既定船舶的出口箱中属同一尺寸、同一卸货港和同一吨级的划为同一个箱组。

Sub:按大致的装船先后次序,依次将 $Group_x$ 中属同一时间段装船的箱组划分到同一个子集,Sub 为这些子集的集合,记为:$\{\{Sub_1\}, \cdots, \{Sub_j\}, \cdots\}$。其中,$Sub$ 中子集的个数记为 $NSub$。由于相同尺寸、同一卸货港的各箱组通常在同一时间段装船,可以以卸货港为单位进行子集划分,也可根据航线历史资料寻求合理的划分方法。

$NSub_j$:同一时间段装船的任一箱组子集合 Sub_j 包含的箱组数,为便于描述,将 Sub_j 中的各箱组分别记为:Sub_{j1}, Sub_{j2} 等,其中,$Sub_j \subset Sub$。

$CNSub_{jm}$:任一箱组 Sub_{jm} 对应的箱量,其中,$Sub_{jm} \in Sub_j \subset Sub$。

Δ:任一子集合 Sub_j 分配到区段 i 的箱量与理论均值之间的最大允许误差,其中,综合考虑了 Sub_j 中实际到箱量与预测到箱量之间的误差,以及到箱量在相关各区段间分配不均造成的误差两部分,$i \in Sec_x$, $Sub_j \subset Sub$。

ε:船舶 x 的出口箱分配到区段 i 的总箱量与其理论值之间的最大允许误

差,其中,综合考虑了出口箱实际到箱总量与预测到箱总量之间的误差,以及 Sub 中各子集的箱量在相关区段间分配不均造成的累计误差两部分,$i \in Sec_x$。

2. 决策变量

SS_{ijk}：对于既定船舶 x,若 sub 中第 j 个子集合的第 k 个箱组(Sub_{jk})被分配到区段 i,则 $SS_{ijk} = 1$,否则,$SS_{ijk} = 0$,其中,$i \in Sec_x$。

pro_{ijk}：对于既定船舶 x,箱组 Sub_{jk} 被分配到区段 i 的箱量占该箱组总箱量的比例,其中,$i \in Sec_x$,$Sub_{jk} \in Sub_j \subset Sub$。

3. 决策目标与约束

决策目标：保证多作业路发箱装船的并行性与同步性。

约束式：

$$\frac{N_{x\_O}}{NSec_x} \times (1-\varepsilon) \leqslant \sum_{j=1}^{NSub} \sum_{k=1}^{NSub_j} (SS_{ijk} \times pro_{ijk} \times CNSub_{jk})$$
$$\leqslant \frac{N_{x\_O}}{NSec_x} \times (1+\varepsilon), i \in Sec_x \quad (2-8)$$

$$\sum_{i=1}^{NSec_x} \sum_{k=1}^{NSub_j} (SS_{ijk} \times pro_{ijk} \times CNSub_{jk}) = \sum_{k=1}^{NSub_j} CNSub_{jk},$$
$$j = 1, 2, \cdots, NSub \quad (2-9)$$

$$\frac{\sum_{k=1}^{NSub_j} CNSub_{jk}}{NSec_x} \times (1-\Delta) \leqslant \sum_{k=1}^{NSub_j} (SS_{ijk} \times pro_{ijk} \times CNSub_{jk})$$
$$\leqslant \frac{\sum_{k=1}^{NSub_j} CNSub_{jk}}{NSec_x} \times (1+\Delta),\text{其中},$$
$$i \in Sec_x, j = 1, 2, \cdots, NSu \quad (2-10)$$

$$\sum_{i=1}^{NSec_x} SS_{ijk} \times pro_{ijk} \times CNSub_{jk} = CNSub_{jk},$$
$$j = 1, 2, \cdots, NSub, k = 1, 2, \cdots, NSub_j \quad (2-11)$$

$$pro_{ijk} = \begin{cases} 0, & \text{当 } SS_{ijk} = 0 \text{ 时} \\ 1, & \text{当 } SS_{ijk} = 1, \text{且 } DF_x = 0 \text{ 时} \\ \frac{1}{2}, & \text{当 } SS_{ijk} = 1, DF_x = 1, \text{且 } YC = 1 \text{ 时}, \\ 1 \text{ 或 } \frac{1}{2}, & \text{当 } SS_{ijk} = 1, DF_x = 1, \text{且 } YC \geqslant 2 \text{ 时} \end{cases}$$

其中，$i \in Sec_x$，$j = 1, 2, \cdots, NSub$，$k = 1, 2, \cdots, NSub_j$ (2-12)

$$\sum_{j=1}^{NSub}\sum_{k=1}^{NSub_j}(SS_{ijk} \times pro_{ijk}) = \sum_{j=1}^{NSub}\sum_{k=1}^{NSub_j}SS_{ijk} \text{ 或 } \frac{\sum_{j=1}^{NSub}\sum_{k=1}^{NSub_j}SS_{ijk}}{2},$$

其中：$i \in Sec_x$ (2-13)

式(2-8)表明，对于与既定船舶匹配的任一堆存区段，既定船舶分配到该区段的各箱组的累计箱量应与该船舶总箱量应平均分配至各区段的理论箱量相对应，且实际误差不超过最大允许误差的范围。式(2-9)保证了既定船舶中同时间段装船的集装箱构成的任一子集，分配到各区段的箱量的总和与其总箱量相等。式(2-10)综合考虑了既定船舶同时间段装船的集装箱构成的任一子集和匹配给该船舶的任一区段的关系，保证了任一子集内的总箱量应均衡地分配到相应的各个区段，且误差控制在最大误差范围内。该式描述了"箱组—区段"分配计划的主要决策思路，是保证场桥并行发箱的关键和基础。

式(2-11)以箱组为单位限制了任一箱组分配到各区段的箱量总和应等于该箱组对应的总箱量。其中，对于常规岸桥作业系统，由于各箱组的箱量不大，任一箱组的箱量需全部堆存在同一个区段内，以便装船时由区段内的 1 台场桥负责该箱组全部的发箱作业。而对于各箱组箱量较大的双 40 英尺岸桥作业系统，为保证双 40 英尺吊具的装船效率，每个箱组需由 2 台场桥并行发箱。为此，若装船时各区段只能配备一台场桥发箱，每个箱组应分配到 2 个不同的区段，且各区段堆存该箱组总箱量的一半，以利于保证 2 台场桥发箱的并行性；而若装船时各区段配备 2 台甚至更多场桥发箱(为便于调度，每个区段一般最多配备 2 台场桥)，既定箱组的箱量全部分配到一个区段或均衡分配到距离较近的 2 个区段均利于保证 2 台场桥并行发箱，以便载有同组箱的 2 辆集卡同时或几乎同时到达岸桥，达到最大限度保证双 40 英尺岸桥的双箱率的目的。式(2-12)即是上述约束的有效表达。必要时，也可针对不同集装箱码头的具体情况对式(2-12)进行适当的修改，以对既定箱组的堆存区段数进行合理控制。

式(2-12)最后一项中，每个箱组的箱量存在全部分配到某区段或仅 50% 分配到某区段 2 种情况。针对此状况，式(2-13)对与既定区段相匹配的各箱组拟分配到该区段的箱量比例进行了统一限制。保证了某船舶中与既定区段匹配的所有箱组分配到该区段的箱量比例均相等。即：全部等于 1 或全部等于 1/2。避免了与既定区段匹配的某些箱组其箱量全部分配到该区段，而另一些箱组其箱量仅有 50% 分配到该区段的现象，以利于装船时区段内场桥的合理配备和并行调度。

综上可知，整个"箱组—区段"计划决策，以箱组及同一时间段装船的箱组集的合理划分为基础，从同一时间段装船的箱组集与区段的匹配，到具体箱组的区段分配，利于保证装船过程的各个分时段均能并行发箱。同时，满足了常规岸桥作业系统中箱组需相对集中堆存，及双 40 英尺岸桥作业系统对箱组集中且分散堆存的要求。理想情况下，各区段及区段内的各场桥始终并行发箱，不存在场桥在相关区段间调度的现象，各场桥和岸桥同时完成作业。

2.4 堆场倍位计划模型构建

由 2.3 节可知，"船舶—区段"匹配计划为预开港船舶一次性指定了与其匹配的全部区段，该计划限制了既定船舶相关集港箱将来堆存的区段范围。具体到各区段内的倍位计划，若集港开始时即为既定船舶预集港至区段的全部出口箱计划并预留倍位，将造成预留计划倍位长时间空闲，致使堆场利用率过低、可用堆存空间资源紧张等状况。为此，对于堆存空间资源相对紧缺的集装箱码头来说，区段内的倍位计划适合分多个阶段进行。即：将既定船舶的集港过程分为多个等长的阶段，随集港进程逐步为相应阶段的预集港箱计划倍位。

综上及 2.2 节所述可知，倍位计划适合采取以单个船舶为研究对象，分阶段分别进行倍位计划的决策。对当前阶段的倍位计划，若兼顾后续各阶段的倍位预计划，理论上能最大限度地追求既定船舶所有阶段倍位计划的整体优化性，但由于区段内通常存在多条船舶集港，很难对后续阶段区段内的可用空倍位进行较准确的预测，兼顾后续阶段倍位预计划的当前计划决策往往达不到应有的优化效果，甚至适得其反。为此，既定船舶当前阶段倍位计划时可从大体上把握和后续倍位计划间的约束关系，但不具体兼顾后续阶段倍位预计划。总之，倍位计划适合采取以单个船舶为研究对象，分阶段分别进行倍位计划决策。当前阶段在全面考虑相关约束的条件下对既定船舶本阶段内的预集港箱计划倍位，不涉及区段内其他集港船舶的情况及既定船舶后续各阶段倍位计划的预先决策。

在上述决策下，合理选取计划阶段的长度是倍位计划的基础。显然，各计划阶段的间隔越短越利于提高堆场利用率，但阶段间间隔过短时既定阶段内预到港的箱型及箱量很难符合统计规律，较大的动态性将直接影响计划的有效性。

且由于同箱组的集装箱一般集中装船,计划阶段间隔较短整个集港过程划分的阶段数较多,属既定箱组且在不同阶段到港的集港箱将被堆存在不同的计划倍位内,致使装船时区段内场桥大车的移动次数增多,发箱效率降低。相反,每个计划阶段越长越利于避免区段内同组箱堆存过于分散,装船时场桥大车移动次数较多的现象。但必将造成堆场空间资源的浪费。如:当计划阶段的长度增长到等于集港期时,整个集港过程仅包含一个阶段,开港时需一次为既定船舶分配到区段内的所有预集港箱组计划倍位,并预留这些倍位直到相关箱到场,将大大降低倍位利用率。为此,倍位计划时应根据集装箱码头的具体情况,合理平衡堆场利用率和场桥发箱效率,合理确定倍位计划阶段的长度。

对于常规岸桥作业系统通常以"一天"为集港箱倍位计划的计划阶段长,即:以天为单位进行倍位计划。每次计划需根据堆场的实际堆存状态及后续计划阶段的约束,为当前计划天内的预集港箱计划倍位,以指导一整天的集港作业。当堆场资源紧缺或集港期较短集港箱进场较集中时,也可适当缩短倍位计划阶段的长度,以工班(一个工班为 8 h 或 12 h)或更短的时间段为单位进行倍位计划决策。与常规岸桥作业系统相比,双 40 英尺岸桥作业系统对场桥发箱效率要求较高。为最大限度地利于场桥连续发箱,倍位计划阶段的长度通常比常规岸桥作业系统的长,甚至等于集港期,即:集港开始时即为既定船舶预集港至区段的全部出口箱计划并预留倍位,以保证整个集港过程拟由既定场桥发箱的同组箱优先堆存在同一倍位,减少场桥发箱时大车的移动次数。针对拟由双 40 英尺岸桥负责装船的船舶集港结束后同组箱需均衡分配在 2 个区段内的特点,本书在后续章节中提出了"2 区段互补集箱"的方法,基于该方法,拟由双 40 英尺岸桥负责装船的船舶集港过程可分为 2 个阶段,开港时和集箱量达到 50% 时分别为既定船舶预集港至该区段的总箱量的一半箱量计划并预留倍位,即可达到开港时即为全部出口箱计划并预留倍位的堆存效果。为此,本节在研究双 40 英尺岸桥作业系统集港箱倍位计划时,即确定计划时段长度为集港期的一半,分前后 2 个阶段逐步进行倍位计划。关于如何达到与计划时段长度等于集港期相同的堆存效果,将由第 3 章的"2 区段互补集箱"给予保证。

在计划策略及计划阶段长度已确定的情况下,倍位计划旨在针对既定船舶当前计划阶段内预集港的箱量、相关区段的当前堆存状态等,确定当前计划阶各相关区段内应为既定船舶本阶段的集港箱预留多少个倍位及应预留哪些倍位,用于堆存既定船舶当前阶段内的集港箱。其中,计划倍应为空倍,数量应与当前阶段的集箱量相当,且各计划倍位在区段内的位置应利于保证装船时区段内多台(通常一个区段最多配备 2 台场桥)场桥并行作业。另外,计划阶段长度已直接决定了区段内每个箱组堆存的分散程度及装船时场桥大车至少应移动次数,关于如何保证既定计划阶段长度下装船时场桥大车的实际移动次数尽量达到这一最小值,以及既定箱组的集港箱具体应堆存在哪个计划倍位内,将在第 3 章集港箱的具体箱位分配时研究。本节的倍位计划仅能通过倍位位置的优化决策尽量减少场桥大车的移动距离。

1. 相关参数

Sec_x:与集港船舶 x 相匹配的堆存区段的集合,含义同 2.3.2 节。

DF_x:同 2.3.2 节,若船舶 x 拟由双 40 英尺岸桥装船 $DF_x = 1$,否则 $DF_x = 0$。

NTb_x:集港船舶 x 倍位计划的总阶段数。各计划阶段可分别记为:1,2,…,NTb_x,如前所述 $DF_x = 1$ 时,$NTb_x = 2$;$DF_x = 0$ 时,NTb_x 通常为大于 2 的整数。

Tb:当前倍位计划时段,$Tb \in Z^+$,且 $1 \leqslant Tb \leqslant NTb_x$。

GS_{xi}:既定船舶 x 中与区段 i 匹配的箱组集合,由 2.3 节的"箱组—区段"匹配计划可得。为便于描述,按卸货港由远及近、同卸货港重量级由重至轻的顺序将 GS_{xi} 的箱组分别记为:1,2,…,NGS_{xi},其中,NGS_{xi} 为 GS_{xi} 中箱组的个数。

$CNTG_{xik}$:GS_{xi} 中第 k 个箱组总箱量的预估值。

$CNFG_{xik}$:当前决策周期内 GS_{xi} 中第 k 个箱组预到港箱量的预测值。$CNFG_{xik}$ 的值与该箱组预估总箱量、当前决策周期的长度、集港箱在港堆存时间统计规律等有关,具体确定方法同 2.3.1 节。对于拟由双 40 英尺岸桥负责装船的船舶,由于整个集港过程仅包含 2 个计划阶段,每个阶段预到港的箱量均为总箱量的一半,$CNFG_{xik} = CNTG_{xik} \times 50\%$。

λ_{xik}:$CNFG_{xik}$ 对应的放大系数,考虑到预测值存在的偏差,且考虑到集装箱码头出口箱箱位堆存策略的具体情况,如:不同箱组的集装箱不能堆存在同倍位同堆存排内等(具体将在第 3 章研究),为此,通常情况下,倍位计划为相关箱组预留的箱位数较其箱量预测值多,放大系数为 λ_{xik},$\lambda_{xik} > 1$。

pr_{xik}:GS_{xi} 中第 k 个箱组预分配到区段 i 的箱量占其总箱量的比例,具体由 2.3 节的"箱组—区段"分配计划可得。且由 2.3 节的式(2-13)可知,GS_{xi} 中所有箱组分配到区段 i 的箱量比例均相等,即:均为 1 或均为 1/2。为此,对于 $k = 1, 2, …, NGS_{xi}$ 均可设 $pr_{xik} = pr_{xi}$。

YC:将来装船时区段内最大并行投入的场桥数,意义同 2.3 节,$YC = 1$

或 2。

LS_i，RS_i：$YC=2$ 时，为实现区段内 2 场桥并行装船的需要，倍位计划和后续箱位分配的难度较大。为合理简化问题，可将任一区段 i 合理划分为 2 个连续的子区段，分别记为：LS_i 和 RS_i，令 LS_i 中各倍位的倍位号均小于 RS_i 中各倍位对应的倍位号。其中，由于集港结束后既定船舶的集港箱均衡堆存在 2 子区段内，装船后 2 子区段内空出的倍位数基本相同，利于后续集港船舶倍位计划子区段按同样的界限划分。为此，当 $YC=2$ 时可采取以总区段中部为界限或根据区段状态灵活指定界限的方法划分子区段。

Eb_i：当前阶段倍位计划时区段 i 内可用空位的集合，$Eb_i=\{0n,\cdots\}$，其中：n 为奇数，为 20 英尺可用空倍位对应的倍位号，$i \in Sec_x$。

LEb_i，REb_i：当前阶段倍位计划时，子区段 LS_i 和 RS_i 中可用空倍位的集合。

Ab_{xi}：当前倍位计划前，区段 i 内已被船舶 x 集港箱占用的倍位的集合。当 $YC=2$，Ab_{xi} 中属子区段 LS_i 的倍位的个数记为：$NLAb_{xi}$；属子区段 RS_i 的倍位的个数记为：$NRAb_{xi}$。

AFb_{xi}：当前计划阶段前区段 i 中已被船舶 x 集港箱占用的倍位，以及当前阶段倍位计划方案中计划给船舶 x 的倍位组成的集合。AFb_{xi} 由参数 Ab_{xi} 和下面的决策变量 PB_{xij} 共同决定。

$Minb_{xi}$，$Maxb_{xi}$：分别表示 AFb_{xi} 中各倍位对应的最小倍位号和最大倍位号；

$LMinb_{xi}$，$LMaxb_{xi}$：$YC=2$ 时，若 $j \in AFb_{xi} \cap LS_i$ 且 $\forall k \in AFb_{xi} \cap LS_i$ 倍位 j 的倍位号均小于或等于倍位 k，倍位 j 的倍位号记为：$LMinb_{xi}$；而若 $j \in AFb_{xi} \cap LS_i$ 且 $\forall k \in AFb_{xi} \cap LS_i$ 倍位 j 的倍位号均大于或等于倍位 k，倍位 j 的倍位号记为：$LMaxb_{xi}$。否则，$LMinb_{xi}=LMaxb_{xi}=0$。

$RMinb_{xi}$，$RMaxb_{xi}$：与 $LMinb_{xi}$ 和 $LMaxb_{xi}$ 的意义相似，分别表示子区段 RS_i 中已被船舶 x 集港箱占用及当前阶段计划方案计划给船舶 x 的各倍位，对应的最小倍位号和最大倍位号。显然，$LMinb_{xi} \leqslant LMaxb_{xi} < RMinb_{xi} \leqslant RMaxb_{xi}$。

CB_{max}：一个堆存倍位最多允许堆存的集装箱数。对于 row 排 tie 层的堆存位，CB_{max} 的值一般为：$row \times tie-(tie-1)$，位内预留 $tie-1$ 个空箱位用于翻箱。关于翻箱问题将在本书的第 4 章和第 5 章重点研究。

d_{ijk}：区段 i 内倍位 j 和倍位 k 之间的距离，用倍位表示。如：区段 i 内 01 倍位和 05 倍位之间的距离为 2 个倍位。

$dis_{\min}$：$YC=2$ 时，区段内两场桥间的最小安全距离，通常情况下 $dis_{\min}$ 值至少应为 1 个 40 英尺倍。即：并行作业的 2 场桥之间至少应间隔 1 个 40 英尺倍。

2. 决策变量

NB_{xi}：当前倍位计划时段区段 i 内需为船舶 x 的预集港箱预留的倍位数，$i \in Sec_x$。

NLB_{xi}，NRB_{xi}：当 $YC=2$ 时，当前倍位计划时段区段 i 的 2 个子区段 LS_i 和 RS_i 内分别需为船舶 x 的预集港箱预留的倍位数，$i \in Sec_x$。

PB_{xij}：$PB_{xij}=1$ 表示区段 i 的 j 倍位为当前计划阶段船舶 x 集港箱的计划位，否则，$PB_{xij}=0$，其中，$i \in Sec_x$，$j \in Eb_i$。

3. 函数表达和约束

(1) 确定当前阶段各区段计划倍位的数量

$$NB_{xi} = \left[(1-DF_x) \cdot \sum_{k=1}^{NGS_{xi}} (\lambda_{xik} \cdot CNFG_{xik}) + DF_x \cdot \sum_{k=1}^{NGS_{xi}} (CNTG_{xik} \times 50\% \cdot \lambda_{xik}) \times pr_{xi} \right] / CB_{\max}$$

其中：$i \in Sec_x$ \hfill (2-14)

(2) 确定当前阶段各子区段内计划倍位的数量

$$\begin{cases} \text{情况 1：} YC=2, DF_x=0 \Rightarrow NLB_{xi} = NRB_{xi} = \dfrac{NB_{xi}}{2} \\ \text{情况 2：} YC=2, DF_x=1 \text{ 且 } \forall k=1,2,\cdots,NGS_{xi}, pr_{xik} = \dfrac{1}{2} \\ \quad \Rightarrow NLB_{xi} = NRB_{xi} = \dfrac{NB_{xi}}{2} \\ \text{情况 3：} YC=2, DF_x=1 \text{ 且 } \forall k=1,2,\cdots,NGS_{xi}, pr_{xik} = 1 \\ \quad \Rightarrow \begin{cases} NLB_{xi} + NRB_{xi} = NB_{xi} \\ NLB_{xi} + NLAb_{xi} \leqslant NB_{xi} \\ NRB_{xi} + NRAb_{xi} \leqslant NB_{xi} \end{cases} \end{cases}$$

其中：$i \in Sec_x$ \hfill (2-15)

(3) 当前阶段计划倍位的位置决策

$$Min \left\{ \omega_1 \mu \sum_{j \in Eb_i} \sum_{m \in Eb_i, m>j} (PB_{xij} \times PB_{xim} \times d_{ijm}) + (2-YC) \times \omega_2 \cdot d_{iab} + (YC-1) \times \omega_2 \cdot (d_{icd} + d_{ief}) \right\}$$

其中：$\begin{cases} a = Minb_{xi} \\ b = Maxb_{xi} \end{cases}$；$\begin{cases} c = LMinb_{xi} \\ d = LMaxb_{xi} \end{cases}$；$\begin{cases} e = RMinb_{xi} \\ f = RMaxb_{xi} \end{cases}$；

$$i \in Sec_x；\omega_1 + \omega_2 = 1；u > 1 \tag{2-16}$$

约束条件：

$$\sum_{j \in Eb_i} PB_{xij} = NB_{xi}，其中：i \in Sec_x，YC = 1； \tag{2-17}$$

$$\begin{cases} \sum_{j \in LEb_i} PB_{xij} = NLB_{xi} \\ \sum_{j \in REb_i} PB_{xij} = NRB_{xi} \end{cases}，其中：i \in Sec_x，YC = 2； \tag{2-18}$$

$$RMinb_{xi} - LMaxb_{xi} \geqslant dis_{\min} \tag{2-19}$$

式(2-14)表明，与船舶 x 匹配的任一区段 i 当前阶段应为船舶 x 集港箱预留的倍位数与阶段内该船舶预集港至该区段的箱量相符。其中，对于拟由双 40 英尺岸桥负责装船的船舶，整个集港过程仅包含 2 个倍位计划阶段，当前计划阶段各箱组预到港箱量总为其总箱量的 50%；且特别考虑到 2.3 节"箱组—区段"匹配计划方案存在将一批箱组与 2 个区段相匹配，各个箱组拟有一半箱量堆存至既定区段，另一半堆存至其他区段的情况。该方案下倍位分配计划存在第 1 阶段仅在其中一个区段内计划倍位，而第 2 个阶段仅在另一个区段内计划倍位等可能。但为有效避免区段内作业量过于集中，对于此种"箱组—区段"方案，本书在倍位计划时拟采取各既定阶段 2 个区段均计划相同数量的倍位，阶段内 2 区段计划倍位数之和与该阶段相关箱组预集港箱量相符的策略，该策略与 2.3.1 节区段堆存能力表达式(2-7)吻合。

当各个区段拟配备 2 台场桥装船发箱时，为保证区段内 2 场桥将来装船发箱的并行性，倍位计划除需利于将同时装船的集装箱平分给 2 台场桥外，还应保证 2 台场桥发箱时始终保持安全距离。由于区段内的倍位计划分多个阶段进行，当前倍位计划很难准确预知后续阶段计划倍位的位置及 2 场桥将来的作业范围和界限，为达到上述决策目标，相关的倍位计划和后续箱位分配决策难度较大。为简化问题，在倍位计划时可首先将区段划分为 2 个连续的子区段，以明确 2 台场桥将来的作业范围和界限。在子区段已合理划分且当前阶段区段内计划倍位总数已确定的条件下，式(2-15)对当前阶段 2 子区段计划倍位的数量决策问题进行了描述。对于情况 1 和情况 2，既定箱组仅能堆存在其中一个子区段内以便将来由区段内的1台场桥负责发箱,为保证当前阶段各箱组的集港箱均有位置堆存,2个子区段应分别为相关箱组计划倍位;而对于情况3,每个箱组需均衡堆存在既定区段内的2个子区段中,2个子区段只需满足倍位计划的互补性即可保证集港箱均有位置堆存。如:第1阶段仅在其中一个子区段内计划倍位,而第2个阶段仅在另一个子区段内计划倍位等。特别是,为有效描述2子区段计划倍位的互补性,除保证当前阶段2个子区段计划倍位数的和足以满足集港需要外,还需保证当前阶段各个子区段已分配的倍位数不超过整个集港过程中计划倍位总数的一半(可用NB_{zi}的值表示),以便保证集港结束后2子区段已分配倍位数相等,具体描述如式(2-15)。

由上述可知,式(2-14)和式(2-15)分别涉及既定箱组分配到2个区段和2个子区段的情况,但两者的处理方法不尽相同。其中,由于集港作业的时间紧迫性不如装船作业,各个区段一般最多配备1台场桥负责集港堆存,为有效避免集港作业量过于集中于其中一个区段,致使该区段内场桥作业量过大甚至造成集港外卡长时间滞留的现象,式(2-14)限定了与既定箱组集匹配的2个区段当前阶段应分别负责一部分箱组的倍位计划,且计划倍位数(集港作业量)相等。而对于式(2-15)情况3中既定箱组分配到区段内2个子区段的情况,由于区段内2个子区段由1台场桥负责集箱堆存,当前阶段区段内该场桥的总作业量一定,无需强行限制2个子区段各自对应的作业量(计划倍位数)。

在当前阶段区段内及相关子区段内计划倍位数已经确定的情况下,式(2-16)描述了计划倍位位置决策的优化目标函数。同样基于各个区段一般最多配备1台场桥负责集港堆存这一前提,式中第1项为当前阶段区段内各计划倍位两两之间的距离和,由于集港箱到港的随机性,集港堆存时场桥在各计划倍位之间往复移动,该项取最小值利于保证当前阶段场桥集港堆存作业时移动的总距离较短。而第2项和第3项分别针对区段内将来装船发箱时拟配备1台场桥及2台场桥两种情况,对集港结束后区段内或子区段内相关各倍位的集中情况进行了描述。区段内或各个子区段内对应倍位越集中越利于减少装船时相关场桥的移动总距离。由于集港箱到港的随机性,集港作业时甚至每服务一辆集港外卡场桥均需移动大车,其移动总次数明显多于装船时场桥的移动次数,为此,引入了系数μ以平衡式第1项和后两项之间的量级。另外,引入了权重系数,以标示式中两优化目标重要程度。

式(2-17)和式(2-18)分别表示倍位计划时各区段或子区段分配的倍位总数应和既定数量相吻合。式(2-19)限定了装船时区段内拟投入2台场桥时,2

场桥之间总应保持安全距离。满足式(2-19)的计划倍位无论2子区段相邻堆存的箱组是否同时装船,也不管子区段内各倍位的作业顺序如何,总能保证2场桥之间不相互干涉,很大程度上简化了箱位分配及发箱顺序决策的难度。

总之,基于"箱组—区段"匹配计划方案,考虑到各个区段最多配备一台场桥进行集港堆存且最多可投入2台场桥进行装船作业这一前提,倍位计划以单个船舶为研究对象,就当前阶段与船舶相匹配的各个区段内计划倍位的数量和位置决策问题进行了数学描述。相应的决策方案全面权衡了倍位预留策略对堆场利用率和装船效率的影响,在既定的计划阶段长度下,利于均衡相关各区段的作业量、减少集港和装船时场桥的总体移动距离及利于区段内2台场桥并行发箱等。

2.5 本章小结

本章从面向船舶、面向箱组的堆场区段匹配计划至区段内的倍位计划详细描述了出口箱集港计划的数学模型。既注重优化性能和信息反馈的整体把握,又注重具体层面上问题的合理简化,以提高模型的实用性。同时,综合考虑了既定集港船舶拟配备常规岸桥或双40英尺岸桥作业系统装船、装船时区段内可能配备1台或2台场桥等情况。整个计划模型基于集装箱码头生产实际从数学抽象的角度理清了各相关因素间的关系,明确了集港计划的优化决策思路和方法,为集港计划决策信息流描述和仿真模型的建立奠定了理论基础。

第3章 出口箱堆存箱位动态分配

第2章所述的集港计划以船舶和箱组为研究对象,以区段和倍位计划为研究内容,以时间段为决策单位,在集港箱预到港前进行决策,对一个时间段及整个集港过程的集港作业具有宏观指导作用。而具体到集港过程中单个集装箱的箱位分配,由于集港箱到港的随机性和动态性,事先无法预知各箱到港时的具体情况,计划方案往往因无法和具体情况相符而起不到真正的指导作用。为此,针对集港箱具体箱位分配这一具有动态性和随机性且无法用统计规律来描述的具体问题,适合采取实时动态决策。本章即以预堆存策略下的集港计划为基础,拟对集港箱的堆存箱位分配问题进行深入研究,从具体层面上进一步合理化出口箱的堆存,以达到最小化出口箱翻箱率及最大限度地增加场桥发箱连续性等目的。

3.1 问题描述与分析

集港箱箱位分配非常复杂,如图3-1所示,集港箱箱位分配应考虑发箱顺序的要求,同时,箱位的分配方案将影响发箱顺序;发箱顺序和装船顺序有直接关系,一般情况下可根据装船顺序并综合考虑出口箱堆存位置至相应船舶的运输路径和水平距离确定;装船顺序与船舶配载、岸桥调度、船舶装载模式等密切相关。其中,船舶实配需考虑集港箱的堆存状态,以便最大限度减少取箱时翻箱,同时,应保证各卸货港之间不压港、满足船舶稳性要求、利于装船时岸桥的分配和调度等;岸桥的分配和调度须综合考虑船舶的结构信息、配载情况、岸桥状况、出口箱量、船舶在港停时、其他在港船舶的作业情况等各种因素;而装船模式通常有一层层水平平铺装载、一列列垂直装载、按层和按列装载相结合等。每种

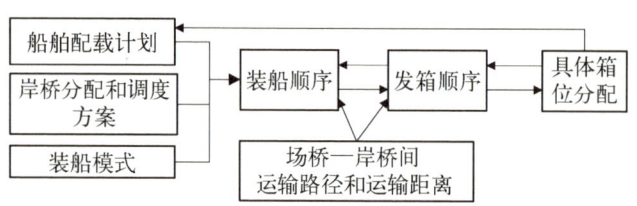

图 3-1 集港箱箱位分配与其他模块的关系

模式又可根据由海侧至路侧、由路侧至海侧、由中间至海陆两侧以及随机装载等情况进一步细分。

由上述分析可知,集港箱箱位分配和多个模块之间存在着复杂的相互作用,其中,和发箱顺序及装船顺序之间的关系最为直接,且船舶配载和装船模式对其的制约最为基础。船舶配载时为避免压港和保证船舶稳性,通常将后到港且较重的箱组配载在下方。从下至上各层内的配载箱一般符合从较远卸货港箱至较近卸货港箱,同一卸货港箱中从较重箱至较轻箱。若采取一层层平铺的水平装船模式,装船顺序同样符合上述规律,易于以卸货港和箱重为特征对各箱组的装船顺序进行排序。另外,基于第2章的集港计划决策方法,既定船舶的出口箱通常堆存在和船舶距离较近的多个相邻区段内,水平运输距离之间差异相对较小,特别是堆存在同一个倍位和同一区段内的各箱至岸边的水平路径完全无差异或基本无差异,可假设发箱顺序和装船顺序基本相同。为此,在一般配载原则和假设发箱和装船顺序相同的情况下,采取按层平铺的水平装船模式时,发箱顺序同装船顺序一样易于以卸货港和箱重为特征进行排序,若能保证堆场内较远卸货港的集装箱堆垛在上方,且既定卸货港中重箱在上、轻箱在下,则符合发箱顺序要求,利于减少翻箱,提高作业效率。不同于水平装船模式,由图 3-2 可知,一列列装载的垂直装载模式下,各卸货港和各重量级的箱子交错装船,装船和发箱

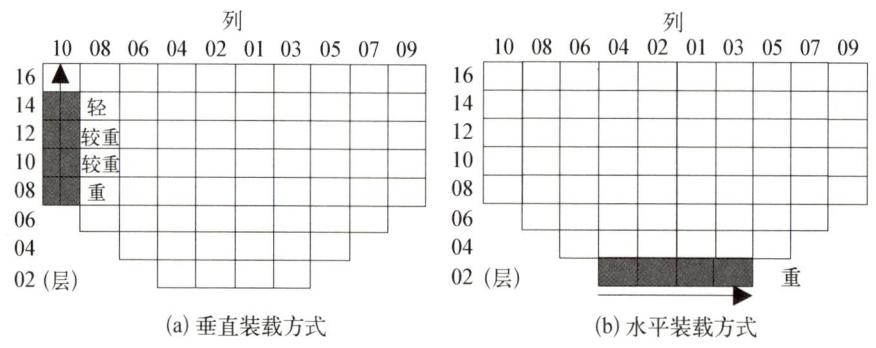

图 3-2 垂直装载和水平装载模式示意

顺序不易于通过卸货港和箱重等重要特征进行描述,很难对该情况下的集港箱堆垛进行合理控制。

综上可知,船舶水平装载模式下集港堆垛原则较为清晰。为此,本书在集港箱箱位分配时按装船模式为水平装载考虑。但由于集港箱到港的随机性,有可能出现堆场堆栈内重箱在下轻箱在上的现象,此时,按船舶水平装载模式装船将造成堆场翻箱,若先装轻箱可满足船舶积载要求则应先装轻箱,以便避免不必要的翻箱。如图3-3(a)所示,堆场空间不足以保证同一个堆存排仅堆存一个箱组的集港箱,属既定卸货港某一重箱组的 A、B、C、D 箱,和较重箱组的 E、F、H 箱及较轻箱组的 G 箱需混堆在某倍位的2个堆存排内,存在轻箱 G 堆垛在较重箱 H 上方的情况。由图3-3(b)可知,若采取一层层平铺的水平装载模式 G 箱最晚装船,堆垛在其下方的 H 箱取箱装船时将造成该箱翻箱。而若装船时采用水平和垂直装载相结合的综合装载模式,在 A、B、C、D、E 箱装载后,先装 G 箱后装 H 箱可满足积载要求,同时又可避免堆场翻箱。为此,集港时按水平装载模式进行箱位分配控制,而实际装船时根据堆场堆垛状况在满足船舶积载要求且尽量减少翻箱的原则下采用综合装载模式更为合理。

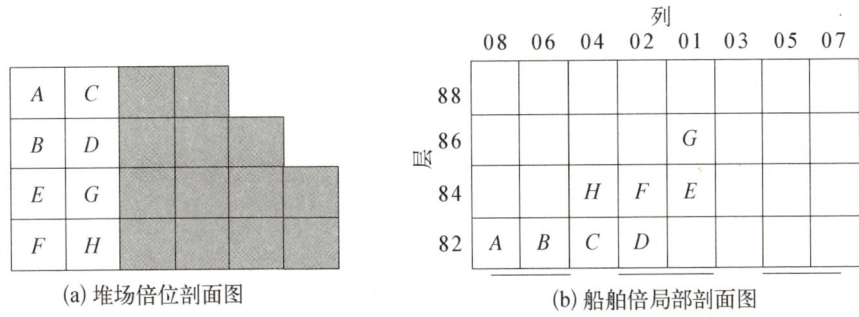

(a) 堆场倍位剖面图　　　　(b) 船舶倍局部剖面图

图3-3　船舶综合装载模式示意图

3.2　智能多级分类堆存体系构建

上海港等国内各大型集装箱港口吞吐量较大,堆场资源相对紧缺。当堆场密度较高时现有的箱位分配决策系统不同程度地存在不能为集港箱分配较优堆存箱位、需较多人工干预等问题。本节综合上海港外高桥五期明东集装箱码头、上海港张华浜码头、天津港第二埠集装箱码头等国内各大集装箱码头关于集港箱箱位分配问题的实践经验,基于上节对集港箱箱位分配问题的分析,提出了基于不同优先级的箱位决策模型,以适应不同堆存密度下箱位分配的具体需要,最大限度地合理化集装箱的具体堆存,减小堆场翻箱率,从而达到提高作业效率、降低作业成本等目的。

3.2.1 出口箱分类堆存级别的划分

如图3-4所示,出口箱分类需综合考虑箱型、船名航次、卸货港、重量级别等具体信息。其中,由细分类至粗分类,本书将其分为以下4个级别。

(1) 级别1。属同一尺寸,同一船舶,同一个卸货港和重量级的出口箱划为同一类箱。

(2) 级别2。属同一尺寸,同一船舶,同一个卸货港的出口箱划为同一类箱。

(3) 级别3。属同一尺寸,同一船舶的出口箱划为同一类箱。

(4) 级别4。属同一尺寸的出口箱划为同一类箱。

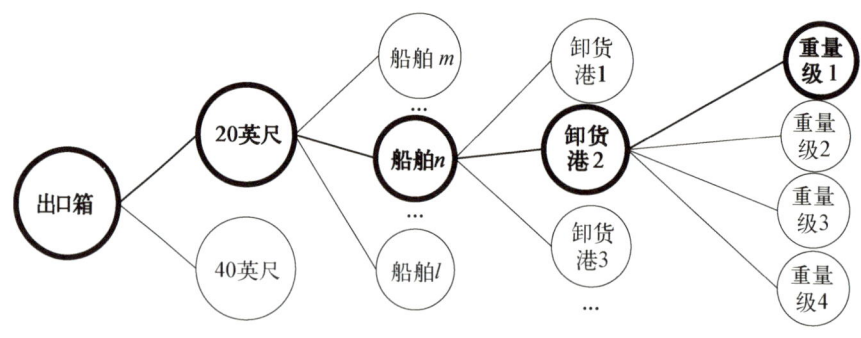

图3-4 出口箱分类示意

对应的堆存级别具体如下:

① 级别1。倍位内的出口箱属同一尺寸,同一船舶,同一卸货港或相邻卸货港,属一个或多个重量级,排内仅能堆存一个重量级的箱子。

② 级别2。倍位内的出口箱属同一尺寸,同一船舶,同一卸货港、属一个或多个重量级,排内允许多个重量级的箱子按"重压轻"堆放。

③ 级别3。倍位内的出口箱属同一尺寸,同一船舶,属一个或多个卸货港,排内不允许堆存多个卸货港的集港箱。

④ 级别4。倍位内的出口箱属同一尺寸,同一船舶,属一个或多个卸货港,排内允许多个卸货港的集港箱按"远压近"堆放,即:卸货港较远的堆垛在上方,以便先发箱装船。

⑤ 级别5。倍位内的出口箱属同一尺寸,属一条或多条船舶,排内不允许堆存多条船舶的出口箱。

⑥ 级别6。倍位内的出口箱属同一尺寸,属一条或多条船舶,排内允许堆存多条船舶的集港箱,且较早到港和装船的船舶对应的出口箱应堆垛上方。

⑦ 级别7。同尺寸的集港箱堆存在一个堆存倍位内,且不加任何限制。

如上所述,级别1下的箱分类最为细致,且重量级划分越细,同类箱之间的箱重特征差异越小。当同类箱的最大箱重差小于某一既定较小值时,可认为各箱的特征无差异,装船顺序相同且可相互替换。特别地,可认为同一堆存位内同类箱之间的发箱顺序无差异。此时,若采取级别1下的堆存策略,在忽略集港箱箱重信息不准等随机因素影响外,可认为不存在出口箱堆场翻箱。但由于箱分类较细且每类箱均需单独占用一个堆存排,所需的堆存空间大,堆场利用率低。相反,箱重级别划分较粗或采取级别1之外的其他堆存策略时,堆场利用率相对较高,但堆场翻箱往往不可避免。特别地,当多个卸货港甚至多条船舶的集港箱堆存在同一个倍位内或同一个堆存排时,由于优化空间非常有限,集港箱的堆存状态可能出现和预堆存策略下同等杂乱的情况,必要时需在装船前对既定船舶的集港箱进行大范围整理,以便保证装船作业的顺利进行。

由上述分析可知,堆场密度不同,箱位分配的目标和侧重点不同。当码头堆场密度较低时,箱位分配可在牺牲堆场利用率的情况下,最大限度地降低翻箱率,提高码头作业效率;而当堆场密度较高时,将出现出口箱箱位不足或不能为集港箱分配较优堆存箱位的情况,此时,在优化出口箱箱位分配时,堆场利用率成为一个不容忽视的因素,有效地利用仅有的堆场资源、最大限度地协调堆存能力和作业效率,成为集港箱箱位分配首要考虑的因素。另外,考虑到堆场操作中不可预见的因素较多,也要求堆存箱位分配具备一定的灵活性。为此,基于上述各级堆存策略,本书拟提出基于不同优先级的箱位决策模型,以便根据堆场的不同堆存密度和现状采取合理的应对方案,在既定堆存能力下最大限度地合理化集港箱的箱位分配。

3.2.2 智能多级分类堆存体系的建立

如图3-5所示,智能多级分类堆存体系包括上述7个级别的分类堆存策略,从级别1—级别7分别适用于堆场密度由小到大的情况。其中,可首先构建各级堆存子模型,并以此为基础,以堆场密度为主要参数,实现整个堆存体系的模型构建。若能将该堆存体系模型有效嵌入集装箱码头生产营运信息系

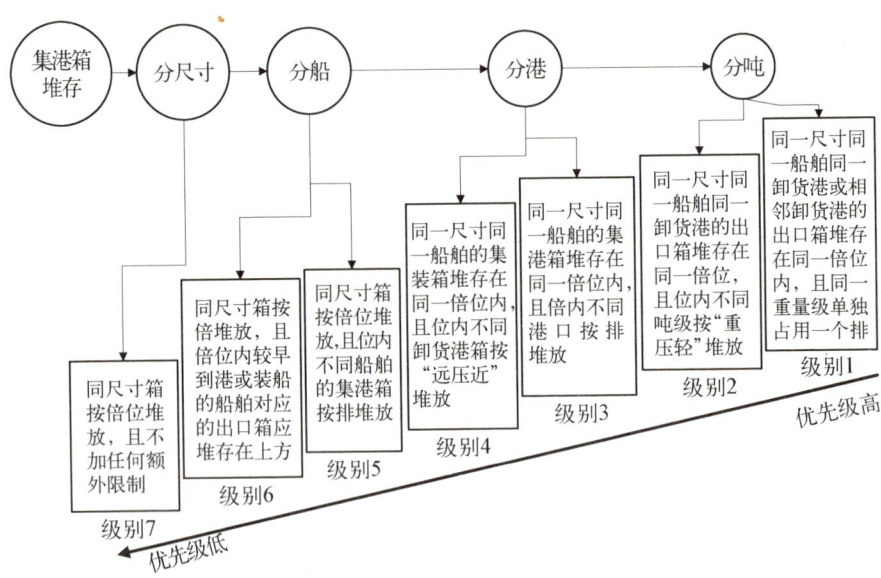

图 3-5　集港箱多级分类堆存体系

统中,集港作业时即可根据堆场密度和状况动态优选相应级别的堆存策略和子模型,最终实现箱位分配策略的动态调整和具体箱位分配的智能优化决策。

　　针对堆场状况变化不定的特点,智能多级分类堆存体系为箱位的灵活分配提供了解决思路。其中,当堆场密度不超过 60% 时通常采用级别 1 和级别 2 下的堆存策略及对应的箱位优化分配子模型;当堆场密度较高无法保证级别 1 或级别 2 对应的堆存策略下各箱的箱位分配时,通常采用级别 3 和级别 4 下的堆存策略和优化堆存子模型;而当堆场密度非常高甚至超过 90% 时,不得不启用级别 5、级别 6 甚至级别 7 下的堆存策略。可见,智能多级分类堆存综合考虑了堆场密度可能出现的各种情况,利于根据不同密度状况动态选取合适的堆存策略,并通过既定策略对应的箱位优化分配子模型最大限度地合理化箱位分配。但由于较低等级堆存策略下相关子模型的优化空间非常有限,多个卸货港甚至多条船舶的出口箱不得不堆存在同一个倍位或同一个堆存排内,致使既定船舶出口箱的堆存零散杂乱,堆场翻箱率高。为此,必要时可设法将堆场状态控制在良好范围内以避免或减少智能多级堆存体系中低级别堆存策略及其堆存子模型启用的概率。

　　采取有效手段将堆场状态控制在良好范围内,变被动适应堆场状况为主动改造堆场状况,便于相应时间段内启用较高级别的集港堆存策略及箱位分配子优化模型,利于保证集港箱的堆存发箱要求吻合。其中,可采取的措施如下:

(1) 适当压缩集装箱的在港堆存期。
(2) 设置机动箱区动态增加出口箱可用堆存面积。
(3) 对满载率较低的倍位进行归并和转移。
(4) 采取出口箱信息预录入策略。

上述策略分别从加快堆场周期率,减少箱区面积需求量;扩大可用堆存区域和增加可用空倍位的数量;增加出口箱集港的易控性,保证已集港箱的堆存状况良好,倍位满载率较高等多个方面,利于缓解堆场空间资源的紧缺状况,保证后续集港作业前堆场状态良好,为后续阶段的集港作业奠定了良好的基础。其中,倍位归并一定程度上增加了集装箱码头的作业量,需综合考虑该作业量的增加,及倍位归并后后续集港箱堆存状态的改善及翻箱率的减少情况等多方面的因素,进行合理权衡和正确决策。一旦制定了归并计划,可采取严格限制各区段出口箱提箱时间等策略,保证部分场桥具有一定的空档时间,以便归并作业的顺利进行。

综上所述,本书构建的多级分类堆存体系利于根据不同的堆存密度实现集港箱的优化堆存。但考虑到堆场密度较高时优化空间非常有限,为此,对于靠泊船舶多为大型集装箱班轮、出口箱量大、船期紧且采取集港分类堆存策略的大型现代化集装箱码头,应采取各种可能的有效措施将堆场状态控制在良好范围内,尽量避免智能多级堆存体系不得不启用级别较低的堆存策略及其堆存子模型的情况,使码头始终处于应用级别1策略或级别2策略进行优化集港的良好状态。若已采取各种可能的措施,较多情况下仍无法保证堆场状态的有序性,也无法采用较高级别的堆存策略,则需对该码头进行战略意义上的扩展,以便利于码头的长期发展。总之,正常情况下级别1和级别2下策略及其对应的箱位优化分配子模型在大型高效现代化码头中的应用应该最为广泛,为此,本章将重点对这2个堆存级别对应的箱位动态优化分配子模型进行深入研究。

3.3 多级分类堆存体系中2种典型的分类堆存研究

由3.2节的分析可知,多级分类堆存体系中以分尺寸、分船、分港、分吨,且属于同一尺寸、同一船舶、同一卸货港、同一吨级的同组箱按排堆存的1级堆存策略和按重压轻堆存的2级堆存策略最为典型。其中,按排堆存适合出口箱量大、箱重差异小、吨级数少的大型船舶的集港箱,且在出口箱箱重总能满足双40英尺岸桥吊具最大起重总量和两吊具最大重量差的情况下,该堆存方式便于配备双40英尺岸桥系统进行装船作业。和按排堆存相比,集港箱按重压轻堆存适合箱重差异较大且船舶配载对吨级要求高的船舶。由于吨级分类细致,各吨级的出口箱数相对较少,重压轻堆存利于减少各吨级箱单独占用一个堆存排致使堆场空间浪费的现象。两堆存策略各有特点,均利于保证较高的堆场利用率且利于减少堆场翻箱。关键在于在集港箱随机到港的情况下,如何具体实现倍位堆垛状态符合重压轻或满足按排堆存,且最大限度地利于场桥发箱连续性的要求,真正做到堆场利用率提高和作业效率提高的有机结合。为此,在区段计划和阶段内倍位计划已给定的前提下,有必要对按排堆存策略和重压轻策略下集港箱箱位分配的优化模型进行深入研究。

3.3.1 适合双40英尺岸桥作业的具体箱位动态分配

基于对各级堆存策略的特征分析,考虑到双40英尺岸桥对场桥发箱效率要求较高、对应船舶各箱组的箱量较大,拟投入双40英尺岸桥进行装船作业的船舶适合采取同组箱按排堆存的1级堆存策略。且由第2章可知,对于该类船舶整个集港过程分2个阶段进行倍位计划,既定的"箱组—区段"匹配计划和当前阶段的倍位计划保证了集港结束后每个箱组的集港箱平均堆存在2个区段内或一个区段的2个子区段内,同时保证了任一阶段内与同一批箱组匹配的2相关区段的集港作业量均衡。为此,在既定的区段计划和倍位计划方案下,基于不涉及翻箱的按排堆存策略,对于拟投入双40英尺岸桥进行装船作业的船舶,其集港箱箱位分配的决策目标主要为:利于减少装船发箱时场桥大车的移动次数,以便最大限度地保证发箱的连续性。基于此本书提出了2区段并行互补集箱堆存和区段内2子区段互补集箱堆存2种策略,具体分别如图3-6和图3-7所示。

2区段并行互补集箱适用于一批箱组与2个区段匹配的情况。如图3-6所示,既定"箱组—区段"分配计划下箱组1—箱组9(装船顺序由先至后)同时与区段i和区段k匹配。且根据各箱组的预测箱量,同时考虑到预测误差、按排堆存策略下同一堆存排不允许堆存多个箱组的集港箱等,预计上述箱组共需占用约48个堆存排,即:8个倍位。2阶段倍位计划策略下,第1阶段在区段i和区段k内分别预留2个倍位;第1阶段集港结束后,第2阶段的倍位计划同样需在区段i和区段k内分别预留2个倍位。各阶段预留的倍位数足以保证阶段内集港箱的堆存需求。在上述区段计划和倍位计划基础上箱位的分配将直接决定阶段内集港箱的堆存分散程度,进而对装船作业时场桥发箱的连续性产生影响。而 2 区段并行互补集箱即有效保证了装船发箱时场桥大车的移动次数最少。整个决策过程包括划分"箱簇"、"箱簇"与计划倍位匹配、箱位动态分配 3 个步骤。

1. 划分"箱簇"

定义 3.1　箱簇　根据第 2 章中按卸货港由远至近、同卸货港吨级由重到轻对既定船舶出口箱组的排序结果,预估当前阶段各箱组的集港箱分别需占用的堆存排数。而后从发箱顺序最先的箱组 1 开始,依次将拟占用 6 个堆存排的当前阶段预集港箱划分在一起,本书称其为一个"箱簇"。

每个箱簇需占用 1 个倍位,且"箱簇"内各箱组的装船顺序相连,相邻 2 箱簇的装船顺序亦前后相连。同时,由于 2 阶段倍位计划策略下每个阶段各箱组的集港箱分别约占总箱量的一半,可认为 2 个阶段的箱簇划分完全相同。如图 3-6 所示的实例,第 1 阶段和第 2 阶段的集港箱均可划分为 4 个"箱簇",且后阶段 4 个"箱簇"分别和前阶段的相同。显然,2 阶段倍位计划方案下箱簇的引入直接保证了装船发箱时场桥作业完整个倍位后方需移动大车,整个发箱过程场桥大车的移动次数最少,仅与其对应的发箱倍位数相等。

2. 箱簇与阶段内的计划倍位匹配

箱簇倍位匹配首先应与集港计划中的相关前提吻合,即:集港结束后既定箱组的集港箱应平均堆存在 2 个区段内。为此,对于第 1 个阶段已与该区段各计划倍位匹配的箱簇,第 2 阶段与之相同的各箱簇需与另一区段的相关计划倍匹配,具体可参见图 3-6 所示的实例。

除需满足上述"互补"约束条件外,理论上箱簇与倍位的匹配应利于装船发箱时场桥大车始终沿一个方向移动,以便在倍位位置和场桥发箱时大车总移动次数已分别由倍位计划和箱簇定义确定后,有效减少装船发箱时场桥大车的总移动距离。但由于第 1 阶段"箱簇—区段"匹配决策时尚无法准确预知第 2 阶段计划倍位的具体位置,很难对装船发箱时区段内场桥大车的移动方向进行优化控制。特别地,由于 2 相关区段的"箱簇—匹配"必须满足"互补"约束,为此,更难以保证 2 区段内场桥大车的移动路线同时达到均按一个方向移动的最优状态。基于上述原因,同时考虑到第 2 章倍位计划时已保证了拟由同一台场桥负责装船的各倍位的位置相对集中,即:场桥大车在任何 2 个倍位间的移动距离均较短,为此,在箱簇与阶段内的计划倍位匹配时,仅需满足如上所述的"互补"

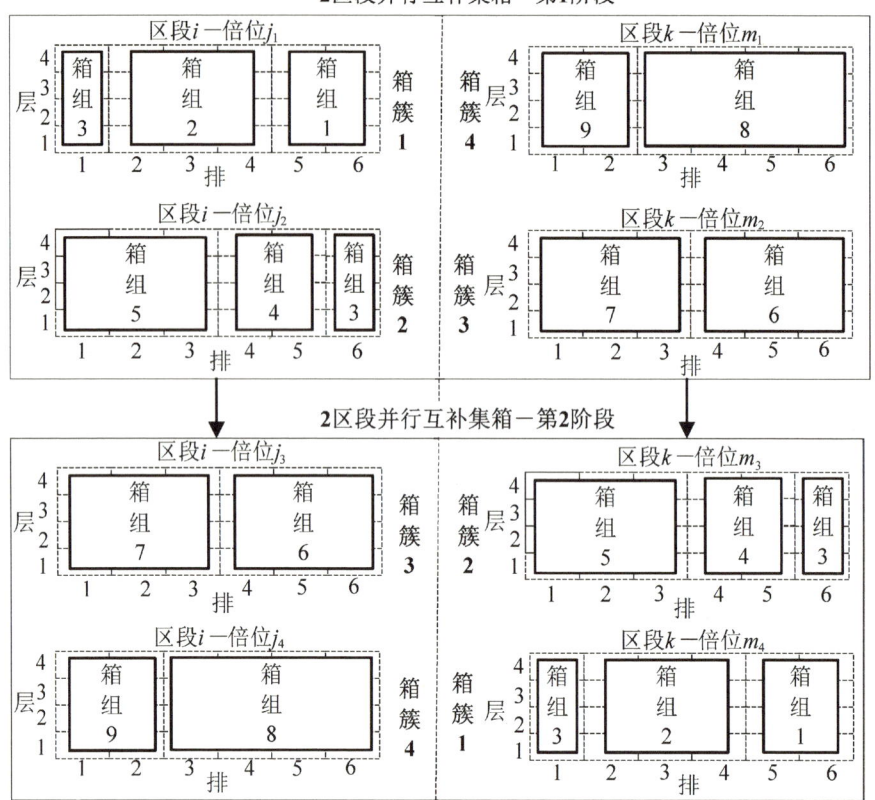

图3-6 两区段并行互补集箱—2阶段分吨级按排堆存示意

约束条件,不再考虑利于减少场桥移动距离这一决策目标。同时,由于"箱簇"的引入,满足"互补"约束的任一可行"箱簇—区段"匹配方案均能保证装船发箱时场桥大车的移动次数最小,场桥作业完整个倍位后方需移动大车,发箱连续性较好,可认为任一可行方案均为较优方案。

3. 具体箱位动态分配

箱簇划分、箱簇与阶段内计划倍位的匹配均在当前阶段集港作业前进行,从实质上确定了阶段内各集港箱组与计划倍位的匹配关系,从整体上保证了箱位分配的可行性及优化性,为阶段内集港箱动态到港时具体箱位的分配奠定了基础。基于既定的"箱簇—区段"匹配方案,在同组箱按排堆存的1级堆存策略下,给出如下箱位分配规则:当任一集港箱随机到港时,从与该箱所属箱组匹配的计划倍位中优选离场桥最近且位内该箱同组箱占用的堆存排尚未达到既定数量或占用的堆存排内尚有可用空箱位的倍位;在堆存倍位确定后,优选已有该箱同组箱堆存且仍有可用空箱位的堆存排将该箱直接堆垛在排内其他箱子的上方。若倍位内该箱同组箱占用的堆存排已无可用空箱位或位内还未有该箱的同组箱堆存，则在倍内新选一个空排用于该箱的直接堆垛，其中，较重箱组箱优选临近集卡车道的空排，以利于发箱时场桥司机保持较好的操作视野。

图 3-7 所示为区段内互补集箱，适合一批箱组拟平均堆存在一个区段中 2 子区段内的情况。由于一个区段内 2 子区段的集港作业通常由 1 台场桥统一负责，既定集港阶段内 2 子区段的集港作业不具有并行性。除此之外，箱簇划分、箱簇与阶计划倍位的互补匹配等处理方法均与 2 区段并行互补集箱相似。

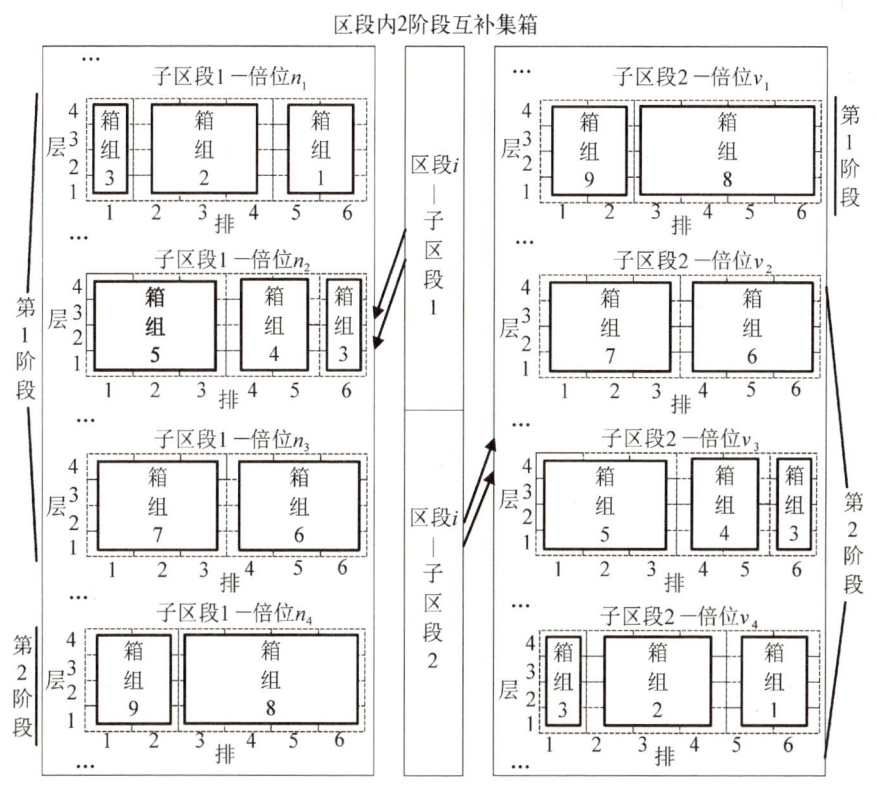

图 3-7 区段内 2 子区段互补集箱—2 阶段分吨级按排堆存示意

综上可知，为适合双 40 英尺岸桥作业要求，既定集港计划方案下适合基于按排堆存的 1 级堆存策略进行箱位分配和集港箱堆存。相应的决策方法具体包括：箱簇划分、"互补"约束条件下箱簇与计划倍位可行匹配、基于规则的具体箱位动态分配等。其中,箱簇的引入利于发箱操作时场桥作业完整个倍位后方需移动大车;基于规则的箱位动态分配保证了各箱组箱逐排堆存。两者均利于提高场桥发箱的连续性、便利性和高效性。而"互补"约束条件有效保证了任何可行方案均满足既定船舶的集港计划要求每个箱组的集港箱应平均堆存在 2 个区段和 2 个子区段内这一前提条件。整个决策过程从计划决策到动态决策,既保证了箱位分配方案的可行性与优化性,又适应了集港箱随机到港的动态特征。决策模型的数学描述如下:

(1) 相关参数。$Group_x$:船舶 x 出口箱的箱组集合,意义同 2.3.2 节。箱组划分需根据出口箱预测信息,并在合理给定吨级差的情况下进行。

$SecS_x$:与船舶 x 出口箱匹配的区段或子区段的集合。为便于描述,若倍位计划时既定区段被分成 2 个子区段,则:2 个子区段分别为 $SecS_x$ 的元素,而该区段则不再列入 $SecS_x$。

SAG_{xg}:与船舶 x 的箱组 g 匹配的 2 个区段或 2 个子区段的集合,由"箱组—区段"匹配计划方案可知。其中,$g \in Group_x$。

hb_{xi}:区段(或子区段)i 的"互补"区段(或子区段),即:区段(或子区段)i 和区段(或子区段)hb_{xi} 与船舶 x 的同一批箱组匹配,集港结束后,每个箱组箱量的一半应堆存在 i 内,另一半则应堆存在 hb_{xi} 内。其中,$i, hb_{xi} \in SecS_x$。

WGC_{xi}:既定船舶 x 中与任一区段或子区段 i 匹配的各箱组的当前阶段预集港箱组成的箱簇集。对于拟配备双 40 英尺岸桥装船的船舶可认为 2 个集港阶段的箱簇集合相等,且 i 与 hb_{xi} 中对应的箱簇也相同,为此,WGC_{xi} 可同时表示船舶 x 中与 i 或其互补区段(或子区段)匹配的各箱组前集港阶段或后集港阶段预集港箱组成的箱簇集,$WGC_{xi} = \{GC_{xi1}, \cdots, GC_{xij}, \cdots, GC_{xin}\}$,箱簇划分方法具体见上。令 $n = NWGC_{xi}$ 表示对应箱簇的个数,$i \in SecS_x$。

AB_{xi}:当前阶段区段或子区段 i 内计划给船舶 x 的倍位集,其中,$i \in SecS_x$。

CAB_{xij}:若当前集港阶段前箱簇 GC_{xij} 已与区段或子区段 i 中的倍位匹配,则 $CAB_{xij} = 1$,否则,$CAB_{xij} = 0$;其中,$GC_{xij} \in WGC_{xi}, i \in SecS_x$。

NBR_{gj}:船舶 x 的出口箱组 g 在其匹配区段(或子区段中)i 当前对应集港箱簇 GC_{xij} 中占用的堆存排数,$0 \leqslant NBR_{gj} \leqslant 6$。其中,$NBR_{gj} = 0$ 表示箱组 g 未划分到 GC_{xij} 中,否则,当前阶段的箱簇 GC_{xij} 中包含箱组 g。

$CInf$:当前到港箱的信息,$CInf = (V, x, POD, Size, W, W_{lev})$,其中各元素分别表示该箱预装船舶所属的航线、预装船舶的船名或航次、该箱的卸货港、箱尺寸、箱重,以及该箱所属的吨级。根据 $CInf$ 中各参数的值即可确定当前到港箱所属的箱组。若属于箱组 g,设 $CAG_g = 1$,否则,$CAG_g = 0$。$g \in Group_x$。

PSB_{ik}:$PSB_{ik} = \{MaxC, \cdots, (g, NPR_{ikg}, B_g, E_g), \cdots\}$ 表示区段或子区段 i 中倍位 k 的计划状态,具体由"箱簇—倍位"匹配方案决定。该参数用于具体箱位动态分配,其中,$MaxC$ 表示倍位 k 的最大允许堆存箱量,以便于箱信息不准等造成的堆场翻箱操作,具体将在第 4 章和第 5 章中研究。任一元素中 g 和 NPR_{ikg} 表示包含箱组 g 的某个箱簇计划与该倍位匹配且箱组 g 拟占用位内从第 B_g 到第 E_g 共 NPR_{ikg} 个堆存排。考虑到箱簇内重箱尽量靠集卡车道堆存的原则下,B_g 和 E_g 可由箱簇划分确定。图 3-6 所示,箱簇 1 中箱组 1、2 和箱组 3 的起至排则分别为:第 6 排和第 5 排、第 4 排和第 2 排、第 1 排。

SB_i:$SB_{ik} = \{Sb_{ik}, (NCr_{ik1}, Gr_{ik1}), \cdots, (NCr_{ikm}, Gr_{ikm}), \cdots, (NCr_{ik6}, Gr_{ik6})\}$ 表示当前箱到港时区段或子区段 i 中某一倍位 k 的最新状态,其中,$Sb_{ik} = 0$、1 分别表示倍位 k 内无可用空箱位、有可用空箱位,由 $MaxC$ 及位内在场箱的数量共同决定;(NCr_{ikm}, Gr_{ikm}) 分别表示倍位 k 的第 m 排内可用空箱位的个数及已堆存箱所属的箱组,$NCr_{ikm} = 0$ 时 m 排无可用空箱位,而当 m 排为空时,可令 $Gr_{ikm} = \Phi$。对于子区段 i 为便于计算倍位 k 与区段内场桥的距离,应以整个区段为单位对各倍位进行统一编号。

AR_{ikg}:当前箱到港时,区段(子区段)i 倍位 k 内已有箱组 g 集港箱堆存的各排的集合,由堆存位的状态 SB_{ik} 可知。AR_{ikg} 中元素的个数记为:NAR_{ikg},表示倍位 (i, k) 内箱组 g 已占用的堆存排数。

PYC_i:集港箱到港时区段 i 内场桥所在的位置,或子区段 i 所属区段内场桥所在的位置,用倍位号表示。

(2) 决策变量。CPB_{ikj}:若箱簇 GC_{xij} 与区段或子区段 i 的当前计划倍位 k 匹配,$CPB_{ikj} = 1$,否则,$CPB_{ikj} = 0$;其中,$GC_{xij} \in WGC_{xi}$,$k \in AB_{xi}$,$i \in SecS_x$。

Bay^*:为当前随机到港集港箱动态分配的堆存倍位,具体用"区段号—倍位号"的形式表示。

Row^*:在 Bay^* 内为当前随机到港集港箱动态分配的堆存排,本书采取将到港箱直接堆垛在排内其他箱子上方的直接堆垛方式进行集港箱堆存。

(3) 箱簇与计划倍位匹配决策。在既定倍位计划方案和箱簇合理划分的基础上,以箱簇为单位,将拟集港箱簇与当前阶段的计划倍位进行合理匹配。匹配决策需满足整个集港过程中 2 相同箱簇不能堆存在同一区段或子区段内这一"互补"集箱约束条件,同时,需遵循一个箱簇仅能与一个计划倍位相互匹配这一基本约束。如上所述,由于箱簇的引入,满足"互补"集箱约束和相关基本约束的"箱簇—计划倍位"匹配方案必能保证装船发箱时场桥大车的移动次数最小,为此,可认为任一可行方案均为较优方案,整个决策过程仅需满足上述 2 个约束条件,不再引入其他优化目标。其中,相关约束的数学描述如下:

$$\sum_{k \in AB_{xi}} CPB_{ikj} + \sum_{m \in AB_{xl}} CPB_{lmj} = 1, i \in SecS_x,$$
$$l = hb_{xi}, j \in WGC_{xi} \tag{3-1}$$

$$\sum_{j \in WGC_{xi}} CPB_{ikj} = 1, i \in SecS_x, k \in AB_{xi} \tag{3-2}$$

$$CAB_{ij} + CPB_{ikj} \leqslant 1, i \in SexS_x, j \in WGC_{xi}, k \in AB_{xi} \tag{3-3}$$

上述约束有效表达了计划倍位与箱簇的"一对一"关系及"互补"集箱的核心思想。其中,式(3-1)表明既定箱簇仅能与当前阶段 2 相关区段或子区段中的一个计划倍位匹配;式(3-2)则保证了区段或子区段中任一个当前计划倍位仅能分配给一个箱簇;式(3-3)为"互补"集箱约束的有效表达,由式可知,当 $CAB_{ij}=0$ 时,$CPB_{ikj}=0$ 或 1;但当 $CAB_{ij}=1$ 时,CPB_{ikj} 只能为 0。即:不存在 2 个集港阶段相同的箱簇均堆存在同一个区段或子区段内的情况。

(4) 具体箱位的动态分配。涉及以下步骤:

① 集港箱随机到港时根据其信息参数 $CInf$ 判断该箱所属的箱组,记为:g^*。

② 根据"箱组—区段"匹配计划方案给出该箱组应堆存的区段或子区段,并对照相应区段或子区段内箱簇的划分情况,判断当前集港阶段该箱组对应的箱簇集,记为:$CCl_{xg^*} = \{cl_1, \cdots, cl_m, \cdots\}$。

③ 根据当前阶段及当前阶段之前的"箱簇—倍位"匹配方案,得到 CCl_{xg^*} 中任一箱簇 cl_m 的匹配倍位,记作:倍位集 BC_{xg^*m}。$\{BC_{xg^*1}, \cdots, BC_{xg^*m}, \cdots\}$ 记为:BM_{xg}^*。

④ 判断 BM_{xg}^* 中各倍位与对应区段内场桥所在位置之间的距离,选取离场桥最近的倍位,记为:(i, k),其中,i 和 k 分别表示该倍位对应的区段号和倍位号。

⑤ 判断倍位 (i, k) 的状态(用参数 SB_{ik} 表示),若该倍位已无可用空箱位,或

该到港箱所属箱组占用的堆存排数已达到了既定的值且各排均已堆满,则将该倍位从 BM_{xg}^* 中去除,返回(4);否则,该倍位被最终选中,记为:(i^*,k^*)。

⑥ 在倍位(i^*,k^*)内优选已有该箱组箱堆存且未堆满的堆存排,直接将该箱堆存在其他箱的上方;若已有该箱组箱堆存的堆存排已满,则选取一个空排用于该箱的直接堆存,且应尽量保证较重箱优选靠近集卡车道的空排,被选中的堆存排记为:r^*。执行步骤(1)—(5)即可完成箱位的动态分配。

由上述分析可知,集港箱箱位动态分配涉及:判断到港箱所属箱组、给出到港箱箱组的匹配区段或子区段、给出到港箱可能堆存的倍位集,在各倍位集中选取最优倍位,在最优倍位中选取最优堆存排等。首先指出 g^*、CCl_{xg}^* 等相关参数后,具体箱位的动态分配主要包括:堆存倍位的选定及倍位内堆存排的选取 2 部分。堆存倍位的最终确定可描述为

$$Bay^* = \arg\min\{|(i,k) - PYC_i|\}$$

其中:$g^* = \arg\limits_{g \in Groupx}\{CAG_g = 1\}$,$i \in SAG_{xg^*}$,$CCl_{xg^*} = \{GC_{xij} \mid NBR_{g^*j} > 0\}$,$(i,k) \in BM_{xg}^*$ 且

$$Sb_{ik} \times [(NPR_{ikg^*} - NAR_{ikg^*}) + \sum_{m \in AR_{ikg^*}} NCr_{ikm}] > 0 \quad (3-4)$$

式(3-4)中对参数的具体含义如下:

a. g^* 为当前到港箱所属箱组。

b. i 为 g^* 的匹配区段或子区段,具体由"箱组—区段"计划方案决定。

c. CCl_{xg^*} 为包含箱组 g^* 的箱簇构成的集合,可由 i 或其互补区段(或子区段)中当前阶段集港箱的箱簇划分情况得到。CCl_{xg^*} 可能包含多个元素,表明存在 g^* 被划分到 2 个甚至多个连续箱簇中的情况,如图 3-6 和图 3-7 所示,既定集港阶段箱组 3 被划分到 2 个相邻箱簇内。

d. BM_{xg}^* 表示当前集港阶段及当前阶段之前的集港阶段计划给 CCl_{xg^*} 中各箱簇的倍位集,由相关各阶段的"箱簇—倍位"匹配方案给出,箱组 g^* 只可堆存 BM_{xg}^* 内各倍位中,且仅有可用空箱位,同时箱组 g^* 占用的堆存排数尚未达到既定计划值或箱组 g^* 占用的堆存排数已达到既定计划值但排内尚有可用空箱位的倍位可用于堆存当前到港箱。当前集港箱可能堆存在先前阶段的计划倍位内,利于提高堆场利用率等。在上述倍位中选取距离区段内场桥最近的倍位为最优倍位 Bay^*。

最优堆存倍位选定后,需进一步为到港箱优选堆存排。具体描述如下:

$$\begin{cases} 若 \sum_{m \in AR_{ikg}^*} NCr_{ikm} > 0, Row^* = \arg_{m \in AR_{ikg}^*} \{NCr_{ikm} > 0\} \\ 若 AR_{ikg}^* = \phi 或 \sum_{m \in AR_{ikg}^*} NCr_{ikm} = 0, Row^* = \arg_{E_g^* \leqslant n \leqslant B_g^*} \max\{Gr_{ikn} = \phi\} ; \end{cases}$$
$$(i, k) = Bay^* \quad (3-5)$$

在满足较重箱组优先堆存在离集卡车道较近的堆存排内、同组箱按排堆存的原则和策略下,式(3-5)有效保证了既定箱组的集港箱逐排堆存。即:当位内有同组箱堆存的排内尚有可用空箱位时,将到港箱直接堆存在该排的最上方。只有倍位内不存在满足上述条件的堆存排时,在保证各箱组按吨级由重至轻依次优先靠近集卡车道堆存的原则下,选取空排用于到港箱的堆存。利于最大限度地保证堆存排的满载程度,避免箱组实际到箱量不足造成各个堆存排被占用造成的空间浪费等。

综上所述,适合双 40 英尺岸桥作业的集港箱箱位分配模型保证了装船发箱时场桥大车的移动次数最小,同时满足了同组箱按排堆存策略,利于适应双 40 英尺岸桥较高的发箱效率要求。另一方面,箱簇划分时允许相邻卸货港的箱子划分到一个箱簇内、倍位动态分配时允许到港箱堆存在先前集港阶段的匹配倍位内及倍位内各箱组箱逐排堆存等,均利于最大限度地提高堆存排的满载率,以便有效缓解某些箱组实际到港箱量较预测量少时,致使堆存空间浪费的现象,利于腾出可用空堆存排用于实际到箱量较预测量多的箱组箱的堆存。在采取集港箱信息预录或预测信息较准确、预留堆存空间与预测箱量之间的放大系数设计合理的情况下,上述模型能有效保证较高的倍位满载率和集港箱的优化堆存。若出现集港箱无可用箱位堆存的情况,可采取就近堆存等原则进行动态处理。

3.3.2 重压轻策略下具体箱位的动态分配

同 3.3.1 节相似,重压轻 2 级堆存策略下集港箱箱位分配涉及:当前阶段预集港箱的箱簇划分、箱簇与阶段内计划倍位的匹配、重压轻策略下箱位的动态分配等。其中,由于重压轻策略下同一倍位内的集港箱均应属同一个卸货港,为此,当前阶段箱簇划分时不允许将相邻卸货港的预集港箱划分到同一箱簇内,对于既定卸货港当前阶段预集港箱的箱簇划分则与 3.3.1 节的方法类似。关于箱簇与计划倍位的匹配,由于重压轻堆存适合常规岸桥装船作业,装船时同一箱组箱一般仅由 1 台场桥负责发箱,箱簇与计划倍位的匹配较需

2台场桥并行发箱的双40英尺岸桥作业系统中箱簇与计划倍位的匹配简单,仅需保证箱簇与阶段内计划倍位的一对一关系即可,不涉及2阶段"互补"约束,具体见3.3.1节。另外,集港箱随机到港时堆存倍位的动态分配亦与3.3.1节的方法类似,即:选取已与该箱箱组匹配,距离场桥最近,位内有可用空箱位且该箱的同组箱占用的箱位尚未达到既定数量的倍位。也可根据实际情况制定合理的规则或适当增加约束。为此,箱簇划分、箱簇与阶段内计划倍位的匹配及堆存倍位的动态分配等可参照3.3.1节。本节将重点探讨重压轻策略下既定倍位内到港箱的箱位动态分配。基于将到港箱直接堆垛在排内最上方的堆垛方式,本节的研究内容实质为重压轻策略下既定倍位内堆存排的动态分配问题。

2级堆存策略下倍位内各集港箱属同一尺寸、同一船舶、同一卸货港,不涉及各卸货港箱按排堆存或保证较远卸货港的集港箱堆存在较近卸货港箱上方等问题,仅需保证各吨级箱的堆存利于满足装船发箱的顺序要求。其中,倍位内各箱位的理论发箱顺序直接受发箱模式的影响,图3-8所示即为常见的强制型发箱模式,倍位内第7排为场桥跨距内装卸集卡的作业车道。图3-8(a)和图3-8(b)所示的模式下,场桥须从靠近集卡车道的箱位开始一层层或一排排依次发箱;而图3-8(c)所示对应的发箱模式则为了保证取任何一个集装箱时场桥司机均能有较好的视线。

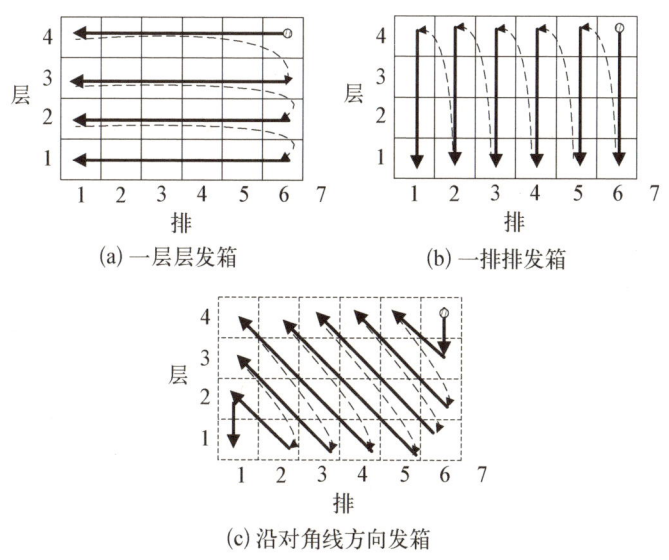

图3-8 常见的强制型发箱模式

为保证集港结束后堆存位的状态满足上述某一发箱模式，各集港箱必须严格按照吨级由重至轻一层层、一排排或沿对角放向依次堆存，显然，上述3种模式均不同程度地增加了箱位分配的额外约束，致使各集港箱的堆存位置相对固定，不利于集港箱的灵活堆存。相比之下，若箱位发箱顺序根据倍位堆存状态灵活指定，集港箱的堆存只需利于重箱先于轻箱装船发箱的需要即可，无需保证各吨级箱由重至轻严格按层、按排或沿对角放向依次堆存等强制约束，增加了箱位分配的灵活性和优化空间。本书研究的级别2下具体箱位的动态分配正是基于这一灵活的非强制型发箱模式进行的。

基于集港箱直接堆存在港箱上方的直接堆垛方式，及非强制型发箱顺序决策模式，在考虑同箱组箱装船顺序相同且重箱组箱先于轻箱组箱装船的条件下，本节对2级堆存策略下既定倍位内集港箱的箱位动态分配决策进行研究。对应的决策目标为：最小化集港结束后倍位内轻箱堆垛在重箱上方的情况。该目标利于保证倍位状态最大限度地满足重压轻原则，利于有效减少堆场翻箱率。显然，决策方案力求的是集港结束后倍位堆垛状态的整体优化性，为此，当前到港箱的箱位分配除考虑到港箱自身吨级信息及倍位当前状态外，还应综合考虑后续拟到港箱的情况。为便于模型描述，首先引入下面的概念：

定义 3.2　无序箱　若某集装箱下方存在比其吨级重的箱子，则称该箱为无序箱；

定义 3.3　排无序度　堆存排内无序箱的个数称为该排的排无序度；

定义 3.4　位无序度　倍位内各堆存排排无序度之和为位无序度。

以图3-9(a)所示的堆存状态为例，吨级为4的当前箱到港时倍位内第3排、第5排和第6排的排无序度为1，其中，阴影标示的集装箱为无序箱；其他排内不存在无序箱，对应的排无序度为0。当前的位无序度为3。

由上述定义可知，箱位分配的决策目标可等价于：最小化集港结束后倍位的位无序度，即：最小化倍位内无序箱的总个数。为此，当前到港箱的箱位分配决策可看作：在当前到港箱吨级信息及当前位无序度已知的情况下，以利于满足集港结束后位无序度最小为目标，为到港箱优选堆存排，将其直接堆存在排内各在港箱的上方。其中，由于后序到港箱的随机性和不确定性，决策目标值可表示为已知当前箱位无序度、既定方案下当前到港箱堆存后位无序度的增加量（1或0）、到港箱堆存后剩余可用空箱位将来堆存箱致使无序度增加的期望值等三项之和。在第1项既定的情况下，第2项和第3项可分别作为评价指标1和评价指标2。两评价指标之和或加权和最小的堆存排利于满足决策目标，可作为

第 3 章 出口箱堆存箱位动态分配

优选排。

由定义 3.2 可知,若排内各在港箱的最大吨级小于或等于当前到港箱的吨级,则当前到港箱堆存后必定不是无序箱,其下方不存在比其吨重的箱子,堆存位位无序度的增量为 0;否则,当前到港箱堆存后为无序箱,位无序度的增量为 1;即:既定箱位分配方案评价指标 1 的值为 1 或 0,且仅与在港箱的最大吨级有关,与非最大吨级箱无关。同理,对于任一后续箱其堆存后是否为无序箱亦与其到港时位内最大吨级信息有关。不同的是该信息由当前箱堆存后对应的已知状态,及先于该后续箱到港的各拟到港箱的堆存方案共同决定。显然,评价指标 2 的值涉及递推计算,且可用空箱位越多,后续箱的个数及递推级别越多。同时,由于各后续箱到港顺序及具体吨级信息的不确定性需引入数值的期望值。关于评价指标 2 及目标值的复杂计算将在下述数学描述中具体阐述,为便于表达,在此之前首先对倍位状态及问题等价简化。由于上述分析表明倍位状态中仅有最大吨级和可用空箱位对评价指标造成影响,为此,可剔除已堆存满的各堆存排,仅提取有可用空箱位的各排中空箱位的个数及在港箱的最大吨级信息以表示堆存位的当前状态。如:图 3-9(b)即是图 3-9(a)所示倍位的等价表示。"简化倍位"中各"简化排"可按空箱位由少至多,排内最大吨级由轻到重依次排列,"简化排"的状态由排内空箱位的个数及在港箱的最大吨级共同描述。图 3-9(b)中 3 种可能的堆存方案下,当前箱堆存后"简化排"的状态分别如图 3-9(c)中的(c.1)—(c.3)所示。在倍位状态合理简化的基础上,箱位分配问题可转化为在既定"简化倍位"内为当前到港箱优选一个"简化排",该"简化排"对应的实际的堆存排即为决策堆存排。

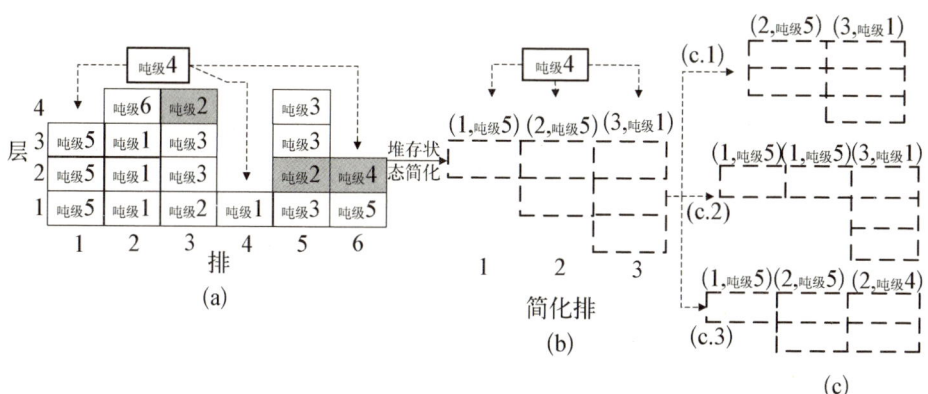

图 3-9 箱位动态决策问题有效示意

由于当前到港箱的箱位分配方案通常有多个,各方案需依据目标值进行比选,目标值最小的为优选排。为此,在倍位及问题等价简化的前提下,各评价指标的计算及目标值的有效表达是箱位分配决策的核心。现就方案评价指标和目标值的计算及决策过程进行分析和描述。

(1) 当前箱某箱位分配(排分配)方案评级指标 1 的计算。由于当前到港箱及简化位的信息已知,方案评级指标 1 的计算较为简单。如上所述,若当前到港箱的吨级小于对应方案下排内在港箱的最大吨级,评价指标 1 的值为 1,否则,为 0。

(2) 当前箱某箱位分配(排分配)方案评级指标 2 的计算。评价指标 2 表示当前到港箱堆存后剩余可用空箱位将来堆存箱致使无序度的增加量,即:各个后续箱堆存后位无序度的增量之和。同当前箱的堆存类似,每个既定吨级的后续箱通常存在多个可选"简化排"方案,其将来应按最优方案堆存,为此,当前对后续箱堆存后位无序度的增量预计时应以该吨级后续箱将来到港时对应最优堆存方案为准。显然,该参数的计算同样属排分配优选问题,且优化决策时同样嵌套了其后续各箱的箱位分配优化决策。更为复杂的是,由于集港箱到港的随机性各个后续箱的吨级信息无法准确预知,如:第 1 个后续箱可能是吨级 1 也可能是其他的吨级。必须根据某后续箱可能出现的吨级首先分别确定各个吨级下该后续箱对应的最优排分配方案及最优方案下该箱堆存后致使位无序度的增量。在此基础上,综合各对应吨级可能出现的概率,用相应位无序度增量的期望值作为该后续箱堆存后位序度的增量。总之,当前箱某可选方案评价指标 2 的计算涉及多层逐级嵌套的箱位最优分配问题,且各层又分多个可能的吨级分别优化。

(3) 当前箱某箱位分配(排分配)方案目标值的表达。目标值可表示为评价指标 1 和指标 2 的合理加权。显然,仅考虑评价指标 1 最小只能保证当前到港箱的局部最优堆存;指标 2 的引入充分考虑了当前箱的堆存对后续箱的影响,基于概率的基础上从整体上把握位内集港箱堆存的有序性,利于最小化集港结束后位内无序箱的个数,便于减少堆场翻箱。基于上述分析,图 3-10 详细描述了当前箱箱位分配的优化决策过程。图 3-11 简化了图 3-10 中指标 2 的计算,进一步明确了问题的决策思路。

重压轻策略下集港箱箱位动态分配数学描述具体如下:

① 相关参数。NE_{min}:位内至少应预留的用于翻箱的空箱位数;出口箱区配备轮胎吊时,

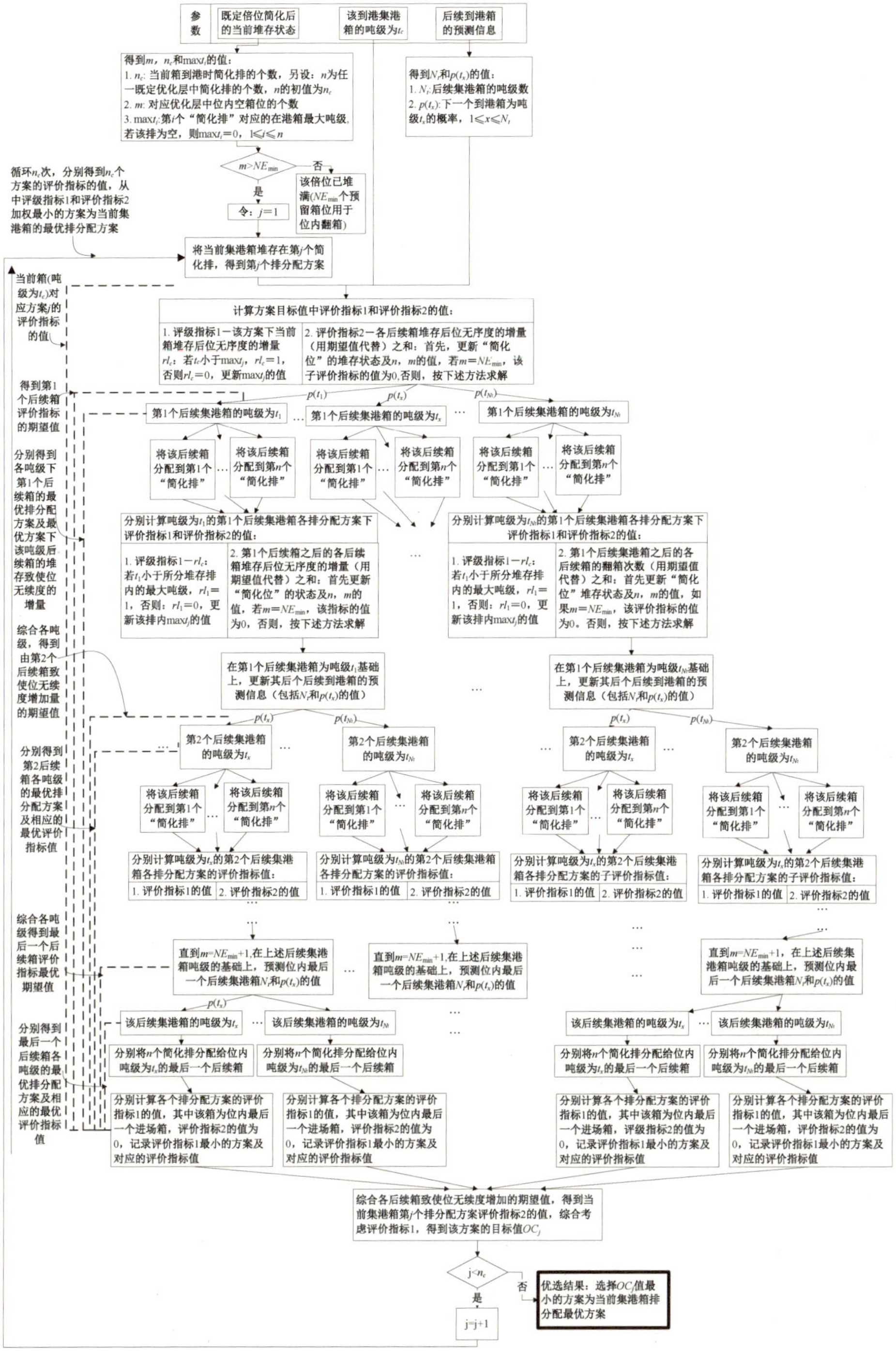

第3章 出口箱堆存箱位动态分配

图 3-10 级别 2 堆存策略下当前到港箱堆存排优选过程示意

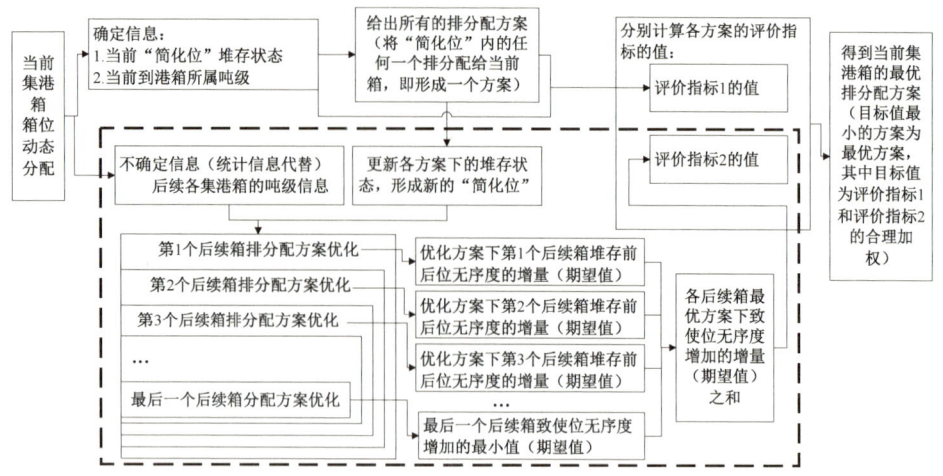

图 3-11 级别 2 堆存策略当前到港集港箱排分配优化思路

倍位为 4 层堆码,至少应预留 3 个空箱位用于堆场翻箱,为此,可令 $NE_{min} = 3$。

N_t:位内吨级的个数,各吨级由轻到重可分别记为:1, 2, …, N_t。

S_0:当前箱到港时"简化位"的状态。其中,空箱位的总个数记为 NTE_0,"简化排"的个数记为:NR_0,各简化排分别记为:简化排 1, …, 简化排 NR_0。任一"简化排"l 的状态表示为:$(EP_{0l}, MaxT_{0l})$,EP_{0l} 和 $MaxT_{0l}$ 分别表示状态 S_0 下简化排 l 内空箱位的个数及排内在港箱的最大吨级。$NR_0 \geqslant 1$,$NTE_0 \geqslant 1 + NM_{min}$,$1 \leqslant l \leqslant NR_0$,$EP_{0l} \geqslant 1$,$0 \leqslant MaxT_{0l} \leqslant N_t$ 且仅当 l 排为空时,令 $MaxT_{0l} = 0$。

T_0:当前到港箱的吨级。

NSC:当前箱到港后,倍位内的空箱位最多允许堆存的后续箱个数,$NSC \geqslant 0$,$NSC = (NTE_0 - 1 - NE_{min})$。

S_i:当前箱的第 i 个后续箱将来到港时简化位的状态,$i \geqslant 1$,具体描述与 S_0 类似。特别地,由于当前箱的第 NSC 个后续箱堆存后倍位已无可用箱位,不存在第 $NSC+1$ 个后续箱堆存的现象,为此,令 S_{NSC+1} 表示倍位的最终状态。

T_i:当前到港箱的第 i 个后续箱所属吨级,$i \geqslant 1$。

PT_{ik}:T_i 为吨级 k 的概率,由集港计划及倍位内已到港箱和先于该后续箱到港的拟到港箱的吨级等决定,$k \in Z^+$,$1 \leqslant k \leqslant N_t$。

t:某集港箱堆存前后倍位状态的映射函数,该函数以预堆存箱的吨级、该箱堆存前倍位的状态及堆存方案为参数,函数值即为既定方案下该箱堆存后的倍位状态。该函数用于得到倍位的各后续状态,以便进行评价指标 2 的计算。

r:某集港箱堆存后致使位无序度的增加量,其中,当前到港箱对应的 r 值即为当前箱位分配时方案的评价指标1；而后续各拟到港箱对应的r用于计算当前箱位分配时方案的评价指标2。r与预堆存箱的吨级、其到港或将来到港时堆存位的状态、对应的堆存方案共同决定，具体确定方法如前所述。

f：某集港箱堆存后的倍位状态下，剩余后续箱堆存后致使位无续度增加的增量之和。该参数的计算嵌套多层箱位分配优化决策。

② 决策变量。D_i：$i=0$时，D_0表示某方案为当前到港箱分配的堆存排号，其中，目标值最小的方案为当前到港箱箱位分配的优选方案，对应的D_0记为：Row^*；而$1 \leqslant i \leqslant NSC$时，$D_i$则为某方案为当前到港箱第$i$个后续箱分配的堆存排号。

③ 当前到港箱箱位分配优化决策

$$Row^* = \begin{cases} \arg\min r(S_0, T_0, D_0), & NSC = 0 \\ \arg\min[\omega \times r(S_0, T_0, D_0) + (1-\omega) \times f(S_1)], & \\ & NSC \geqslant 1, 0 \leqslant \omega \leqslant 1 \end{cases} \quad (3-6)$$

$$S_i = t(S_{i-1}, T_{i-1}, D_{i-1}), \ i = 1, 2, \cdots, NSC, \ NSC \geqslant 1 \quad (3-7)$$

$$\begin{cases} f(S_i) = \sum_{k=1}^{N_t} (PT_{ik} \times \min_{D_i} [\,r_{T_i=k}(S_i, T_i, D_i) + f(S_{i+1})\,]), \\ \qquad i = 1, 2, \cdots, NSC \\ \cdots \\ f(S_{NSC+1}) = 0 \end{cases} \quad (3-8)$$

式(3-6)为当前到港箱箱位动态分配的决策函数。由式可知，若当前到港箱为倍位内最后允许堆存的集港箱，由于不存在后续箱，评级指标2为0。评价指标1最小的方案即为最优方案，对应的堆存排为优选排。而若当前到港箱存在后续箱时，需综合考虑评价指标1和评级指标2。两者加权值最小的方案为最优方案，最优方案下分配给当前到港箱的堆存排为优选排。其中，评价指标2的计算嵌套了各后续箱的排分配优化问题，涉及倍位状态之间的转化及复杂的递推关系，分别如式(3-7)和式(3-8)。具体意义可参见图3-10。

上述对2级堆存策略下集港箱箱位分配进行了描述并建立了一种合理的理论模型。由于集装箱码头的具体情况不尽相同，集港箱箱位分配的决策目标并不唯一。本书建立的模型以集港结束后倍位内无序箱的个数最小为决策目标，利于减少装船时被动翻箱模式下的翻箱次数。对于装船前需主动预翻箱整理的作业模式,翻箱次数除与无序箱个数有关外,还与无序箱上方集装箱的个数,即:无序箱的堆存深度等有关,需对本书的决策目标进行合理扩充(关于上述2种作业模式下的翻箱问题将在第4章和第5章详细研究)。但决策目标追求整体优化性、决策过程涉及多层优化嵌套、未知信息用期望值替代等方法和思路与本节模型完全相似,不同之处仅在于评级指标和目标值的具体定义和表达。总之,本节建立的2级堆存策略下集港箱箱位分配模型,其建模思路和处理方法具有普适性,为重压轻策略下集港箱具体箱位分配决策奠定了理论基础。

重压轻策略下集港箱箱位分配属多阶段决策过程的最优化范畴,且由于当前到港箱箱位分配决策时无法预知后续各箱的准确信息,则:无法精准地表达当前决策方案的目标函数值,不存在精确优化方法和理论上的最优方案。针对该特点,本节基于概率和统计规律,在当前到港箱箱位分配决策时用数值的期望值来替代相关的未值信息,较为有效地近似表达了评价目标的值,为重压轻策略下集港箱箱位分配决策提供了解决思路。但由于嵌套了多级决策,理论数学模型不可避免地存在目标值表达和计算较复杂等现象,在计算速度难以保证到港箱箱位即时分配要求时,可考虑以下方法:

(1) 集港箱离线优化。集港前以倍位为单位,对于任一集港箱,针对可能的吨级情况及其到港时倍位的各种可能状态进行离线优化,由优化结果建立对应的决策树。集港时根据集港箱到港时其自身的实际吨级和倍位的实际堆垛状态,对照决策树选取相应的决策方案,实现到港箱箱位的动态分配。离线优化决策目标的确定、评价指标的表达等同上述模型相似,但由于决策过程在集港前进行,任一集港箱到港时的实际吨级及其到港时堆存位的实际状态均未知,显然,较当前集港箱到港时(到港箱的吨级及倍位当前堆存状态已知)的即时箱位分配决策更为复杂。在计算量较大,无法满足离线计算效率要求时,不适合单独采取该方法。

(2) 基于规则的集港箱箱位分配决策。在各集港箱的到港顺序和既定拟到港箱的吨级等具体信息无法事先预知的情况下,充分利用倍位内出口箱的吨级总数及各吨级的箱量等整体信息,确定合理的箱位分配规则是解决复杂箱位分配决策的有效手段。其中,可采取出口箱信息预录等措施保证拟集港箱整体信息的准确性,以便最大限度提高规则的实用性。规则制定前首先根据各吨级集装箱的数目确定需单独占用的排数和不同吨级需混堆的排数。具体规则如下:

① 对于可单独占用一排的集港箱采取逐排堆存的规则,同3.3.1节。

② 对于不能单独占用一排的集港箱,优先堆存在与其吨级最相邻或相近的

箱子上方，且较小吨级箱选取空堆存排的优先级大于较重吨级箱。另外，也可充分利用航线特征制定更为详细和有针对性规则。基于规则的箱位分配仅需按照规则运作一系列的判断，较多阶段优化决策过程简单。合理的规则可得到较优的决策方案，但有效规则的制定较为困难，需要可靠且足够的知识积累。

综上可知，箱位动态分配的方法各有特点。在已知信息和知识积累有限的条件下，为兼顾计算效率和方案整体优化性，可将多层嵌套优化和基于规则的决策合理结合。其中，具有普适性的规则首先对既定箱进行堆存决策，将可选方案缩小到符合规则的较小范围内；以此为基础，采取上述即时在线或离线多层嵌套优化决策方法，就规则决策后的各备选方案分别进行目标值的计算，选取目标值最小的方案为最优方案。两者的有效结合，利于弥补基于规则的箱位分配，由于知识积累困难，堆存规则不够细致，无法保证方案优化性的缺点；同时，由于规则对可选方案的过滤，大大减少了多层嵌套优化决策的计算量。上述混合决策方法利于保证以有限的计算代价获得较优的决策方案。较优方案和理想方案之间的偏差，可在装船前通过位内有限次数的预翻箱来弥补，也可通过装船时翻箱方案的优化决策最大限度地减少对发箱效率的影响。关于装船前主动预翻箱整理和装船时被动翻箱的优化决策将分别在第 4 章和第 5 章研究。

3.4 本章小结

本章详细分析了集港箱箱位分配决策的影响因素，构建了适合不同堆场密度的集港箱多级分类堆存体系。阐述了 1 级和 2 级堆存策略在大型现代化集装箱码头堆场作业中的重要地位。基于 1 级堆存策略，提出了 2 区段并行互补集箱及区段内 2 子区段互补集箱方法，建立了适合双 40 英尺岸桥作业的集港箱箱位分配模型。基于 2 级堆存策略，以集港箱到港时刻为决策点构建了重压轻策略下的箱位动态分配即时决策理论模型，并提出了离线优化决策、基于规则的箱位动态分配决策等方法。在分析各方法特征和特点的基础上，给出了基于规则的箱位分配决策与多阶段决策过程相结合的思路。

第4章
出口箱装船前位内预翻箱优化决策

4.1 问题描述与分析

为提高竞争力,集装箱码头不断追求用最低的成本支出取得最高的效率,而堆场翻箱一直是影响成本和效率的重要因素。对于出口箱来说,由于各箱到港顺序无法事先预知、堆场密度过高时箱位优化空间有限、箱重信息不准、航次或目的港临时改变、集装箱抽检等客观因素和不可控随机因素的影响,分类堆存计划和具体箱位优化分配仅能最大限度保证集港结束后倍位状态满足船舶积载要求,尽量减少堆场翻箱,却无法完全避免翻箱,优化堆存方案下出口箱堆场翻箱普遍存在。由于多数集装箱码头通常在船舶到港前数小时结束集港,且大部分集港箱在结港前一段时间均已到港,如:见表4-1(数据来源:调研)所列为提前5天集港的某集装箱码头结港前1天出口箱的集港情况,结港前24 h内的集箱量平均占出口箱总量的18.36%。即:结港前1天80%以上的出口箱已集港

表4-1 某集装箱码头2004—2005年结港前1天的集港情况

统计时段	出口箱总量/自然箱	结港前12 h内到港的箱数/自然箱	结港前12—24 h内到港的箱数/自然箱	结港前24 h内的到港箱数占出口箱总量的比例
2004年上半年	35 345	3 205	6 061	26.22%
2004年下半年	51 401	2 121	6 553	16.88%
2005年上半年	54 591	3 003	6 075	16.63%
2005年下半年	60 135	3 303	6 679	16.60%
总 计	201 472	11 632	25 368	18.36%

结束。为此，可充分利用结港后至装船前的时段，甚至可在尚未结港但大部分集港箱已到港、多数计划倍已堆满的情况下，对已结束集港的倍位进行预翻箱整理，以便最大限度地保证整理后的堆存状态符合发箱顺序要求，减少或避免装船时需要翻箱的可能，达到提高装船效率的目的。

4.1.1 出口箱装船前整理作业的分类

出口箱装船前整理作业主要可分为：整体转堆、区段内归并整理和堆存位内预翻箱整理3种。各自的特点具体如下：

（1）出口箱装船前整体转堆。出口箱整体转堆适用于预堆存策略下集港的出口箱。预堆存策略下出口箱集港时不考虑重量、卸货港等具体信息，根据各箱到港的先后顺序随意将同一个航线或同一艘船舶的出口箱堆放在一起。由于集港时没有详细的集港箱堆存计划和箱位分配方案，完全不考虑船舶积载要求，且在堆场机械能力允许的情况下可适当增大堆存高度，致使出口箱堆存位的状态具有堆存密度大，与理想状态相差很远，甚至完全不符合船舶积载要求等特点。为提高装船效率，需在船舶到港前，对集港箱做符合装船顺序的转堆计划。并在装船前按转堆计划将相关出口箱整体转堆到距船舶预停靠泊位较近的区域，以达到有效减少甚至完全避免装船时翻箱的可能，减少装船时水平运输距离，提高装船效率目的。

（2）堆存位间预翻箱整理。堆存位间预翻箱整理适用于某船舶相应出口箱堆存较零散，堆存位内集装箱较少，堆存密度不高的情况。为提高装船效率，可在装船前将零散堆存在各位内的集装箱整理到其中的数个堆存位内。预翻箱整理过程中需考虑船舶积载要求，预翻箱时场桥调度等因素，以尽量小的预翻箱整理代价获得理想或较理想的出口箱的堆存状态，从而达到有效减少或避免装船时翻箱的可能，减少装船时场桥大车移动次数，提高场桥作业效率和发箱速度的目的。

（3）堆存位内预翻箱整理。位内预翻箱整理适用于堆场资源相对紧缺，且集港箱堆存计划和箱位分配方案较优的情况。堆存位内仅有部分出口箱不满足装船原则，同时，预留的少数空箱位足以满足位内翻箱的需要。为提高装船效率，可根据预翻箱前堆存位的初始状态，制定位内预翻箱优化方案。并在装船前根据预翻箱优化方案，利用场桥零散空闲时间对出口箱进行位内预翻箱整理，达到以尽量小的预翻箱次数使出口箱最终的堆存状态与理想状态相吻合的目的。位内预翻箱不需要额外的堆存区域，翻箱时无须场桥大车移动。

上海港、天津港等国内各大型现代化集装箱港口一般采用岸桥—场桥—集卡装卸工艺。集装箱为多排多层直接堆垛，堆场资源相对紧缺。一般均制订详细的出口箱堆存计划，并在集港箱到港时采用一定的规则进行具体箱位的动态优选分配，拟对出口箱进行装船前预翻箱整理时，适合采用位内预翻箱模式。但到目前为止，上海、天津等各大集装箱港口通常采用给定粗略翻箱规则，具体预翻箱方案由场桥司机人工决定的方式进行装船前预翻箱整理，翻箱方案质量不高，翻箱效率低，场桥司机任务重；或根本不进行位内预翻箱整理，在堆场翻箱普遍无法避免的客观情况下给装船时发箱效率带来直接影响。针对位内预翻箱优化决策在亚洲特别是我国各大型现代化集装箱港口的广泛应用和推广前景，本章将以国内集装箱码头常见的 6 排 4 层直接堆垛方式为对象，对装船时位内预翻箱问题进行深入研究。相应的方法和结论适用于任何多排多层直接堆垛形式下集装箱倍位内预翻箱方案的优化决策。

4.1.2 位内预翻箱问题的特征分析

出口箱位内预翻箱问题具有以下特征：

(1) 特征 1。堆存位为多排多层直接堆垛，位内仅堆存有相同尺寸的集装箱。

(2) 特征 2。翻箱前倍位内各箱组的装船先后顺序已被唯一确定。

(3) 特征 3。每次翻箱操作仅发生在堆存排的最上层。

(4) 特征 4。预翻箱整理完成后只要保证先装船箱均堆存在后装船箱的上方即可，不需要将每个集装箱的最终箱位局限到各个具体位置上。

(5) 特征 5。位于场桥跨距内的集卡车道可用于临时堆存无法直接移入最终箱位的翻出箱，预翻箱整理结束后集卡车道内不允许有集装箱。

(6) 特征 6。翻箱过程中侧边两个排允许比位内其他排的最大堆高多 1 层。

(7) 特征 7。任一个 n 排 m 层的堆存位，预留 $m-1$ 个空箱位足以保证预翻箱整理作业的顺利进行。

特征 1 为本书全部研究内容的前提，同样也是位内预翻箱问题的先决条件。由于几种常见的堆存形式中，将集装箱直接堆存在底盘车上的底盘车方式，以及新近出现的与高架货柜相仿的 AS/RS(Automated Storage/Retrieval System)方式均不存在翻箱问题；而堆存高度仅为 2 层的跨运车系统翻箱情况也较少。本章将以其中翻箱普遍存在的多层直接堆垛形式为对象，进行出口箱位内预翻箱问题的研究。针对多层直接堆存形式，如图 4-1 所示，单从集装箱周边 4 个角柱承力的结构特点看,虽然 20 英尺不能堆垛在 40 英尺箱或 45 英尺箱上方,理论上 40 英尺箱或 45 英尺箱则可堆存在 2 个 20 英尺标准箱的上方,共占用一个偶数堆存位。但该情况将给原本复杂的堆场业务带来更大的难度,致使配载难度增大、翻箱率较高、20 英尺箱发箱时因桥大车往复移动作业效率大大降低等。为此,

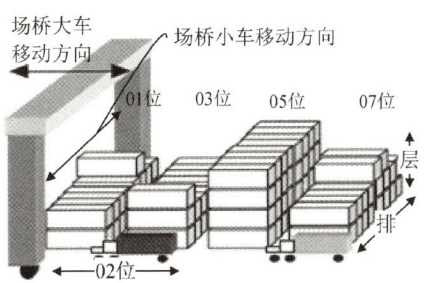

图 4-1 集装箱堆场多层堆垛形式

多层直接堆垛形式下通常不允许 20 英尺和 40 英尺或 45 英尺箱混堆。

特征 2 描述了位内预翻箱问题的已知条件,并假设位内各箱组的装船先后顺序已被唯一确定。为保证船舶稳性,并保证不压港,通常认为:同一船舶同一目的港的集装箱重量级大的先装船;同一船舶同一目的港重量相等或相近的集装箱为同一箱组具有相同的装船次序;同一船舶不同目的港的集装箱后到港的先装船。另外,不同船舶集装箱的装船先后顺序可根据相应船舶的预靠泊时间和作业计划进行判断。总之,在充分考虑位内各集装箱的重量,对应的船名、卸货港等信息的情况下,可以估计各箱组的装船先后次序。特征 2 的描述完全符合集装箱码头的生产实际。

特征 3 为任一类型翻箱操作的基本原则。当上层有集装箱时不可能直接将下层的集装箱移出;同理,也不可能将一个集装箱直接移入另一个集装箱的下方。每次具体的翻箱操作必定发生在最上层,即:将某集装箱从某排的最上层移出,而后直接堆垛在另一排各集装箱的上方。

本章在研究位内预翻箱时充分考虑了集装箱的属性,将堆存位内对应船名、卸货港和箱型相同,且重量相等或相近的各集装箱划分为同一个箱组,同一箱组内各集装箱的装船次序无先后之分。同时,在堆存位的最终状态界定时,不是将每个集装箱的最终箱位局限到每个具体的位置,而是规定翻箱完成后堆存位内先装船的集装箱均堆存在后装船集装箱的上方即可。翻箱过程中,每个移出的集装箱可能有多个符合装船顺序的堆存位置,同时,每个具体的位置可能允许堆存多个具体集装箱中的任一个。在保证预翻箱整理完成后堆存位的状态满足装船原则的前提下,特征 4 增大了预翻箱方案优化的灵活性,完全符合集装箱码头的生产实际。

特征 5 和特征 6 描述了位内预翻箱操作发生的空间范围。由于预翻箱整理发生在既定倍位集港结束后至装船前的时段,整个预翻箱整理过程中不存在集

装箱进出堆存位的情况,位内集卡车道无集卡停靠,可用于临时堆存无法直接移入最终箱位的翻出箱,以减少对位内空箱位的占用,利于后续翻出箱的堆存。预翻箱整理结束后集卡车道内不允许有集装箱堆存,临时堆存的翻出箱最终需移入位内第1—6排,不妨碍发箱装船时集卡的停靠。另外,如图4-1所示,为便于小车负重移动,场桥的起升高度通常比集港箱的最大允许堆高高一层,考虑到位内翻箱过程中不存在场桥负重跨越最侧边堆存排的现象,可充分利于最侧边堆存排的最大堆高。对于6排4层堆垛,集卡车道(设其为第7排)位于场桥跨距内一侧的情况,翻箱过程中第1排和集卡车道的第5层允许有集装箱堆存。由于装船作业时也不存在集装箱跨越,第1排的第5层在预翻箱结束后允许有集装箱最终堆存。在位内预留空箱位一定的情况下,特征5和特征6增加了翻箱过程中可用空箱位的数量,扩大了优化空间。

特征7表明本章研究的预翻箱整理模型无须堆存位预留较多的空箱位,利于堆场空间的充分利用。生产实际中多数集装箱码头的翻箱操作通常发生在装船时。对于任一个 n 排 m 层的堆存位,最差的情况是首先取排内最下层的集装箱,最多需要预留 $m-1$ 个空箱位以保证装船时翻箱的最大需要。本章打破了大多数集装箱码头装船时才被动翻箱的生产模式,提出可在装船前利用堆场机械零散空闲时段进行主动预翻箱整理的思路。为了不影响堆场的可用空间,预翻箱作业模式下仍保证一个 n 排 m 层的堆存位最少仅需预留 $m-1$ 个空箱。即:对于一个6排4层堆存位,最多仍允许堆存21个出口箱。在充分利用集卡车道的5个空箱位及第1排第5层的情况下,翻箱过程中至少有9个空箱位可用。足以保证任何2个堆存排之间的翻箱操作所需的空箱位数。

4.1.3 倍位状态的有效表达

以上述特征为基础,以6排4层堆垛倍位为对象,图4-2对位内预翻箱作业模式下倍位的状态结构进行了合理描述。由图可知,6排4层共24个箱位中最多允许堆存21个集装箱,预留3个空箱位。翻箱过程中可充分利用包括集卡车道和第1排第5层在内的9个空箱位。其中,集卡车道内

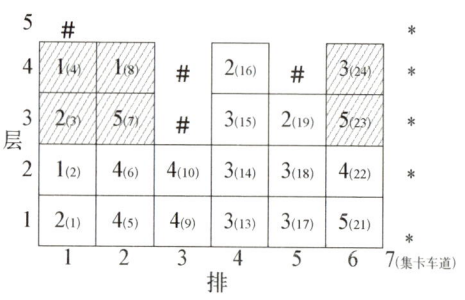

图4-2 堆存位初始状态结构描述

各箱位只用于翻出箱的临时堆存(以"*"标识),其他箱位包括第 1 排第 5 层允许集装箱最终堆存。各箱位内的第 1 个数字表示对应集装箱的装船序号或箱组序号,括号内的数字为对应箱的标识,各箱的箱组序号和标识号一旦确定在整个预翻箱过程中保持不变。其中,箱组序号由各箱所属的箱组和箱组定义决定;而对于箱标识的确定,可根据初始堆存状态从第 1 排第 1 层开始每排依次预留 4 个连续标识号用于唯一标识对应箱位内的集装箱。这种不针对具体的初始状态,不考虑初始状态下预留空箱位具体位置的标识方法,除唯一标识集装箱以便记录翻箱操作序列外,还具有直观反映箱子初始堆存位置的优点,可用信息得到了有效拓展。如:图 4-2 中该标识方法下,由于预留空箱位的存在,各集装箱的标识不完全连续。但不管初始状态下预留空箱位的具体位置如何,标识号为 16 的集装箱的初始堆存箱位一定为第 4 排第 4 层。为便于描述,本章下文将位内标识号为 n 的集装箱称为 n 号箱。

4.2 倍位目标状态的确定

针对本书研究的倍位形式,首先引入倍位目标状态的概念:

定义 4.1 倍位目标状态 先装船集装箱均在后装船集装箱上方,第 1 排最大堆高不超过 5 层,第 2 至 6 排最大堆高不超过 4 层,集卡车道内(第 7 排)无集装箱的堆存状态为位内预翻箱作业倍位的目标状态。

4.2.1 事先确定目标状态的必要性

对于 6 排 4 层允许堆存 21 个集装箱的倍位,翻箱过程中可能的堆垛状态数目巨大。其中,允许第 1 排第 5 层可用且不考虑箱组的情况下,可能的堆存状态共有 $N(P_{21}^{21} \leqslant N \leqslant P_{25}^{21}$,即:$5.109 \times 10^{19} \leqslant N \leqslant 6.463 \times 10^{23}$)种,当考虑翻箱过程中集卡车道内允许有集装箱堆存时可能的中间堆存状态更多。虽然箱组的引入一定程度上减少了中间堆垛状态的数量,但其数目仍非常庞大。若将各种可能的堆垛状态表示为图论中无向图的顶点,当两个堆垛状态之间可以通过移动一个表层的集装箱相互转化时,它们之间就存在一条边。为此,既定初始堆存状态下,整个翻箱过程所有可能的堆垛状态间的转化关系可抽象为一个无向图。位内预翻箱决策的任务则可转化为搜寻路径最短的目标状态及对应的最短路径。显然,由于每次翻箱时位内表层各集装箱均可能被移动,致使无向图的节点众多、搜索最短路径的空间复杂度非常高，通常无法在有效的时间内得到决策结果。为此，有必要对翻箱过程中可移动的集装箱进行合理限制，以有效减少搜索空间。

本书采取首先确定一个较优目标状态，通过比较初始状态与既定目标状态固定已达到目标堆存状态的集装箱，以此为基础进行方案搜索且随着搜索进程逐步固定已达到目标状态的各集装箱的策略，实现对可移动集装箱和搜索空间的有效控制。其中，当且仅当某集装箱及其下方各箱的堆存状态均与目标状态中对应箱位内的装船顺序相同时，该集装箱达到目标堆存状态，后续搜索过程中将保持固定。由此可知，目标状态的确定是翻箱方案搜索的前提，在利于较优翻箱方案不丢失的前提下构造一个的优化目标状态，对有效减少可移动集装箱的数量，合理控制搜索空间和搜索复杂度至关重要。

4.2.2 基于启发信息的目标状态的确定

目标状态的构建是翻箱方案搜索的基础，所构建目标状态的优化性直接影响着位内预翻箱问题的搜索空间及优化方案的性能。由于位内预留的3个空箱位可能在1个堆存排内，也可能在2个或3个排内，可能的目标状态最多有 M 种（$M = C_6^1 \cdot C_{21}^4 C_{17}^1 C_{13}^4 C_9^1 C_5^4 C_1^1 + C_6^1 C_5^1 \cdot C_{21}^4 C_{17}^1 C_{13}^4 C_9^4 C_5^3 C_2^2 + C_6^3 \cdot C_{21}^4 C_{17}^1 C_{13}^4 C_9^3 C_6^3 C_3^3$），考虑位内第1排第5层允许有集装箱堆存时目标状态的个数更多。可能的目标状态众多、最短路径无法事先预知的情况下，如何构建一个较优的目标状态是位内预翻箱优化决策需首要解决的难题。本为充分挖掘位内预翻箱问题自身的可用信息，基于目标状态与初始状态越接近，越利于得到较短的搜索路径，对应的翻箱次数较少、翻箱方案较优这一启发信息进行目标状态的构建，具有较强的使用性和可操作性，为位内预翻箱这一复杂多阶段大规划组合优化问题的有效决策奠定了基础。在论述具体构建方法之前，首先引入以下各相关定义。

定义4.2　必翻箱　某堆存状态下，为达到任一目标状态必须翻箱的集装箱为该堆存状态下预翻箱整理作业的必翻箱。

由目标状态的定义可知，集卡车道内暂存的集装箱必定为对应堆存状态下的必翻箱；对于位内第1—6排，可从底层向上依次比较排内两相邻集装箱，若上层集装箱的装船次序比下层紧邻的集装箱晚，该箱为必翻箱，其上方各集装箱也为必翻箱。若倍位内不存在必翻箱，对应的倍位状态属目标状态。如图4-2所示的堆存状态下，斜线阴影标识的集装箱为必翻箱。

定义4.3　固定箱　后续翻箱过程中必定不移动的集装箱为对应堆存状态

下的固定箱。

目标状态构建前当且仅当同箱组箱堆存在同一个堆存排且排内各层已堆满时,排状态为理想状态,整个翻箱过程中必定无需移动,对应各箱可标识为固定箱;而目标状态构建后且在翻箱方案搜索前,可通过比较初始状态与既定目标状态将符合目标堆存状态的集装箱标识为固定箱;且翻箱方案搜索过程中,可通过实时比较当前状态和目标状态逐步将达到目标状态箱子标识为固定箱。

定义 4.4　可翻箱　后续翻箱过程中可能被移动的集装箱为对应堆存状态下的可翻箱。某堆存状态下,除必翻箱和固定箱之外的集装箱为该状态的可翻箱。

显然,某堆存状态下只有最表层的可翻箱和必翻箱可能被移动,不存在固定箱被移动的现象,利于搜索空间和计算复杂度的有效减少。在明确了上述各定义后,给出较优目标状态的构建方法,具体可描述为以下诸步骤:

(1) 步骤 1。对初始堆存状态下的必翻箱、固定箱和可翻箱进行标识。若位内不存在必翻箱,初始状态即为目标状态,结束目标状态的构建。否则,进入第 2 步;

(2) 步骤 2。将初始状态下的必翻箱移入"需重新安排箱位的集装箱集"中,同时将对应箱位标记为空;

(3) 步骤 3。对"需重新安排箱位的集装箱集"内的箱子按装船顺序进行排序;

(4) 步骤 4。在位内各空箱位或标记为可翻箱的箱位中确定一个箱位,将"需重新安排箱位的集装箱集"内装船顺序最晚的某集装箱 C_{max} 移入该箱位。如果拟移入的箱位不空,将该箱位内及该箱位上方的集装箱移入"需重新安排箱位的集装箱集"中。其中,为 C_{max} 选取移入箱位的规则如下:

① 规则 1。不存在拟移入箱位下方堆存有比 C_{max} 箱早装船的集装箱的现象,C_{max} 箱移入后不再为必翻箱,且为腾空拟移入箱位付出的额外代价最小。即:腾空拟移入箱位必须移出的可翻箱的数目最少。

② 规则 2。若规则 1 下仍存在几个可选移入箱位,则选择箱子数多的排;若各候选排内的集装箱数亦相同,从拟移入箱位所在的层开始由下向上逐层比较各排现有可翻箱的装船顺序(空箱位的装船顺序为 0),优选相同层内装船顺序最小的排;若对应层内集装箱的装船顺序也相同,则选择排号小的堆存排或从中随机选取。

依据上述规则为"需重新安排箱位的集装箱集"中装船顺序最晚的一个集装箱指定拟移入的箱位。移入后箱子不记标识号,利于保证有效优化空间及后续移箱操作的灵活性。

(5) 步骤5。重复步骤(3)和(4),直到"需重新安排箱位的集装箱集"内无集装箱。

由上述各步骤可知,将所有需重新安排箱位的集装箱移出、在剩余箱均为非必翻箱的倍位内首先为需重新堆存且装船顺序最晚的集装箱指定箱位、指定箱位时采取步骤(3)所示的多级原则等是本书构建目标状态的核心。显然,由于最晚装船的集装箱趋于堆存在下方,本书提出的方法适应了集装箱的堆存规律,一次即可将需重新安排箱位的集装箱堆存至最终箱位内,不存在对既定箱多次重新安排箱位的现象。且由步骤3中的箱位指定原则可知,整个构造过程除保证移出的可翻箱尽量少之外,还充分考虑了箱位选取对后续箱位安排的影响及同组箱尽量堆存在同一个堆存排等,很大程度上保证了目标状态的整体优化性。

基于上述目标状态构造方法,图4-2所示倍位构建的优化目标状态。如图4-3所示,其中,图4-3(a)为目标状态构建前且必翻箱已移出后的初始状态。比较图4-3(a)和图4-3(b)可知,除必翻箱外初始状态中仅有第6排第2层标识为22的可翻箱为非固定箱,其他各箱均已达到目标堆存状态可标识为固定箱(图中以阴影标识)。整个翻箱过程中除6个必翻箱必须移动外,最多仅涉及1个可翻箱(标识为22)的移动,有效减少了方案搜索的复杂度。同时,随翻箱进程逐步固定已达到目标堆存状态的集装箱,将进一步减少对无效空间的搜索。

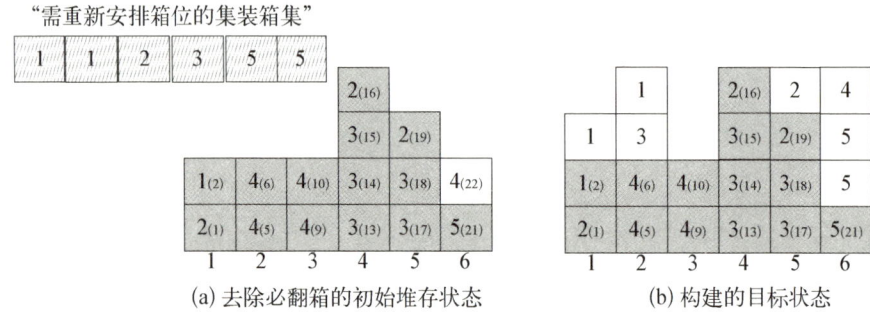

图4-3 目标状态的构建

4.3 翻箱方案的优化决策

目标状态的事先确定为初始堆存状态下及翻箱过程中有效标识固定箱提供

了依据。以此为基础,翻箱方案优化决策即可转化为以固定箱已被有效标识的初始状态为始节点,搜索路径最短或较短的目标节点的过程。其中,和初始状态下有效标识固定箱类似,搜索进程中逐步将已达到目标堆存状态的集装箱固定同样起着有效控制搜索复杂度的作用。最终得到的最短或较短路径对应的翻箱序列即为优选的翻箱方案。上述处理方法有效限定了方案搜索过程中中间堆存状态的数量和搜索范围,但并未对多个堆存状态之间迂回、反复或无意义的转化等致使无效翻箱的情况进行控制。虽然包括无效翻箱的方案路径较长,最终通常被淘汰,一般不影响最后的优化结果。但大量的无效翻箱将直接影响方案的搜索速度,致使计算效率下降。为此,基于固定箱有效标识的处理方法下,有必要进一步对无效翻箱进行合理控制。其中,一些无效翻箱较为明显易于在方案搜索过程中避免;而有些无效翻箱只有在方案形成后才易于判断和处理。关于方案搜索过程中和方案形成后无效翻箱的分析和控制将分别在4.3.1和4.3.2中论述。

4.3.1　方案搜索过程中无效翻箱的控制

易于在方案搜索过程进行控制的无效翻箱主要有以下5种情况:

(1) 连续对一个集装箱进行翻箱操作的情况。

(2) 位内无必翻箱的堆存状态下继续进行翻箱操作的情况。

(3) 致使2堆存排状态互换的翻箱操作。其中,2堆存排均为非集卡车道,且除被移动的集装箱外2排均无集装箱或其他箱均为固定箱。

(4) 连续对一个箱位进行操作且移出和移入集装箱装船顺序相同的情况。

(5) 完全确定拟形成方案一定为较差方案的情况下继续进行的翻箱操作。

连续对1个集装箱进行翻箱操作,即翻箱序列中前后相连的2次或多次翻箱均是对1个集装箱的操作,各次翻箱操作之间不涉及对其他集装箱的作业。将经多次连续翻箱到达的状态和连续翻箱前的状态相比,其他集装箱的堆存状态均未变动。同时,由于每次翻箱操作均在表层箱位之间进行,对于被连续移动的集装箱每次翻箱仅改变了相关表层箱位的状态。为此,对1个集装箱连续翻箱后得到的状态实质上可以用1次翻箱来完成,连续多次翻箱操作没有意义,对应的中间过程无效。如图4-4所示,阴影所示的集装箱为固定箱,对应箱组的装船次序号为5、自身标识号为23的非固定箱从第6排第3层翻箱至第3排第4层后,即刻从刚移进的箱位中移出,翻箱至第7排的第1层。由图可知,实质上只需直接将该箱从第6排第3层翻箱至第7排的第1层即可。对该箱的连续操作:(6,3)→(3,4)→(7,1)中所有的中间翻箱过程均无效。

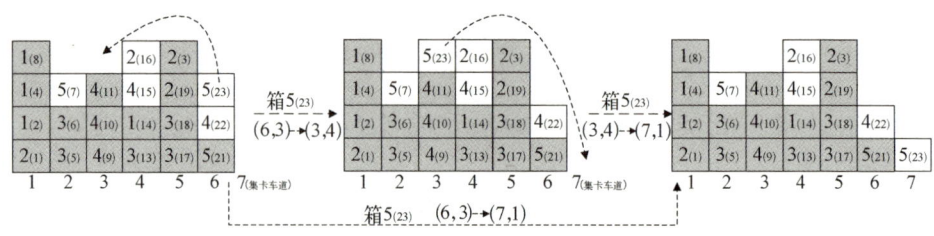

图 4-4　无效翻箱情况 1 及有效替换

　　位内预翻箱的目的即是使不满足目标状态的倍位最终达到目标状态。由于整个翻箱过程中除第 1 排和第 7 排允许堆高 5 层外,其他排最多允许堆高 4 层,且第 7 排对应集卡车道内的集装箱总为必翻箱,当倍位内不再有必翻箱时倍位状态必定满足定义 4.1 所述的目标状态,即已达到预翻箱的目的,继续翻箱将失去意义。为此,一旦倍位内不再有必翻箱即形成一个翻箱方案,所有的后续翻箱均为无效翻箱,应在翻箱过程中严格控制和避免。显然,当倍位状态已达到目标状态但未能与事先确定目标状态完全吻合时,不应对其继续实施翻箱操作,最终优选的路径最短或较短的翻箱方案并不一定为事先确定的翻箱方案。事先确定一个较优目标状态的目的是为标识固定箱提供依据,以有效限制可能移动的集装箱的数量,减少搜索空间的大量扩展,为方案的有效搜索提供了策略和方法,但并不强制目标状态一定与其吻合。一旦某堆存状态内不再有必翻箱时即形成一个目标状态和翻箱方案,无须继续实施翻箱操作也不存在进一步逐步标识固定箱直至与事先确定的目标状态吻合的现象。总之,明确情况 2 下的翻箱操作为无效翻箱,为方案搜索终止条件的确定奠定了基础。

　　图 4-5 所示实例属第 3 种常见的无效翻箱。实例中,对应倍位的初始状态如图 4-2 所示,事先基于多级规则确定的目标状态如图 4-3(b)所示。图 4-5(a)所示为初始堆存状态经一系列翻箱操作得到的某一中间状态,该状态下若将标识号为 4 的集装箱从箱位(3,3)翻至箱位(2,3),倍位将转化为图 4-5(b)所示的状态。由上述分析可知,位内预翻箱的目的即是使不满足目标状态的倍位最终达到目标状态。而每次具体翻箱的目的则可归结为:将既定箱移入目标箱位、便于既定箱下方非固定箱的移出、便于其他集装箱移入既定箱所在的箱位等。由于除最表层标识号为 4 的集装箱外,第 2 排和第 3 排其他集装箱的堆存情况完全相同且均为固定箱,显然,图 4-5 所示的翻箱操作并非为了便于该箱下方集装箱的移出;同时,由于 2 堆存排状态的相似性及翻箱后的等价性,在不强制目标状态必须与事先既定目标状态吻合的前提下,为实现另两个目标进行

的翻箱操作也完全没有意义。为此,对于一个堆存排比另一个堆存排多一个非固定箱,除该箱外2排其他箱的堆存状态完全相同且均为固定箱的情况,在2堆存排间进行的翻箱为无效翻箱;特别地,对于除既定非固定箱外2排内均无集装箱且2个堆存排均为非集卡车道的情况,2排间的翻箱操作致使位内1—6排某个堆存排的最底层翻箱至另一个堆存排的最底层,显然,由于位内预翻箱问题中各集装箱最终的堆存位置不局限具体箱位,对应的翻箱没有意义。

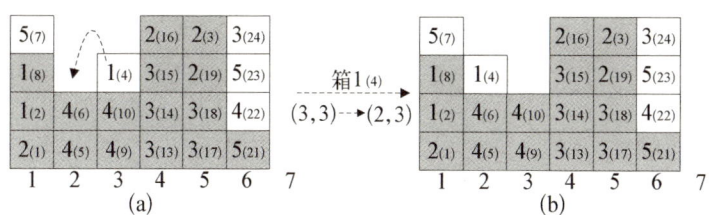

图4-5 无效翻箱情况3

连续对一个箱位进行操作,且移出和移入该箱位的集装箱的装船序号相同时,对应的操作为无效翻箱。如:图4-6中虚线标识的翻箱序列连续对箱位(1,4)进行操作,且从该箱位移出的集装箱与紧接着移入该箱位的集装箱装船序号均为5,由于堆存状态的判断只涉及装船序号,不涉及箱子标识号,对于箱位(1,4)和第1个堆存排来说,堆存状态并未改变。而对于整个位来说,直接将集装箱23从箱位(6,3)翻箱至箱位(2,4)即可达到完全相同的效果。为此,在移出和移入的集装箱装船序号相同的情况下对一个箱位进行的连续操作直接致使翻箱次数无谓增多,为无效翻箱。

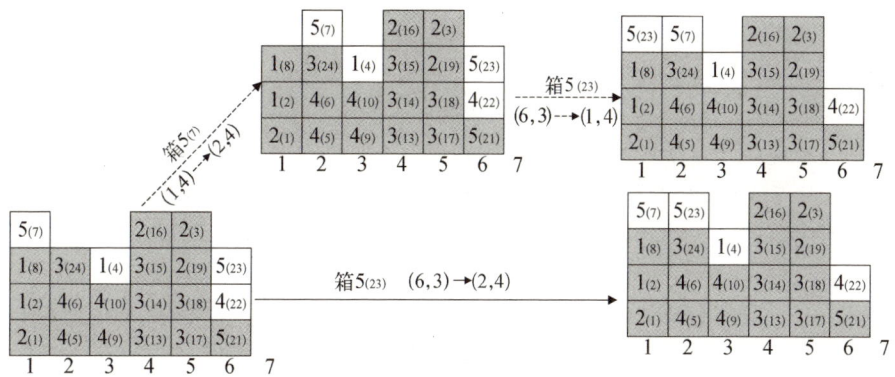

图4-6 无效翻箱情况4及有效替换

当完全确定拟形成的方案一定为较差方案时,对对应路径的继续搜索为无效操作。其中,拟形成方案优劣性的判定涉及当前最优方案及以下2个主要原则:

(1) 原则1。1次翻箱操作最多能使位内必翻箱的个数减少1。

(2) 原则2。将位内任一集装箱堆存至目标箱位所需的翻箱次数最多不超过 $2Maxtier+2$,且一般不超过 $2Maxtier-1$。其中,$Maxtier$ 为各排的最大允许堆高。

翻箱操作发生在位内各表层箱位,若翻箱后集装箱由可翻箱转化为了必翻箱,则翻箱操作致使位内必翻箱的个数增加1;若翻箱前后对应箱由必翻箱转化为了可翻箱或固定箱,翻箱操作致使位内必翻箱的个数减少1;而若对应箱翻箱前后均为可翻箱或均为必翻箱,翻箱操作未改变位内必翻箱的个数。即:每次翻箱操作对位内必翻箱个数的影响可分为:致使位内必翻箱的个数增1、减1或不变等3种情况。显然,原则1表明了这一特征。根据该原则可知,预使倍内必翻箱的个数减少1至少需要1次翻箱操作。则:已知拟形成方案下位内剩余必翻箱的个数为 n,已翻箱次数比当前最优方案的翻箱次数少 m,若 $m \leqslant n$,拟形成的方案较当前最优方案差,无需对该方案继续搜索。

考虑箱组的前提下各箱最终的堆存位置不局限于某个具体箱位,除其中一个堆存排为临时堆存排外,集装箱从某排底层翻箱至另一排最底层没有意义。上述无效翻箱情况3已涉及对该类翻箱的阐述,对无效翻箱情况3进行控制即可实现对此类翻箱的控制。为此,当位内各排的最大允许堆高均为 $Maxtier$ 时,为将非集卡车道内的某集装箱移入目标箱位(目标箱位必定在非集卡车道内),所需的翻箱次数最多不超过 $2Maxtier-1$;考虑到第1排的最大允许堆高为比其他排多1层时,所需的翻箱次数最多不超过 $2Maxtier$;而对于集卡车道,除和第1排相同第 $Maxtier+1$ 层允许有集装箱堆存外,可能存在其底层与位内其他排底层之间的翻箱操作。为此,为将集卡车道内的任一集装箱移入目标箱位,最多可能涉及 $2Maxtier+2$ 次翻箱操作及 $2Maxtier+1$ 个空箱位。由于集港结束后位内至少预留 $Maxtier-1$ 个空箱位,在充分利用集卡车道内的 $Maxtier+1$ 个空箱位及第1排预增一个空箱位的情况下,$2Maxtier+1$ 的空箱位足以保证任一个集装箱移入目标箱位时所需的空箱位数。由于上述情况发生在集卡车道和第1排中 $Maxtier+1$ 层均已堆满,且既定集装箱位于集卡车道底层而目标箱为位于第1排底层的极限情况,该情况发生的概率较小。且由于集卡车道内的集装箱最终需再次翻箱至位内其他堆存排,较多集装箱在集卡车道内暂存一定程度表明对应方案的翻箱次数较多,较好的方案下,集卡车道内很少出现堆满的现象。为此,可以不考虑上述极限情况,考虑经 $2Maxtier-1$ 或 $2Maxtier$ 次翻箱即可将位内任一集装箱移入目标箱位。若经 $2Maxtier-1$ 或 $2Maxtier$ 次翻箱操作位内固定箱的数量仍未增加,即可认为对应路径较长,可放弃对该路径的继续搜索。本书以 $2Maxtier$ 次翻箱为界限,且对应堆垛状态下 $Maxtier=4$,若经 8 次翻箱操作位内固定箱的数量仍未增加,即可放弃相关路径的继续搜索。

在详细分析造成方案搜索过程无效翻箱的 5 种典型情况后,本书提出了如下规则。其中,规则 1 和 2 分别控制情况 1 和 2 的发生;规则 3 和 4 用于避免第 3 种无效翻箱;规则 5 对避免情况 4 有效;规则 6 和 7 能有效避免情况 5 对应的无效翻箱;而规则 8 利于有效避免搜索空间的无效扩展。

(1) 规则 1。不允许连续对一个集装箱进行翻箱操作。

(2) 规则 2。不允许对无必翻箱的堆存位继续进行翻箱操作。

(3) 规则 3。对于各非集卡车道堆存排,不允许集装箱从某排的底层翻箱至另一排的底层。

(4) 规则 4。对于各非集卡车道堆存排,当某排比另一排多一个非固定箱,除该箱外 2 堆存排各层内集装箱的装船序号分别相同且均为固定箱时,不允许在 2 堆存排之间进行翻箱操作。

(5) 规则 5。既定箱位内集装箱刚移出后,不允许即刻移入特性相同的另一集装箱。

(6) 规则 6。若某拟形成方案下位内剩余必翻箱的个数为 n,已翻箱次数比当前最优方案的翻箱次数少 m,当 $m \leqslant n$ 时,无需对其继续搜索。

(7) 规则 7。若经 8 次翻箱操作位内固定箱的数量仍未增加,即可放弃对相关路径的继续搜索。

(8) 规则 8。不允许对固定箱实施翻箱操作。

4.3.2 方案形成后翻箱序列的进一步优化

4.3.1 节对翻箱过程中无效翻箱的合理控制进行了研究,提出了 7 种控制规则。各规则仅涉及较为简单的条件判断和比较,以有限的计算代价有效避免方案搜索过程中常见的无效搜索,利于保证或提高方案搜索的效率。但由于位内预翻箱优化决策属多阶段决策过程的最优化,任一翻箱方案的搜索过程均属多阶段决策过程,单次翻箱决策的优化性应综合考虑其自身及对后续翻箱的复杂影响,普遍存在无法在当前翻箱操作决策时对其优劣性进行准确判定的现象。2 次翻箱决策即是其中较为典型的情况。由于造成 2 次翻箱的情况有多种不可能一一列出,且可能无法在决策时准确预知其是单单增加了翻箱次数毫无意义,还是益于减少翻箱方案的翻箱总次数,为此,本书以形成后的翻箱方案为研究对象,从 2 次或多次翻箱的成因及产生机理着手进行分析。对于不符合产生机理的 2 次或多次翻箱,其一定无效,应将其从翻箱序列中清除并对对应方案进一步优化调整。而对于符合产生机理的 2 次或多次翻箱,其可能益于减少翻箱方案的总翻箱次数,应允许该类翻箱发生。在给出 2 次翻箱的产生机理之前,首先对 2 次翻箱的成因进行分析。常见成因可归结为 5 种情况:

(1) 某集装箱与相关箱所在的堆存排互为对方的目标堆存排。

(2) 某集装箱与相关箱下方的箱子互为对方目标箱位下方的堆存箱。

(3) 某集装箱与相关箱一方所在的堆存排为对方的目标堆存排,另一方下方的箱子为对方目标箱位下方的堆存箱。

(4) 某集装箱的目标堆存排即为原堆存排,但最终堆存在其下方的箱子与原来堆存在其下方的箱子不完全相同。

(5) 某集装箱与其下方一个或多个相关箱的目标箱位同位于另一堆存排,且至少有一个相关箱仍位于其下方。

上述为 2 次翻箱的 5 种常见基本成因,具体情况分别如图 4-7—图 4-11 所示。图中阴影所示为固定箱;各翻箱序列对应的第 1 个和最后 1 个堆存状态分别表示相关箱未翻箱前及翻箱操作后的最终状态,两者之间的差异和相对关系是 2 次翻箱成因及有效性判定的重要依据。详细阐述各成因时将多次用到"阻塞"的概念,为了确切把握 2 次翻箱的机理,首先明确其具体含义。

定义 4.5 阻塞 若某集装箱不首先移开,相关的其他箱将不能直接从原来的堆存排内移出;或相关的其他箱移出后将不能直接移入最终的目标箱位,则称该箱对相关的其他集装箱造成了阻塞。

图 4-7 所示属集装箱的堆存排互为对方目标堆存排的情况。分别比较各翻箱序列中首尾堆存状态可知,集装箱 b 的目标状态位于集装箱 a 翻箱前所在箱位内,而集装箱 a 的目标状态分别位于集装箱 b 翻箱前所在箱位的下方、上方及所在箱位内。由于其中一相关箱的目标箱位与另一相关箱未翻箱前所在箱位的位置关系均存在 3 种可能,对于 2 集装箱所在堆存排互为对方目标堆存排这一情况共有 9 种具体形式,图 4-7 所示为 9 种具体形式中的 3 种。由于预将箱 a 最终移入目标箱位需保证其目标箱位上方、目标箱位内均为空且目标箱位下方各集装箱均已达到最终状态,由图可知,各形式下若集装箱 b 不首先移开,集装箱 a 不可能最终达到目标状态。同理,预将箱 b 移入目标箱位,首先需将箱 a

移开。为此,当 2 集装箱所在堆存排互为对方的目标堆存排时,2 集装箱之间存在相互阻塞关系,有必要且必须将其中一个箱子临时堆存至其他箱位作为缓冲才能保证另一个集装箱的最终堆存。而被移入临时箱位的集装箱经 2 次翻箱才能移入最终的目标箱位。

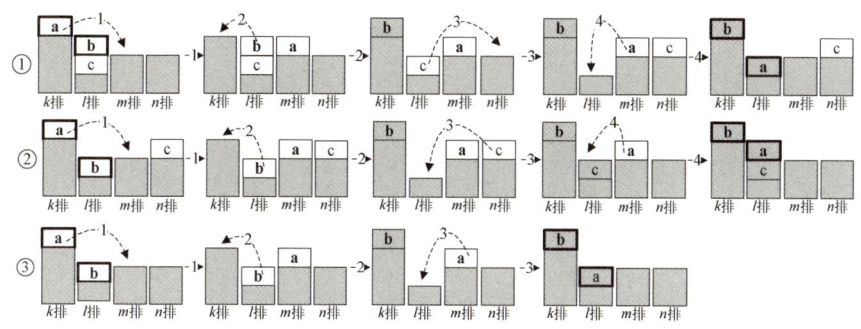

图 4-7 二次翻箱的第 1 种常见成因示意

由相关箱翻箱前的状态及最终状态可知,图 4-8 中原本堆存在箱 a 和 b 下方的箱子 c 和 d 最终分别位于箱 b 和箱 a 的下方,属相关箱下方的箱子互为对方目标箱位下的堆存箱这一情况。由图可知,箱 b 移出前箱 d 无法移出,且箱 d 移出并最终堆存前箱 a 无法最终堆存,可以说,若不首先移出箱 b,箱 a 不可能最终堆存。同理,若不首先移出箱 a,箱 b 亦不可能最终堆存。显然,当集装箱下方的箱子互为对方目标箱位下的堆存箱时,相关集装箱之间存在相互阻塞关系,其中一方必须经历临时堆存和 2 次翻箱才能移入最终的目标箱位。

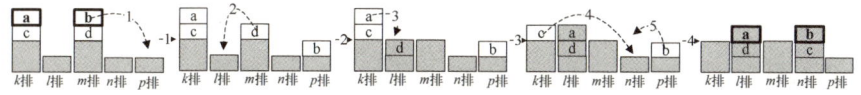

图 4-8 二次翻箱的第 2 种常见成因示意

图 4-9 所示二次翻箱的成因属一方所在的堆存排为对方的目标堆存排,另一方下方的箱子为对方目标箱位下方的堆存箱这一情况。同成因 1 类似,一个集装箱堆存排为对方的目标堆存排时,对方的目标箱位可能位于其所在箱位的上方、下方或原堆存箱位内。各形式下相关箱均存在相互阻塞关系,只有将其中

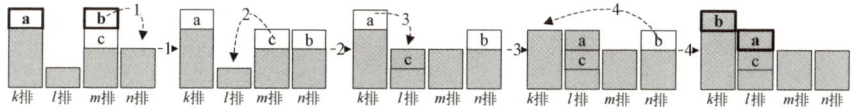

图 4-9 二次翻箱的第 3 种常见成因示意

一方临时堆存并 2 次翻箱才利于保证相关各箱的最终堆存。图 4-9 中该成因下箱 a 和 b 间相互阻塞,其中,箱 b 经历了 2 次翻箱。

第 1、2 和第 3 种成因均属于 2 集装箱相互阻塞的情况。而图 4-10 所示 2 次翻箱的成因可看作某集装箱"自身阻塞"的情况。如图所示,箱 a 的目标堆存排即为原来的堆存排,原来堆存在其下方的箱 c 最终不再堆存在其下方,而原来未堆存在其下方的箱 b 需最终堆存在其下方。由于每次翻箱操作仅发生在表层箱位之间,若箱 a 不首先移至其他堆存排,原来位于其下方的箱 c 不可能直接移出;拟最终堆存至其下方的箱 b 亦不可能直接移入。而箱 c 的移出和箱 b 的移入直接影响着箱 a 的最终堆存。可以说,箱 a 造成了"自身阻塞",不首先移入其他排临时堆存就不可能达到最终的目标状态。为此,当某集装箱的目标堆存排即为原堆存排时,只要其下方有集装箱需要移出、移入或既有集装箱需移出又有集装箱需移入,即:只要最终堆存在其下方的箱子与原来堆存在其下方的箱子不完全相同,该箱即需 2 次翻箱。

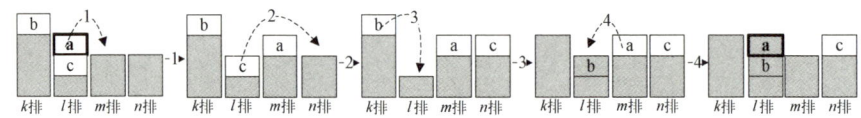

图 4-10　二次翻箱的第 4 种常见成因示意

图 4-11 所示 2 次翻箱的成因亦可看作"自身阻塞"的情况。箱 a 与其下方的集装箱 b、c 最终同堆存在另一个堆存排内,且箱 b 仍位于箱 a 的下方。由于箱 a 位于箱 b 上方其必须先于箱 b 移出,且由于箱 a 移出时需堆存至其目标箱位下方的箱 b 尚未能从原来的箱位移出并最终堆存,箱 a 移出后只有临时堆存在非目标排,才利于其下方包括箱 b 在内的集装箱最终堆存,保证其自身最终移入目标箱位。显然,当某集装箱与其下方一个或多个相关箱的目标箱位同位于另一堆存排时,只要存在相关箱仍位于其下方的现象,该箱即造成"自身阻塞",只有临时堆存并经 2 次翻箱才利于保证最终移入目标箱位。

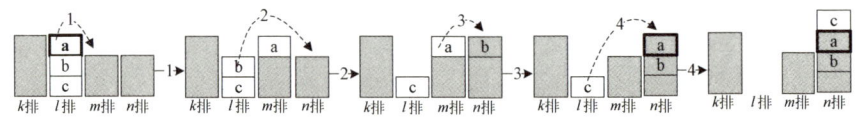

图 4-11　二次翻箱的第 5 种常见成因示意

综上所述,2 次翻箱的基本成因主要有 5 种。其中,前 3 种属于集装箱之间相互阻塞的范畴,后 2 种则可看作"自身阻塞"。相互阻塞的情况下选取其中一方,并选择适当的堆存排将其临时堆存即可保证其他相关箱的最终堆存,被临时堆存的集装箱经2次翻箱移入目标箱位。其中,相关决策涉及选取了哪方集装箱临时堆存,以及选取了哪个堆存排用于临时堆存等2项内容;而对于"自身阻塞"由于仅需且必须对造成"自身阻塞"的箱子实施2次翻箱,仅涉及"自身阻塞"箱临时堆存排的选取。临时堆存箱或临时堆存排的选取是否得当,直接决定了基于某成因不得不进行翻箱的情况下对应的翻箱序列是否合理。若临时堆存箱或临时堆存排选取不当将导致2次翻箱次数的增加,或造成不符合2次翻箱成因的附加2次翻箱的发生,对应的翻箱序列必定存在优化空间。图4-12和图4-13所示分别为临时堆存箱选取不当致使2次翻箱的集装箱数相对增多,及临时堆存排选取不当造成非必要2次翻箱的发生等2种典型情况及翻箱序列的进一步优化。

图4-12中箱a所在的堆存排为箱b、c的目标堆存排,箱b、c所在的堆存排则为箱a的目标堆存排,箱a分别与箱b和箱c相互阻塞。只有将箱a临时堆存或将箱b、c均临时堆存才能保证各相关箱最终移入目标箱位。由图可知,当选取箱b、c临时堆存时,箱a可直接移入目标箱位,但整个过程涉及箱b和箱c共2个集装箱的2次翻箱,2次翻箱数及总翻箱次数较多。而当选取箱a临时堆存时,箱b和箱c均可直接移入目标箱位,仅涉及箱a的2次翻箱,优于选取箱b、c临时堆存。综上可知,在多个箱子相互阻塞必定存在2次翻箱的情况下,临时箱的选取直接影响着翻箱序列的优劣。优选相关箱较少的一方为临时堆存箱利于减少2次翻箱集装箱的个数及翻箱总次数,为较优决策。

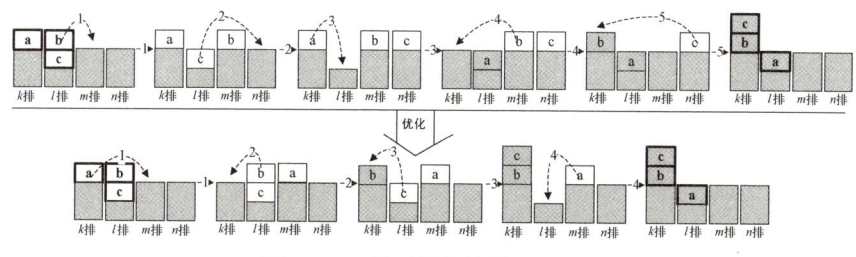

图4-12 临时堆存箱的优化选取

图4-13所示的翻箱情况表明临时堆存箱位的选取影响翻箱序列的优劣。由图中未翻箱前的状态及最终状态可知,箱a和箱b之间不存在相互阻塞;箱a的目标堆存排即为原堆存排,最终状态与初始状态相比其下方的集装箱不尽相同,该箱造成"自身阻塞"需临时堆存。若选取箱b所在的箱位用于箱a的临时堆存,箱b所在的堆存排将转化为箱a的"临时目标堆存排",直接造成箱a和箱b之间相互阻塞。为临时移入箱a,箱b需首先移入其他排临时堆存,经2次翻

箱才能最终移入目标箱位,具体如图中第1个翻箱序列所示。而若选取位内 m 或 n 排最上层的箱位用于箱 a 的临时堆存,完全可以避免上述附加2次翻箱的发生。为此,在已知翻箱方案的情况下,首先以相关各箱未翻箱前的堆存状态及对应的最终状态为依据进行阻塞关系判定,临时堆存箱位的选取应满足最大限度地避免增加新的阻塞关系这一原则,否则一定存在优化空间。

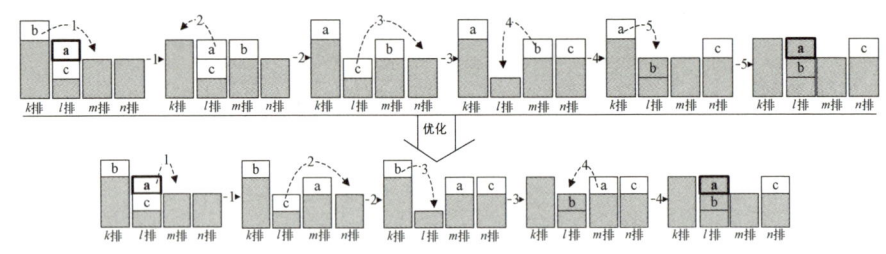

图 4-13 临时堆存排的优化选取

综合2次翻箱的常见成因及必要发生2次翻箱的情况下临时堆存箱、临时堆存排的优化选取问题,将其描述为2次翻箱的形成机理,具体如下:

定义 4.6 2次翻箱的形成机理 对于既定的位内预翻箱方案,以相关各箱未翻箱前的状态及对应的最终状态为判定依据,因基本成因或组合成因造成相关集装箱相互阻塞或"自身阻塞"的情况下,遵循优选相关箱较少的一方和"自身阻塞"为临时堆存箱,优选不造成新的阻塞关系且有可用空箱位的堆存排为临时堆存的原则下发生的2次翻箱操作为2次翻箱的形成机理。

符合上述形成机理的2次翻箱可称其为有效2次翻箱;否则,必定为无效2次翻箱。若既定预翻箱方案中存在无效2次翻箱,该方案存在优化空间,应根据无效2次翻箱的形成原因,如:临时堆存箱、临时堆存箱位选取不当或临时堆存箱和临时堆存箱位均选取不当等,对翻箱序列进行相应的调整和优化。

基于2次翻箱的形成机理,有效3次或多次翻箱可看作2次翻箱的合理嵌套。图4-14所示的翻箱序列中涉及 a 箱3次翻箱的情况。图中 a 箱与 d 箱所在的堆存排互为对方的目标堆存排,两者相互阻塞,其中一方需临时堆存。由于位内 n、p、q 排中无可用空箱位,且选取目标堆存排为相关箱的临时堆存排必定造成进一步阻塞,箱 a 或箱 d 的临时堆存排应在 m 排或集卡车道中优选。当选取箱 d 为临时堆存箱时,m 排或集卡车道为其临时堆存排均将因箱 d 移入后其下方的 b 箱或 c 箱为箱 a 目标箱位下方的堆存箱而与箱 a 之间构成新的相互阻塞关系。而若先前选取箱 a 为临时堆存箱,其临时移入 m 排或集卡车道均将造成"自身阻塞"。总之,如图4-14所示,无论临时堆存箱和临时堆存排如何选取均无法避免相关箱进一步阻塞时,涉及相关箱 2 次临时堆存后经 3 次翻箱移入目标箱位的情况。其中,第 2 次临时堆存和使相关箱最终堆存的第 3 次翻箱操作可看作内嵌的 2 次翻箱。3 次翻箱可看作 2 层 2 次翻箱的合理嵌套。同理,多次翻箱则可看作多层 2 次翻箱的嵌套。与单一的 2 次翻箱不同,由于各层 2 次翻箱之间的相互关联,发生概率较小的 3 次或多次翻箱时临时堆存箱和临时堆存排的选取较为复杂,相关选取决策不易以具体、简单的规则控制。只有针对各种可能的临时堆存箱和临时堆存排选取方案依次进行翻箱序列和翻箱次数的比较,才能判定原方案相关的选取决策是否存在优化空间,并以尽量减少不必要的翻箱操作和翻箱次数这一原则为基础对方案进行调整。

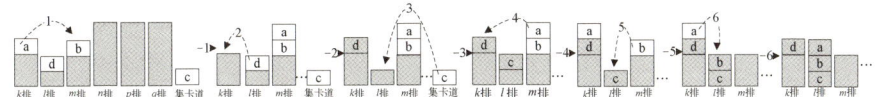

图 4-14　3 次翻箱的形成机理示意

4.3.3　翻箱方案优化决策流程

4.3.1 节和 4.3.2 节深入研究了翻箱方案形成过程中常见的无效翻箱及控制原则、翻箱方案形成后 2 次或多次翻箱的有效性判定及优化方法。以此为基础,本书采取无效翻箱的两阶段控制法。第 1 阶段:方案搜索过程中对各种较为直观的无效翻箱进行控制,保留翻箱次数最小或较小的一个或多个方案;第 2 阶段:针对一个或多个较优的翻箱方案,对相关的 2 次或多次翻箱进行有效性判定和优化调整,优选调整后翻箱次数最小的方案为最终方案。综合目标状态的事先确定及固定箱逐步标识策略、无效翻箱的两阶段控制法等,提出解决位内预翻箱这一大规模、多阶段决策过程最优化问题的流程框架,具体如图 4-15 所示。由图知,整个流程分目标状态的事先确定及初始堆存状态下固定箱的有效标识、翻箱方案的搜索和较优方案的进一步优化 3 大部分。首先,基于固定箱逐步标识策略及翻箱过程中无效翻箱控制规则,从初始状态开始对各非固定箱实施一系列翻箱操作直到位内不再有必翻箱即形成一个翻箱方案;整个搜索过程结束前,依次得到多个方案,并记录其中较优的一个或多个方案;搜索过程结束后即可根据 2 次和多次翻箱的形成机理,对较优方案中的 2 次和多次翻箱进行有效性判定和优化调整;不考虑位内翻箱距离的情况下,选取调整后翻箱次数最少的方案为优选方案。整个模型方法充分利用位内预翻箱问题的启发信息,有

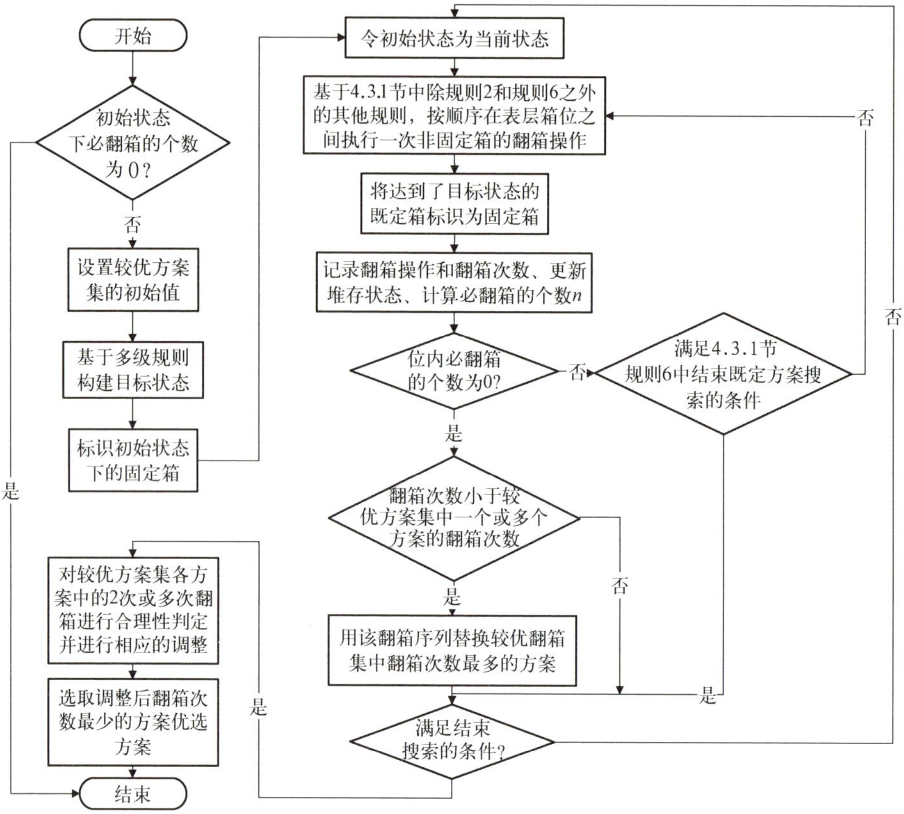

图 4‑15 翻箱方案优化决策流程

效控制了搜索空间的无限扩大及搜索路线的迂回等，以合理的计算代价为位内预翻箱这一大规模优化问题的描述提供了有效的手段。

4.4 位内预翻箱智能决策系统的实现

4.4.1 "启发式深度优先"算法的设计

位内预翻箱方案的搜索过程即是一系列堆存状态的转移过程，方案优化决策需得到一个较优的翻箱序列及目标状态。由于目标状态可能为事先构造的目标堆存状态或位内无必翻箱的其他状态，与目标状态唯一的 8 数码、汉诺塔等典型较大规模组合优化问题相比，位内预翻箱问题更为复杂，尤其当必翻箱个数较多时甚至无法在有效时间内得到可行方案。基于 4.3 节对位内预翻箱优化决策问题的有效描述，考虑到位内预翻箱基于状态转移的大规模组合特性、大量状态

的存储需花费较高的代价等,本书提出启发式深度优先算法解决该问题。算法主要特征如下:

(1) 翻箱操作和状态转移符合 4.3 节中无效翻箱控制规则。

(2) 根据非固定箱所在堆存排及可能移入的堆存排的顺序,按深度优先策略依次执行翻箱操作、转化堆存状态。

(3) 在当前搜索深度搜索结束时,仅选取与事先确定的目标状态最匹配的状态为根节点继续进行下一个搜索深度的有效扩展和状态转移。

(4) 只需存储当前与目标状态最匹配的堆存状态及对应的翻箱序列、正在扩展的翻箱序列及对应的堆存状态。

与国内外为数不多的相关文献[85-91]相比,本书设计的启发式深度优先算法注重优化性、高效性及实用性协调统一。特别地,与李鬼等[91]提出的首先构造目标堆存状态(并未给出具体的构造方法),然后运用改进的广度优先算法进行问题求解的方法相比,更为深入地研究了目标状态的构造方法,基于多级构造规则实现了目标状态的智能构造;提出了 2 阶段无效翻箱控制策略,设计了相关的控制规则和优化方法;更为突出的是本书设计的启发式深度优先算法与广度优先算法相比大大减少了中间堆存状态的存储量。算法从无效状态转移的合理控制、必要中间堆存状态的高效存储等方面,避免搜索空间和存储空间的无限扩展,克服位内预翻箱问题求解时间复杂度和空间复杂度过大的难题。

4.4.2 位内预翻箱智能决策系统

基于位内预翻箱问题的有效描述、启发式深度优先算法的合理设计,本书开发实现了位内预翻箱方案智能优化决策系统,界面如图 4-16 所示。系统具有目标状态的智能构造、位内预翻箱方案的高效优化决策、优化翻箱序列和相关各堆存状态的动态显示等主要模块,且具有堆存位自动初始化及手动调整、目标状态手动调整、搜索深度动态更改、最大箱组数灵活设置、最终目标状态非事先构造的目标状态时提示等多项功能。实现了位内预翻箱这一基于状态转移的大规模组合优化问题的智能优化决策。大量实例测试表明,即使在倍位满载率约 90%、位内不存在同组箱、必翻箱数超过总箱量 50% 以上等非常不利于决策的极限状态下,智能决策系统仍能快速得到满意解。在配置为 Intel Pentium Processor 1.7 GHz,512 Mb 内存的笔记本电脑上运行,优化时间一般不超过几秒,即使搜索深度取大于 10 的较大值时,优化决策时间通常亦在几十秒之内。表 4-2 所列为随机产生的 120 个初始倍位对应的优化决策时间统计情况。其中,位内有21个集装箱,满载率约90%;必翻箱的个数从6—12个,占位内总箱数的比例最低为30%,最多超过50%;位内包括4个、6个或8个箱组。除决策速度快外,该决策系统的优化质量亦较高,现以图4-16所示初始状态为例进行说明。优化方案中堆存状态间的转化关系如图4-17所示,翻箱序列等情况如图4-18所示。

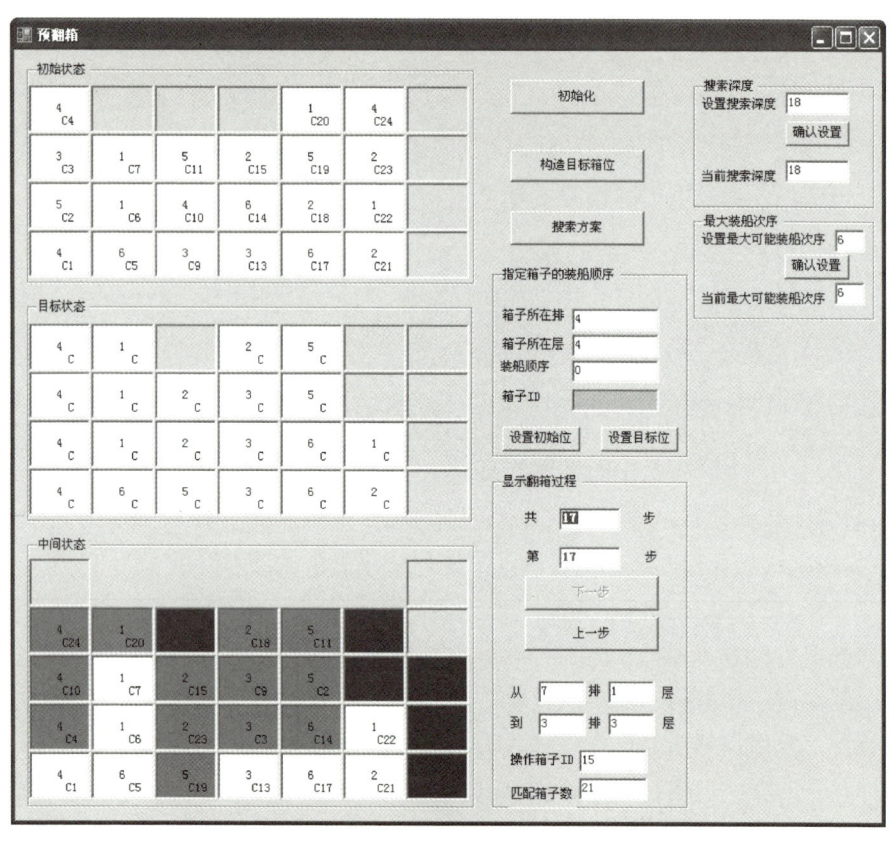

图4-16 装船前位内预翻箱智能决策系统

如图4-16和图4-17所示,曾被翻动的集装箱用浅灰色阴影标识,翻箱过程中曾有集装箱堆存的空箱位用深灰色阴影标识。该实例中位内共有21个集装箱分属6个箱组,初始堆存状态下除第2排外其他各排均存在2个甚至3个必翻箱,必翻箱的总数达到了11个,超过了位内总箱量的50%。搜索深度设置为18时,耗时11 s即能得到17次翻箱操作组成的优化翻箱序列。整个序列仅涉及包括11个必翻箱在内共13个集装箱的翻箱操作,除4个集装箱涉及有效2次翻箱外,其他各箱均能一次移入目标箱位,相关情况如图4-18所示。

第4章 出口箱装船前位内预翻箱优化决策

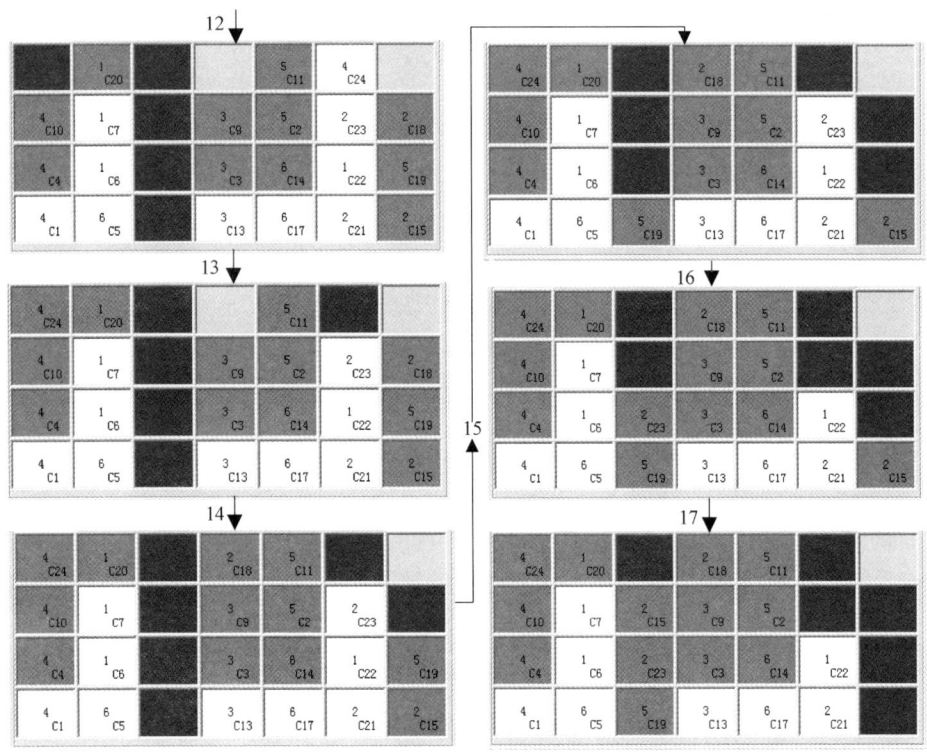

图 4-17　位内预翻箱实例—状态转移情况

如上述实例,在位内堆存 21 个箱子,必翻箱比例超过 50% 的较劣情况下,仅需 11 s 即得到了优化解,完全说明了位内预翻箱智能决策系统的有效性。统计资料表明,对于有效组织集港计划和动态箱位分配的各大型集装箱码头,出口箱的翻箱比例一般约为:(平均堆高^2－1)%。即:对于堆高为 4 层的堆码方式,翻箱率一般不超过 15%。对于能完全应对满载率约 90%、必翻箱比例超过 50% 等极限情形的位内预翻箱决策支持系统,足以满足集装箱码头生产实际的需要,有望嵌入集装箱码头生产系统中实现位内预翻箱问题的实时优化决策。

优化决策耗时除与位内堆存箱的个数、箱组数、初始必翻箱的个数、搜索深度等有关外,还受箱组的分散程度、必翻箱在各排的分布情况及其他众多因素的影响。由表 4-2 可知,在各种随机初始堆存状态下搜索耗时通常为几秒最多不超过几十秒,随搜索深入增加搜索耗时呈增加趋势,但耗时与箱组数等之间的关系较为复杂不易具体描述。大量实例表明,在各种极限状态下智能决策系统均能快速得到预翻箱优化方案。为此,关于各参数对优化耗时的影响本书不具体

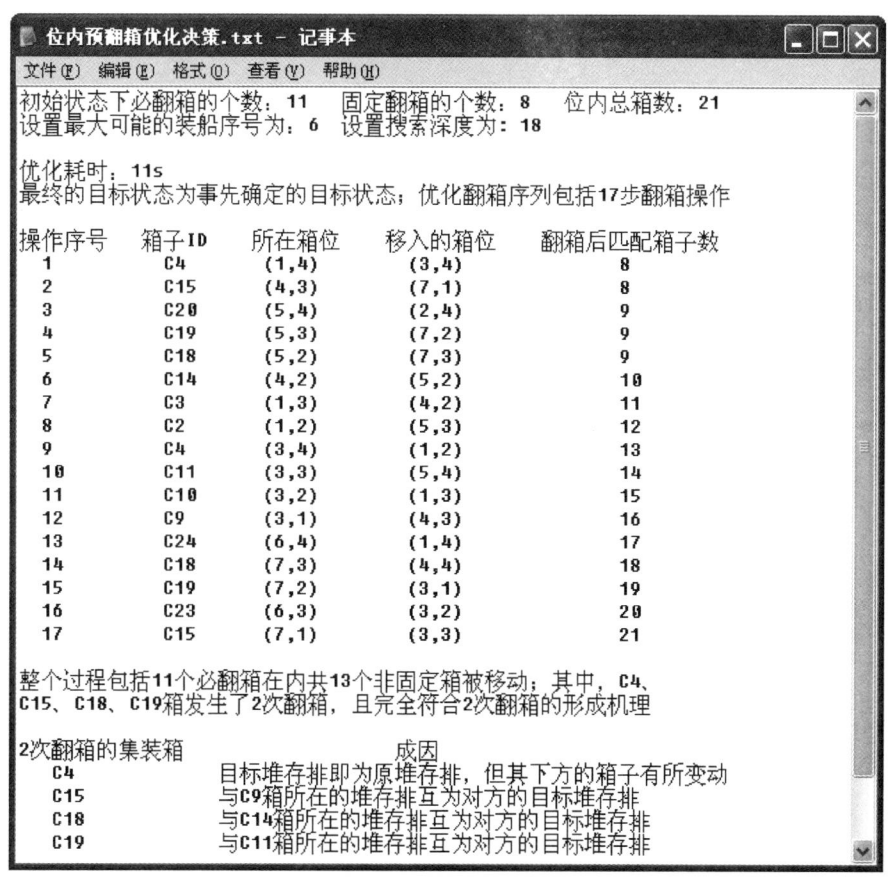

图 4-18 位内预翻箱实例—翻箱序列情况

研究,在此仅对重要参数——"搜索深度"的设置进行探讨,提出搜索深度的"2次动态设置法"。如图 4-16 所示中的初始堆存状态为例,当设置搜索深度为 8 时,耗时 2 s 得到一个翻箱次数为 18 的优化翻箱序列。若设置搜索深度为 18,必定能得到不劣于该方案,即:翻箱次数不大于 18 次的翻箱方案。由于该类方案一定能在 18 步内得到,为此,设置更大的搜索深度没有意义,搜索深度的上限即为 18。将搜索深度设置为 18,耗时 11 s 得到翻箱次数为 17 的翻箱序列,该方案即为最终的优选方案。由此可知,考虑到搜索深度较小时,对于较为杂乱的初始倍位,预翻箱决策系统通常能在 1—2 s 的较短时间内完成预翻箱决策,且得到的方案翻箱次数较少、性能较优;以及深度优先算法自身的定界特征,采取搜索深度的 2 次动态设置法利于以有效的计算代价获得搜索深度的合理赋值,益于避免盲目赋值带来的无效搜索,提高搜索的效率。

表 4-2 位内预翻箱方案智能决策耗时统计

序号	装船次序号最大为 4			装船次序号最大为 6			装船次序号最大为 8		
	必翻箱数/个	Depth=8时,决策耗时/s	Depth=12时,决策耗时/s	必翻箱数/个	Depth=8时,决策耗时/s	Depth=12时,决策耗时/s	必翻箱数/个	Depth=8时,决策耗时/s	Depth=12时,决策耗时/s
1	6	0.2	0.63	6	0.39	0.43	6	0.4	0.48
2	6	0.32	0.73	6	0.42	0.59	6	0.4	0.5
3	6	0.33	0.67	6	0.57	0.92	6	0.46	0.71
4	6	0.36	0.38	6	0.59	2.12	6	0.72	1.15
5	6	0.4	0.43	6	1.31	4.68	6	0.93	1.86
6	7	0.38	0.91	7	0.73	1.15	7	0.4	1.05
7	7	0.38	2.63	7	0.77	0.98	7	0.62	1.45
8	7	0.39	0.73	7	0.86	1.21	7	1.36	5.24
9	7	0.39	0.88	8	0.41	0.43	7	1.77	7.29
10	7	0.54	0.67	8	0.44	0.53	8	0.37	0.92
11	7	0.57	0.71	8	0.91	19.03	8	0.38	6.89
12	7	0.64	0.84	8	1.01	15.02	8	0.39	1.56
13	8	0.37	0.61	8	1.04	3.02	8	0.4	3.19
14	8	0.4	0.44	8	1.72	17.68	8	0.41	1.86
15	8	0.63	2.07	9	0.35	0.9	8	0.42	2.29
16	8	0.65	6.71	9	0.55	1.33	8	0.42	11.29
17	8	0.71	1.89	9	0.6	21.67	8	0.51	9.21
18	8	0.76	3.48	9	0.66	5.14	8	0.55	0.95
19	8	1.08	2.86	9	0.77	5.3	8	0.69	2.21
20	9	0.36	0.72	9	0.87	2.73	8	0.42	1.72
21	9	0.72	1.12	9	1.13	24.58	9	0.49	1.4
22	9	0.75	1.29	9	1.76	32.53	9	0.52	1.21
23	9	0.86	1.33	9	1.78	14.98	9	0.52	1.48
24	9	0.91	29.55	10	0.41	9.23	9	0.53	4.84
25	10	0.42	0.53	10	0.42	7.85	9	0.55	5.25

第 4 章　出口箱装船前位内预翻箱优化决策

续　表

序号	装船次序号最大为 4			装船次序号最大为 6			装船次序号最大为 8		
	必翻箱数/个	Depth=8时,决策耗时/s	Depth=12时,决策耗时/s	必翻箱数/个	Depth=8时,决策耗时/s	Depth=12时,决策耗时/s	必翻箱数/个	Depth=8时,决策耗时/s	Depth=12时,决策耗时/s
26	10	0.42	1.61	10	0.53	1.15	10	0.48	2.9
27	10	0.49	1.7	10	0.8	5.43	10	0.57	59.01
28	10	0.52	2.69	10	0.87	6.12	10	0.6	5.59
29	10	0.62	4.49	11	0.82	3.99	10	0.76	1.51
30	10	1.24	3.21	11	0.9	3.29	10	0.82	12.26
31	10	1.54	2.72	11	1.14	29.58	10	0.95	2.63
32	11	0.37	0.95	11	1.23	10.69	10	1.51	24.47
33	11	0.38	1.88	11	1.28	21.97	11	0.66	2.17
34	11	0.4	2.88	11	1.87	8.75	11	0.66	8.19
35	11	0.41	4.15	11	2.87	6.62	11	2.9	13.53
36	11	0.55	2.66	11	4.8	48.35	12	0.62	31.24
37	12	0.37	0.85	12	0.69	8.34	12	0.84	11.22
38	12	0.65	2.16	12	0.75	49.95	12	0.97	14.1
39	12	0.84	3.6	12	1.51	15.2	12	1.01	15.18
40	12	1.55	4.68	12	1.65	4.84	12	2.86	14.17

4.5　本章小结

本章深入分析了位内预翻箱问题基于状态转移的大规模组合特性。提出了事先确定目标状态,基于目标状态随方案搜索进程逐步固定相关集装箱的方法有效减少搜索空间的无限扩展,并给出了目标状态的多级确定规则。在详细阐述方案形成过程中各种常见无效翻箱的基础上提出了控制规则。从 2 次翻箱的成因着手提出了 2 次翻箱的形成机理,揭示了 3 次或多次翻箱与 2 次翻箱的关联。提出了基于控制规则进行方案搜索且在方案形成后运用 2 次翻箱形成机理等对相关2次或多次翻箱进行有效性判定和调整的2阶段无效翻箱控制法。基于启发式深度优先搜索开发了位内预翻箱智能决策系统。通过实例测试验证了决策系统的高效性、智能性和鲁棒性,为智能系统最终嵌入集装箱码头生产系统中,实现预翻箱方案的实时优化决策奠定了基础。

第5章
装船时位内翻箱优化决策

由于无足够设备和时间完成装船前预翻箱、预翻箱后集装箱的信息有所变更等情况,致使装船时堆存位的状态不能完全满足发箱顺序要求,存在下一个预装船箱被其他箱堵塞,为取出该箱必须首先将其上方的箱子移到位内其他排的情况。若翻出箱的堆存箱位选取不当,可能造成其在后续装船过程中再次甚至多次翻箱,直接导致场桥发箱速度和效率的降低,甚至严重影响装船系统的整体流畅性。本章拟对装船时位内翻箱问题进行研究,在既定的初始堆存状态下,以最小化总翻箱次数为优化目标,以尽量避免单次发箱时翻箱操作过多,最大限度地保证装船系统的流畅性为约束条件,给出可等价替换抽象约束的箱位选取规则,建立装船时位内翻箱问题的优化模型。基于启发式深度优先算法开发装船时位内翻箱智能优化决策系统。实现问题的混合层状解构造图描述及蚁群算法关键技术设计。本章设计的模型和算法亦适用于如托盘、木箱等与集装箱具有相似堆垛特点的物品取货时的翻箱问题。

5.1 问题描述与分析

集装箱多层直接堆垛方式下,随堆垛高度增加取箱时的期望翻箱概率随之增加。为尽量减少不必要的翻箱,堆场业务难度明显加大。对于出口箱来说,涉及集港计划、具体箱位动态分配、船舶配载计划、发箱顺序优化决策等。由于集装箱多层直接堆垛形式下堆场堆码与船舶配载之间相互约束、集装箱存取需要场桥完成且场桥不易频繁移动等集装箱码头系统固有的复杂特征,及堆场密度过高等客观因素或不可控随机因素的影响,一定的堆存密度下上述各种优化措施只能最大限度地减少翻箱的可能,却无法避免堆场翻箱。虽然装船前预翻箱整理利于减少装船时翻箱,提高发箱效率,但并非所有的集装箱码头均有足够的能力对每条船舶的出口箱进行装船前预翻箱整理,且由于预翻箱整理时船舶信息尚不准确,预翻箱通常无法完全避免装船时翻箱,尤其对于不采取预翻箱整理的集装箱码头装船时翻箱普遍存在。

与装船前主动预翻箱整理相比,装船时翻箱属被动翻箱的范畴,特征如下:

特征1:堆存位为多排多层直接堆垛,位内只允许堆存相同尺寸的集装箱。

特征2:位内各箱的发箱顺序已被唯一确定。

特征3:当且仅当拟对某集装箱发箱时对其上方的各集装箱进行翻箱操作。

特征4:翻箱操作发生在堆存位内,堆高为 m 层的倍位通常预留 $m-1$ 个空箱位保证翻箱所需。

特征5:每次发箱对应的翻箱次数直接影响单次发箱的耗时。

同第4章,本章仍以6排4层多层直接堆垛形式的倍位为研究对象。与大多数集装箱码头生产实际相仿,从集装箱结构和堆场业务复杂度等多方面考虑,不允许不同长度尺寸的集装箱混合堆存。相关的模型、算法和处理方法等适用于任何多排多层直接堆垛倍位内装船时翻箱决策问题。

为便于在装船前完成配载作业,大型现代化集装箱码头通常在船舶到港前数小时结港。获得预配船图信息后,充分考虑出口箱堆存状态或预翻箱整理后的堆存状态进行船舶实配,并给出积载顺序。由于大型集装箱码头船舶的出口箱量通常较大,一般不存在多条船舶的出口箱混合堆存在同一堆场位内的情况,且位内各箱至岸边的水平距离基本相同,即:发箱顺序和各箱到达岸边的次序基本一致,为此,装船开始前完全可结合积载顺序,在保证尽量减少不必要翻箱的情况下指定位内各箱的发箱顺序。特征2符合集装箱码头的生产实际。

由于装船作业的紧迫性,实际生产中场桥通常只能被动地进行翻箱操作,即:发出上一个集装箱后,若当前预发箱的集装箱在最上层,直接将其取出装载到水平运输设备上。若当前预发箱的集装箱不在最上层,才对其上方各集装箱进行翻箱。很少发生场桥在当前发箱前,让水平运输机械等待而主动对堆存位内其他集装箱进行整理的情况。特征3即为该情况的有效表达,反映了实际装船时翻箱的本质特征。

同样由于装船作业的紧迫性,为节省翻箱时间,保证发箱速度,翻箱操作通常发生在堆存位内,不存在场桥移动大车将翻出的箱集装箱移入其他堆存位的现象。为保证位内翻箱的需要,避免翻出箱无空箱位堆存的情况发生,堆高为 m 层集装箱倍位通常预留 $m-1$ 个空箱位。显然,$m-1$ 个空箱位足以应对第 1 个发箱的集装箱位于最下层的极限情况。随发箱过程的进行集装箱不断发箱出场,位内的空箱逐渐增多,必定能满足位内翻箱所需。

单次发箱时间主要包括移开拟取箱上方各集装箱花费的时间、取箱本身花费的时间 2 部分。忽略场桥效率波动、箱位位置和各箱位之间的距离对翻箱或取箱时间的影响,位内各箱发箱时间的差异主要由取箱时翻箱次数的差异决定。特征 5 即是这一性质的有效描述。不同于机动灵活的内集卡等水平运输设备,岸桥和场桥的大车移动需花费较长的时间,不可能时刻保持动态分配和调度以应对随机因素对每次装船作业的影响,其配置方案在一个时段内相对稳定。配比时通常以两者的平均作业能力为依据,且综合考虑堆场翻箱对发箱平均速度的影响等。在既定的岸桥—场桥配置情况下,只有最大限度地保证每次发箱和每次装船的耗时均在较稳定的理论时间范围内,才能有效保每次作业场桥和岸桥均能协调一致,与配比状况较好地吻合,才利于保证装船作业流畅性。为此,不同于相关文献 Kim K. H.[94]、蔡培均[95]、赵时樑[96] 和张维英等[97],除考虑总翻箱次数对作业效率的影响外,以特征 5 为基础,将单次发箱对应的翻箱次数控制在平均水平内,以保证每次发箱耗时均在较为合理的平均时间范围内,最大限度地减少翻箱作业对装船系统流畅性的制约,是本书着重解决的核心内容之一。

5.2 优化决策数学模型

5.2.1 模型框架

为便于描述装船时位内翻箱问题的模型框架,首先引入下面的定义:

定义 5.1 目标箱 某堆存状态下预最先发箱的集装箱为该状态下的目标箱。

定义 5.2 堵塞箱 从底层向上依次进行判定,连续堆存在某集装箱上方且比其晚取箱装船的箱子为相应堆存状态下该集装箱的堵塞箱。

定义 5.3 取箱代价 为取出某集装箱所需的翻箱次数为该箱的取箱代价。

图 5-1(a)所示为某倍位装船前的堆存状态,各箱的发箱顺序(用箱位内的数字标识)已被唯一确定。为便于描述,将发箱序号为 n 的集装箱称为 n 号箱。

其中,1号箱最先发箱,其他箱依次后续发箱。图 5-1(a)所示初始状态下,1号箱即为目标箱;21号箱为10箱的堵塞箱,16号箱为3号箱的堵塞箱,12号和14号箱分别为9号箱和11号箱的堵塞箱,20和19号箱连续堆存在4号箱的上方,均为4号箱的堵塞箱;图 5-1(b)为1号和2号箱发箱后倍位的堆存状态,该状态下3号箱为目标箱,而图 5-1(c)所示状态下,4号箱为目标箱。图中阴影标识的为相关的堵塞箱,斜线阴影标识的为各排发箱序号最先的集装箱。

装船时位内翻箱优化决策属多阶段决策过程最优化。以每次取箱为一个决策阶段,对目标箱上方各堵塞箱翻出后拟堆存的箱位进行决策,相关决策除考虑利于本阶段取箱作业外,还应综合考虑对后续各阶段取箱作业的影响。如图 5-1(a)所示的初始堆存状态,1号和2号箱上方无堵塞箱可直接发箱,发箱后堆存位的状态如图 5-1(b)所示。图 5-1(b)中3号箱为目标箱,为取出该箱首先需对其堵塞箱——16号箱进行翻箱操作。如若选取第1排的第2层为16号箱的堆存箱位,16号箱移入后不会对排内其他箱造成堵塞,不需要在后续装船过程中再次翻箱,但为移入16号箱必须首选将箱位内的15号箱移开,这无疑增大了目标箱的取箱代价,且需另外对15号箱的堆存进行决策。显然,对目标箱来说,依次将其上方的堵塞箱移入其他堆存排表层的空箱位内,利于保证其发箱速度。而若选取箱位(6,4)作为16号箱的堆存箱位,如图 5-1(c)所示,第6排内最早发箱的集装箱为4号箱,16号箱移入后其堵塞箱的个数将由初始状态下的2个增至3个,将来的发箱代价一定不小于3。因4号箱将来发箱时耗时较大可能出现岸桥等待、装船流畅性受到影响的现象。为此,当前阶段翻箱决策对后续箱发箱代价的影响也不容忽视。各阶段翻箱决策时应全面考虑相关决策对目标箱及后续各箱取箱代价的影响,通过制定有效的堵塞箱堆存箱位选取原则,实现对发箱过程中各次取箱代价的合理控制。

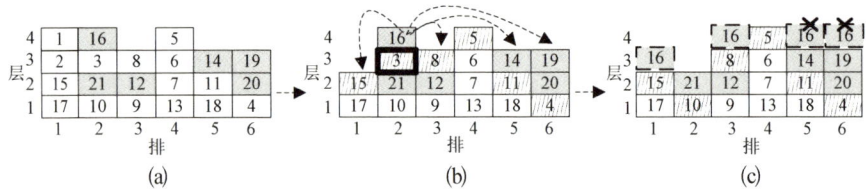

图 5-1 翻箱决策对后续发箱的影响

由上述分析可知,既定初始堆存状态下,装船过程中单次取箱代价易于在决策过程中控制,便于转化为问题的约束条件。而总翻箱次数只有一个方案形成后才能得到,不易对其进行合理控制。在较优的出口箱堆存计划、集港箱进场箱位动态分配策略、船舶配载和位内发箱方案基础上,装船时堆存位内的翻箱总次数通常少于位内集装箱的总个数,即:单次翻箱对应的平均翻箱次数一般小于1次(大于0小于1的实数)。要保证每次发箱对应的翻箱次数尽量在平均范围内,即尽量保证每次发箱不翻箱或仅需1次翻箱。为此,装船时位内翻箱优化决策问题可描述为:以5.1节中特征1—5为前提条件,以最大限度地减少位内翻箱总次数为优化目标,以尽量保证整个装船过程中每次取箱代价不超过1为约束条件,在装船前较短的时段内进行多阶段决策过程的最优化,最终需得到包括翻箱和发箱在内的作业序列,以指导既定倍位内场桥的发箱作业。模型框架如图5-2所示。

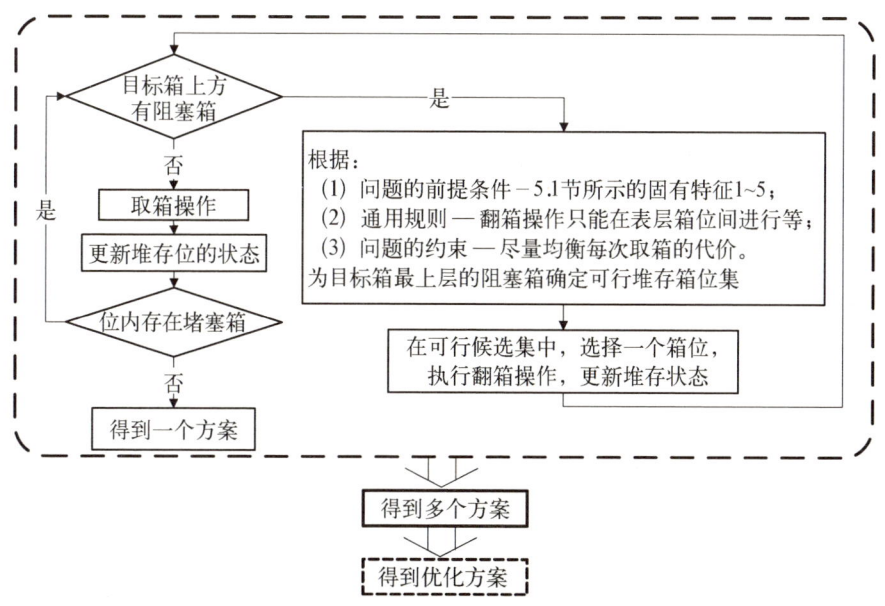

图5-2 装船时位内翻箱决策模型框架

5.2.2 约束条件及处理方法

约束条件是确定堵塞箱可行堆存箱位候选集的依据,是可行方行翻箱方案形成的关键。由于目标箱上方无堵塞箱时可直接取箱,不涉及翻箱决策。现仅以目标箱位上方有堵塞箱的情况来研究约束条件的具体实现。当目标箱上方有堵塞箱时,堵塞箱的个数最少为1。为保证目标箱的取箱代价尽量不超过1,只有直接将目标箱上方的堵塞箱依次移入其他排的空箱位,以保证目标箱的取箱代价为其上方堵塞箱的个数。为此,从目标箱自身的取箱代价考虑,约束条件可通过下面的箱位选取规则来实现：

（1）规则1。选取其他堆存排内的非悬空空箱位为翻出堵塞箱的堆存箱位。

如图5-1所示，按规则1第1排的第3层，第3、5排和第6排的第4层均可作为16号箱的堆存箱位。但从翻箱操作对后续发箱的影响可知，若选取箱位(6,4)为16号箱的堆存箱位，该箱移入后将转化为4号箱的堵塞箱，致使4号箱的堵塞箱由2个增至3个，其将来的取箱代价一定不小于3，对应的发箱时耗时将大大超过平均耗时，可能造成装船流畅性受到影响的不良现象。为此，16号箱不适合移入第6排。同理，16号箱也不适合移入第5排。该箱移入第1排或第3排同样会对后续发箱造成堵塞，但由于第1排内最早发箱的15号箱，及第3排内最早发箱的8号箱上方均无堵塞箱，即使16号箱对其造成堵塞，其对应的堵塞箱的个数尚未超过1。箱位(1,3)和(3,4)可作为16号箱的候选堆存箱位。由上述分析可知，从后续取箱代价角度考虑，符合规则1的箱位并非完全适合翻出箱的堆存，箱位选取需通过规则2进一步限制。

（2）规则2。对于符合规则1的各空箱位，若其所在堆存排内现有各箱均比预移入的堵塞箱晚发箱，或排内最早发箱的集装箱上方无堵塞箱，则该空箱位可作为翻出箱的堆存箱位。如果空箱位所在排内现有各箱均比堵塞箱晚发箱，堵塞箱移入后不会对排内现有各箱造成堵塞，现有各箱的取箱代价保持不变。而若空箱位所在排内最早发箱的集装箱上方无堵塞箱时，即：最早发箱的集装箱在堵塞箱移入前位于最上层，不管堵塞箱移入后是否对其造成堵塞，该箱的堵塞箱的个数目前为止均不超过1，取箱代价符合约束条件的要求。满足规则2的箱位一定能保证后续箱的取箱代价尽量不超过1。

综上所述，规则1和规则2充分考虑了翻出箱堆存箱位的选取对目标箱及后续各相关箱取箱代价的影响，同时满足规则1和规则2的箱位可看作拟翻出箱的可行堆存箱位。利用两规则确定翻出箱可行堆存箱位集时，仅涉及非悬空空箱位的判定、有可用空箱位的堆存排内最早发箱的集装箱是否在最上层的判定，及排内最早发箱的集装箱与预翻箱集装箱发箱先后比较等，不涉及复杂的参数计算。且在不增加原始问题约束的情况下，能有效保证形成的方案满足尽量保证每次取箱代价不超过1这一约束要求。用上述两条则替代模型框架内抽象的约束条件，直观明了，合理有效。

5.2.3　优化数学模型的构建

为便于对模型进行数学描述，首先引入如下各相关符号：

S_0：堆存位的初始状态。

N：初始堆存状态下，位内集装箱的总个数。

t：位内最大允许堆高。

k：集装箱的发箱序号，$k=1$ 的集装箱最先发箱，$k=N$ 的集装箱最后发箱。

S_k：k 号箱发箱后，堆存位的最新状态。

NF_k：状态 S_{k-1} 下 k 号箱上方堵塞箱的个数，目标箱上方无堵塞箱时 $NF_k=0$。

$AF_k(S)$：堆存状态 S 下，对 k 号目标箱最上层堵塞箱的翻箱作业。

AF_k：k 号目标箱上方各堵塞箱的翻箱作业构成的翻箱序列。

AQ_k：k 号箱的取箱操作。

S_{k-1}^i：$(k-1)$ 号箱已发箱，且 k 号目标箱上方有 i 个堵塞箱已翻箱后，堆存位的最新状态。其中，$0 \leqslant i \leqslant NF_k$ 且 $i \in Z$，$S_{k-1}^0 = S_{k-1}$。

$BF(S)$：$BF(S) \geqslant 0$，表示堆存状态 S 下位内堵翻箱的个数。当 $BF(S)=0$ 时，结束决策，得到一个翻箱方案。

$Best\_Strategy$：最终优选的方案。

装船时位内翻箱优化决策可描述为：

$$Best\_Strategy = \arg\min_{AF_1, \cdots, AF_k}(NF_1 + \cdots + NF_k), k \leqslant N, BF(S_k)=0$$

(5-1)

式中，$NF_1 + \cdots + NF_{k-1} + NF_k$ 为前 k 个集装箱实际取箱代价的总和；当 $BF(S_k)=0$ 时，目标箱 k 发箱后位内不再有必翻箱，此时即可得到一个翻箱方案，该翻箱方案对应的翻箱总次数即为前 k 个集装箱取箱代价之和。翻出箱堆存箱位选取规则下堵塞箱的可行堆存箱位通常不止一个，为此，存在多个翻箱方案组合。每个翻箱方案对应的翻出箱堆存箱位、翻箱操作序列、中间堆存状态及翻箱总次数不尽相同，其中，翻箱总次数最小的为装船时位内翻箱的最优方案。图 5-3 所示为各翻箱方案的形成过程。

由图 5-3 可知，发箱优先级由高到低的集装箱依次发箱。若目标箱上方有堵塞箱，一次发箱涉及目标箱上方各堵塞箱的翻箱操作和目标箱取箱操作两部分；否则，目标箱可直接取箱。翻箱操作依次将相关堵塞箱直接移入选取的箱位内，而取箱操作只需将目标箱从所在的箱位内直接移出堆存位。一系列的翻箱和取箱操作致使堆存位由一个状态转化为另一个状态，直到位内不存堵塞箱即形成一个翻箱方案。其中，翻出箱的堆存箱位可能为符合规则 1 和规则 2 的可

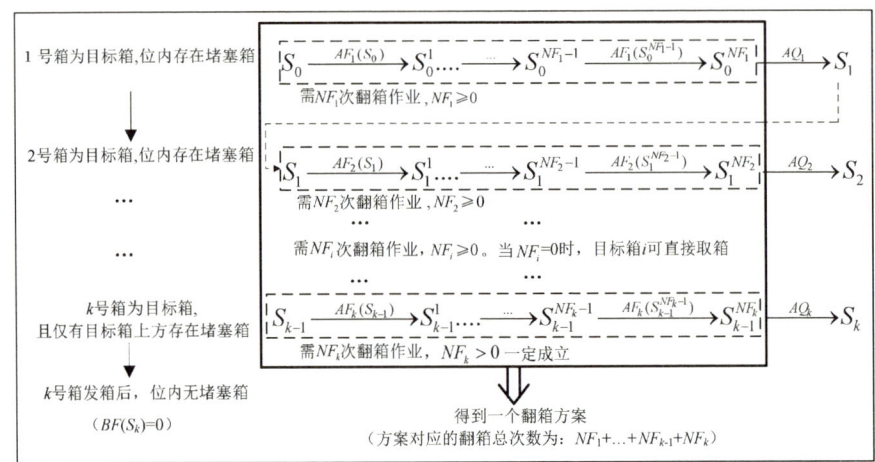

图 5-3 翻箱方案形成过程中堆存位的状态转移示意

行箱位集中的任一个箱位,选取的箱位不同堆存位的状态转移也不尽相同。整个搜索过程得到的多个翻箱方案中翻箱次数最小的为最优方案。若出现初始堆存状态不理想,在规则 1 和规则 2 下无法找到可行翻箱方案的情况,可通过放松对部分堵塞箱翻箱箱位的选取约束,如允许单次翻箱次数尽量不超过 2 次等措施,找到实际生产中可接受的翻箱方案。

5.3 装船时翻箱智能决策系统的实现

5.3.1 "启发式深度优先"算法设计

装船时位内翻箱方案优化决策需得到一个包括翻箱和取箱在内的较优作业序列,以指导场桥的位内发箱作业。基于 5.2 节对装船时位内翻箱优化决策问题的有效描述,考虑问题基于状态转移的大规模组合特性及大量状态的存储需花费较高的代价等,本书提出启发式深度优先搜索算法最终实现方案的智能优化决策。算法具有如下特征:

(1) 根据目标箱最上层堵塞箱可能移入的堆存排的顺序按深度优先策略依次执行翻箱操作、转化堆存状态。

(2) 以初始状态至当前状态的已翻箱次数与当前状态下剩余堵塞箱个数之和为启发信息,当前搜索深度搜索结束时,仅选取启发信息值最小的状态为根节点继续进行下一个搜索深度的有效扩展和状态转移。

(3) 只需存储正在扩展的作业序列及对应的堆存状态、当前最优的作业序列和堆存状态,及各搜索层内下一个拟扩展的节点。

该算法充分利用了问题自身的启发信息其深度优先扩展利于减少存储量的特点,利于避免搜索空间和存储空间的无限扩展,克服位内翻箱问题求解时间复杂度和空间复杂度过大的难题。且仅涉及搜索深度参数的设置,不涉及复杂参数的配置和调整,利于实现智能自动化决策。方案搜索过程中各种典型情况的处理如图 5-4 所示,算法流程如图 5-5 所示。由图 5-5 可知,既定堆存状态下,若拟发箱的目标箱上方有堵塞箱,一次发箱涉及目标箱上方各堵塞箱的翻箱操作和目标箱取箱操作两部分,且每次翻箱均针对目标箱最上层的堵塞箱。否则,目标箱可直接取箱。一系列的翻箱和取箱操作致使堆存位由一个状态转化为另一个状态,直到位内无堵塞箱所有后续发箱的集装箱均不被阻塞,即形成一个翻箱方案。既定初始状态下,翻出箱堆存箱位的选取是翻箱方案形成的核心和关键,本书给出了翻出箱堆存箱位选取规则,在较优方案不丢失的情况下,保证了翻出箱可行堆存箱位集的有效确定。该规则下每个预翻箱集装箱的可行堆存箱位通常不止一个,每次翻箱选取的堆存箱位不尽相同,将形成多个不同的翻箱方案。既定搜索深度下翻箱次数最小的方案较优。

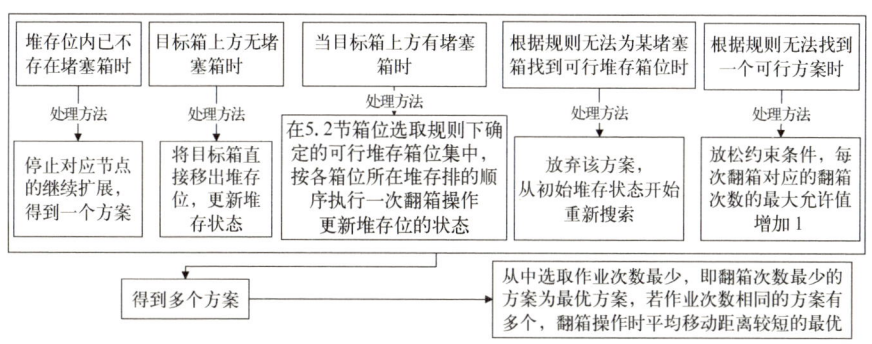

图 5-4 搜索过程中典型情况的处理方法

5.3.2 实例求解及结果分析

基于装船时位内翻箱问题的有效描述、启发式深度优先算法的合理设计,本书开发实现了装船时位内翻箱方案智能优化决策系统,界面如图 5-6 所示。系统具有位内翻箱方案的高效优化决策、优化作业序列和相关各堆存状态的动态显示等主要模块,且具有堆存位自动初始化及手动调整、搜索深度动态设置等功能。如图 5-6 所示初始状态为例进行翻箱方案智能决策,优化翻箱序列及堆存

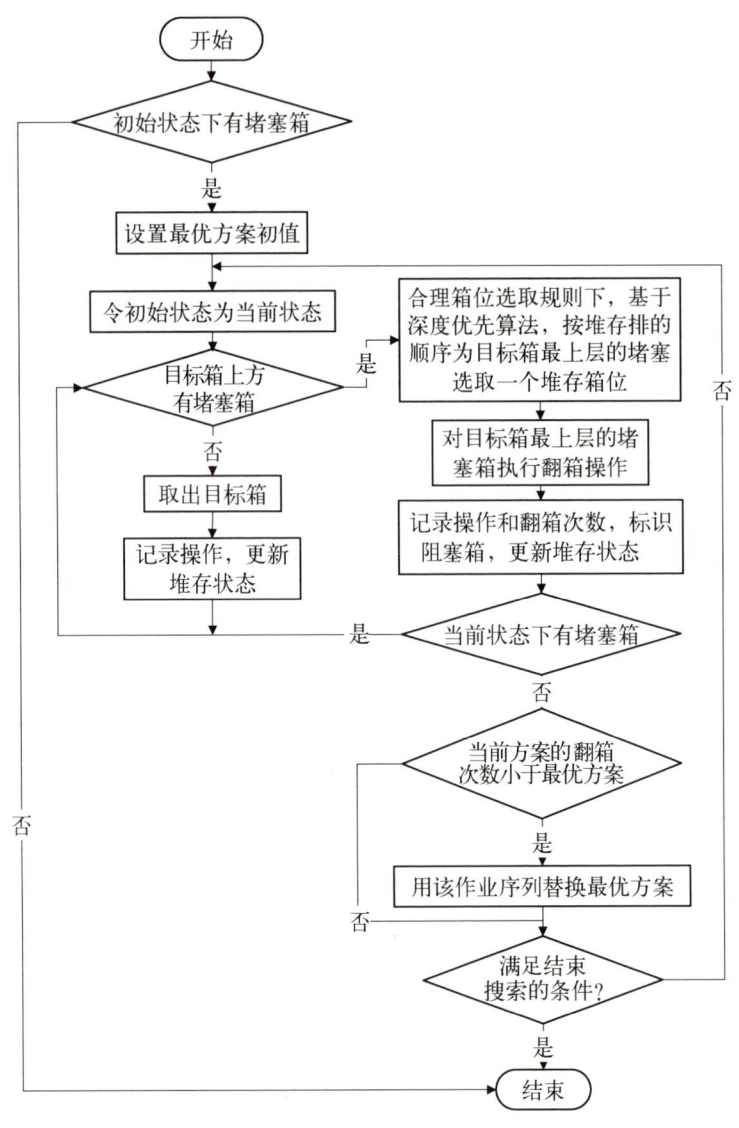

图 5-5 装船时位内翻箱方案的优化决策流程

状态之间的转化关系等分别如图 5-7 和图 5-8 所示。其中,图 5-6 和图 5-8 中经翻箱或取箱操作的箱子用浅灰色阴影标识,移入集卡车道内箱位(7,1)的集装箱表示被发箱。作业过程中曾有箱子堆存的空箱位用深灰色阴影标识。

图 5-6 所示的初始状态位内共有 21 个集装箱,堵塞箱总数达到了 10 个,约占位内总箱量的 50%。各堵塞箱对应的装船序号为:6、10、9、18、16、15、20、21、11、19;分别对装船序号为 2、3、4、5、7、8 和 17 的各箱造成堵塞;其中,发箱号

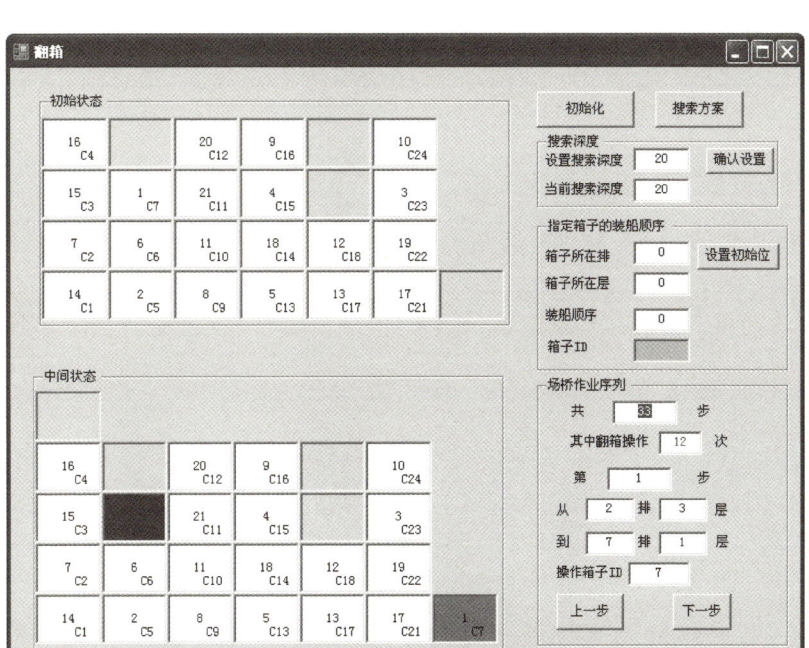

图 5-6 装船时位内翻箱智能决策系统

为 7 和 8 的箱子分别有 2 个和 3 个堵塞箱。搜索深度设置为较大值 20,在配置为 Intel Pentium Processor 1.7 GHz,512 Mb 内存的笔记本电脑上运行仅耗时 5 秒即得到了优化方案。该优化方案下,整个序列除位内各箱的 21 次正常取箱作业、初始堆存状态下 10 个堵塞箱必须的 10 次翻箱操作外,仅涉及装船序号为 18 和 20 的 2 个堵塞箱的 2 次翻箱,翻箱次数较少。另外,除因初始状态下的堵塞箱所致装船序号为 7、8 的集装箱发箱阶段必须涉及 2 次和 3 次翻箱操作外,优化作业序列中其他箱发箱时对应的翻箱次数均为 0 和 1,最大限度地保证了既定初始状态下各箱发箱时对应的翻箱操作尽量不超过 1 次。

图 5-7 所示实例有效说明了装船时位内翻箱方案智能决策系统具有高效优化决策能力。此外,该系统亦具有很好的鲁棒箱。随机产生一系列较差的初始倍位进行翻箱方案智能决策试验,决策耗时等统计结果如表 5-1 所示。其中,初始状态下位内有 21 个集装箱;堵塞箱分别有 6—12 个,占位内总箱数的 30%~50% 以上;搜索深度为 12 或 20。比较表 5-1 与表 4-2 可知,同等搜索深度下由于解空间有所缩小装船时翻箱方案决策较装船前翻箱方案决策耗时短,搜索深度为 12 时一般均能在 1 s 内得到较优解,搜索深度为 20 时亦可在几秒内得到优化方案。综上可知,本翻箱方案决策系统具有高效、优化、智能和鲁棒性。

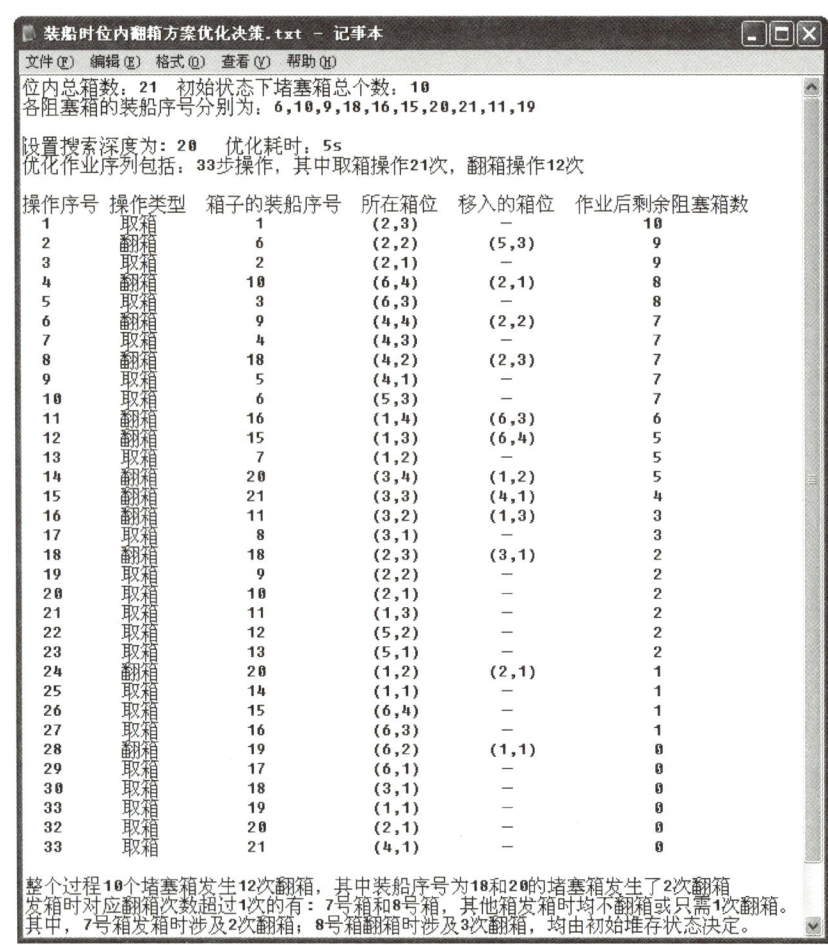

图 5-7　实例求解——作业序列情况

表 5-1　装船时翻箱方案智能决策耗时统计

序　号	初始堵塞箱数/个	Depth=12		Depth=20	
		决策耗时/s	方案对应翻箱次数	决策耗时/s	方案对应翻箱次数
1	6	0.31	8	0.71	8
2	6	0.33	9	0.75	9
3	6	0.38	9	1.23	8
4	6	0.39	9	0.62	9
5	7	0.31	10	1.97	9

续 表

序 号	初始堵塞箱数/个	Depth=12		Depth=20	
		决策耗时/s	方案对应翻箱次数	决策耗时/s	方案对应翻箱次数
6	7	0.32	8	2.01	8
7	7	0.35	9	0.78	9
8	7	0.39	9	1.08	9
9	7	0.43	9	3.08	9
10	8	0.33	8	0.48	8
11	8	0.34	11	0.56	11
12	8	0.36	11	0.51	11
13	8	0.37	9	0.95	9
14	8	0.4	12	1.59	12
15	8	0.43	10	2.12	10
16	9	0.3	12	1.29	12
17	9	0.31	11	1.69	11
18	9	0.39	12	6.23	11
19	10	0.31	13	5.74	12
20	10	0.34	12	4.05	12
21	10	0.44	13	2.74	13
22	10	0.49	12	2.44	12
23	10	0.52	13	1.71	13
24	11	0.3	15	7.83	14
25	11	0.31	14	2.39	13
26	11	0.39	14	4.62	14
27	11	0.45	16	57.02	15
28	11	0.51	13	1.49	13
29	11	0.58	15	21.89	15
30	12	0.33	15	1.37	15

集装箱码头混合装卸系统生产组织关键技术研究

第 5 章 装船时位内翻箱优化决策

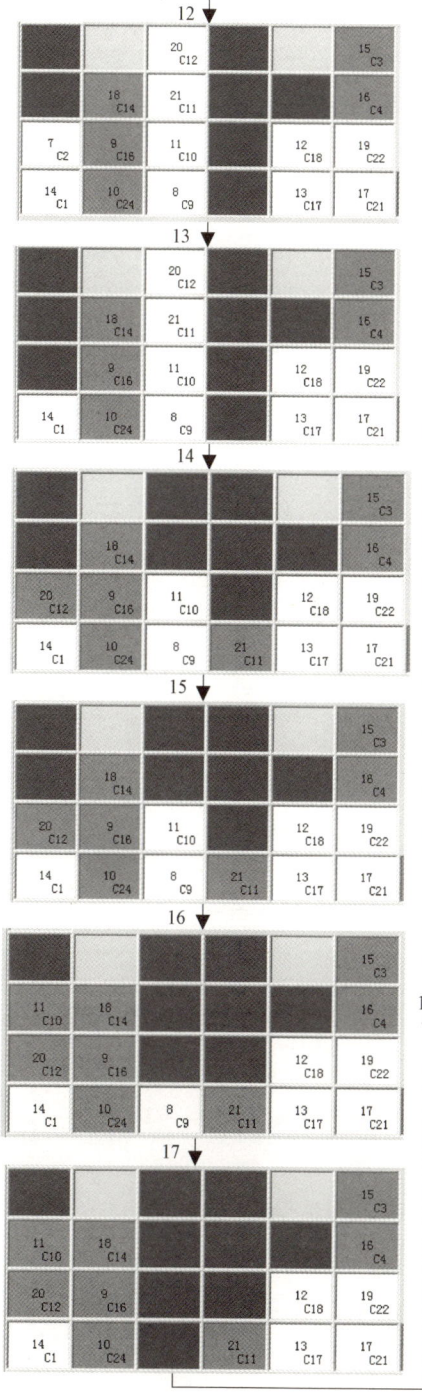

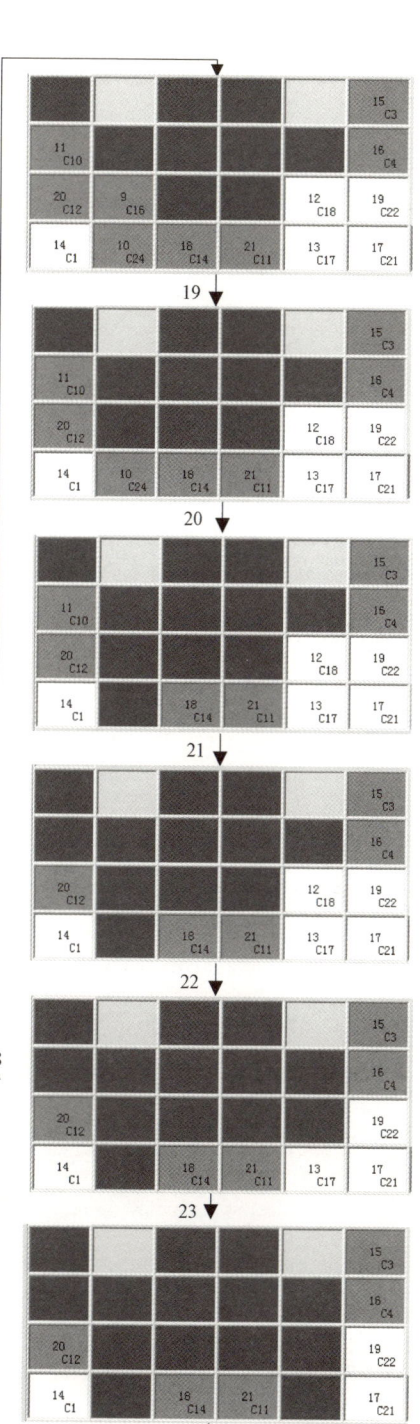

—119—

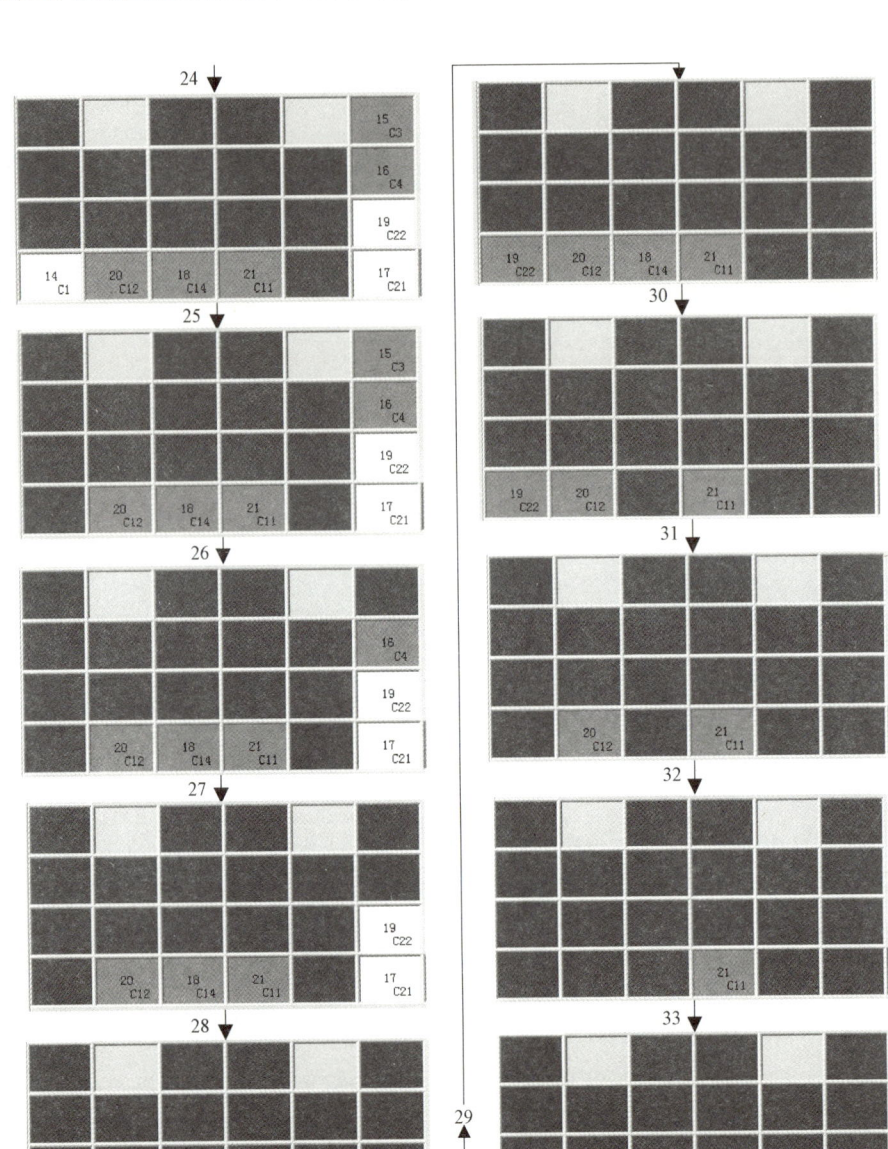

图 5-8 实例求解——堆存状态转移情况

总之,该系统高效、智能、鲁棒且综合考虑了翻箱多阶段决策过程的整体优化,在搜索深度设置为较大值时得到的优化方案通常具有较优的整体性能。较无法周密保证整体优化性能的 TLP(the Lowest Position)规则、R(I Reshuffling Index)规则和 ENAR(Expected Numbers of Additional Reshuffles)规则等常见规则,以及张维英等[97]提出的依次按 RI 规则等进行翻箱决策的混合决策规则,更利于得到整体优化解,且计算效率不比规则决策效率低(TLP 规则—将翻出箱移入箱子数最少的堆存排内的;RI 规则—某堆存排内比拟翻箱集装箱早装船的箱子的个数为该排的 RI,选取 RI 值最小且有空箱位的堆存排作为拟翻出集装箱的堆存排;ENAR 规则—假设翻箱集装箱堆存后不再翻箱,且其他排内的箱子均有可能移入其上方的各种可能情况,计算翻箱集装箱的堆存行为致使相应堆存内排翻箱次数的增加值,该值即为 ENAR 值,选取 ENAR 值最小的堆存排为翻箱堆存排)。尤其对于堵塞箱个数较多堆存状态较差的情况,更能显现出智能决策系统的优越性。对于有效组织集港计划、动态箱位分配,甚至在装船前合理组织预翻箱整理的各大型集装箱码头,通常情况下堵塞箱的比例远小于50%。该智能决策系统足以满足集装箱码头生产实际的需要,有望嵌入集装箱码头生产营运系统中实现装船位内翻箱方案的实时优化决策。

5.4 位内翻箱优化决策的蚁群算法描述

蚁群优化算法(Ant Colony Optimization,简称 ACO)源于蚂蚁觅食原理,是一种很有发展前景的正向反馈智能群集算法。其原理在于:蚂蚁在所经过的路径上留下一种称之为信息素的挥发性分泌物,信息素随着时间的推移会逐渐挥发消失。蚂蚁在觅食过程中能够感知这种物质的存在及其强度,并以此来指导自己的运动方向,倾向于朝着这种物质强度高的方向移动,即选择该路径的概率与当时这条路径上该物质的强度成正比。信息素强度越高的路径,选择它的蚂蚁就越多,则在该路径上留下的信息素的强度就更大,而强度大的信息素又吸引更多的蚂蚁,从而形成一种正反馈。通过这种正反馈,蚂蚁最终可以发现蚁巢与食物之间的最佳路径,导致大部分的蚂蚁都会走此路径。20 世纪 90 年代初意大利学者 Dorigo 和 Maniezzo 等从蚂蚁觅食路径寻优中得到启发,首先提出了蚁群算法。近十多年来,蚁群算法以其分布式并发性、正反馈、鲁棒性强等优点,在 TSP 问题、二次分配问题、工件调度问题、图着色问题等多个经典组合优化问题中取得了成效,成为求解组合优化等 NP-Hard 问题的一种有潜力的演化算法。但蚁群算法也存在一些缺点,如:没有系统的分析方法和坚实的数学基础;在解空间未被有效搜索,尚未得到较优路径并形成较强信息素之前,蚂蚁的搜索过程存在一定的盲目性,对于解空间庞大不易在有效时间内找到较优解甚至可行解的大规模组合优化问题,正反馈优势无法得到利用,致使搜索时间大幅增加等。翻箱决策问题具有多阶段决策和大规模组合特性,理论上可采取蚁群算法求解,本书对翻箱决策模型蚁群求解算法的设计进行了深入研究,但由于翻箱决策问题解空间较大,目前尚无法达到 5.3 节中启发式深度优先算法的效果和效率,尤其当堵塞箱较多、倍位状态较差时,解空间非常庞大,改进的蚁群算法亦无法在有效时间内得到问题的可行解。为此,本章仅就如何将翻箱决策复杂行为转换为蚂蚁的低层次行为,以及各蚂蚁简单行为之间如何交互等算法设计过程中通用的关键问题进行研究,指明了基于状态转移的多阶段决策问题蚁群算法描述的方法和策略,为蚁群算法在大规模多阶段决策模型求解中切实有效的应用奠定一定的基础。

5.4.1 蚁群算法的解空间结构

蚁群算法对解空间的搜索基于解空间的显示表达。将问题的解分解成一系列解构造块,并将解构造块映射为有向图中的节点,解构造块之间的关系映射为有向图中的有向连接,对应的有向图即表示优化问题的解空间,称之为解构造图。蚁群算法中问题的解空间通常有基本解构造图和层状解构造图 2 种描述方法。蚂蚁在解构造图中逐个选择节点生成一条路径即是问题的解,从而实现对解空间的搜索。其中,解构造图中的有向连接或节点记录有与优化问题相关的局部启发信息、与已生产解质量有关的反映前面蚂蚁对解空间全局搜索经验的信息素等。两种启发信息的记录和更新利于引导后续蚂蚁的搜索。

如图 5-9 所示,基本解构造图从某起始点节点 V_0 开始,每次均在当前所在节点处选取一个未曾经过的节点,最终回到起始节点处形成一个可行路径。其中,阴影标识的节点为已访问过的节点,实线表示已形成的路径或肯定将形成的路径,下一个可能被访问的节点经虚线与当前节点相连。图 5-10 所示为 4 城市旅行商问题基本解构造图实例,问题的解可分解为 A、B、C、D 4 个解构造块。按不同的顺序访问各节点,最终返回起始点即形成一条可行路径。若以节点 A 为起始点依次访问节点 D、B、C,形成可行路径 AD—DB—BC—CA。显然,访问序列为 D—B—C—A 时,对应的路径同样由路段 DB、BC、CA、AD 组成。即:访问顺序 A—D—B—C 与 D—B—C—A 对应的路径没有区别。同样,访问序列 B—C—A—D 和 C—A—D—B 等与上述 2 序列的路径亦不存在差异。由此可知,基本解构造图的形式下,由于存在最终返回起始点的封闭路径,且任何结构造块之间均存在相互连接,当解构造块在解中的相对位置一致时,对应的路径等价。为此,基本解构造图具有解的质量与构造块绝对位置无关的特征。而对于复杂系统优化问题,构造块在解中的绝对位置对解的质量通常有较大的影响,甚至不同位置上的构造块具有不同的取值范围,基本解构造图无法有效描述其解空间。

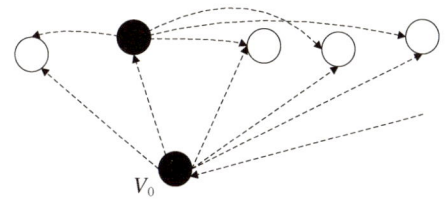

图 5-9　基本解构造图

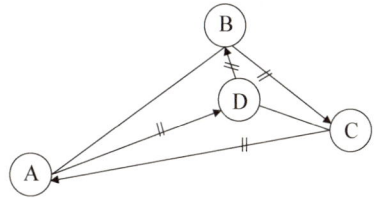

图 5-10　基本解构造图实例

ACO算法中蚂蚁对可行解的搜索过程是一个多阶段决策过程。将优化问题的解构造块集合按决策阶段数划分成不同的子集,一个阶段的构造块子集映射成一层节点,解空间即可描述为由多层节点构成的层状解构造图(如图 5-11 所示)。对于优化问题的所有解均由 n 个构造块组成的情况,解构造图的层数与构造块的数量相等,每次均在当前所在节点处选取上一层中的某个节点,最终形成一个包括 n 个解构造块的可行解。对于各可行解的构造块数不完全相等的优化问题,可构造虚拟构造块,加上该构造块并不产生新的可行部分解。不同于基本解构造图,层状解构造图仅需定义相邻层节点之间的连接,且不存在返回第 1 个节点的封闭路线,解构造块位置相同的解所对应的路径不同。如图 5-12 所示为旅行商最终返回起始点的 4 城市 TSP(Traveling Salesman Problem)问题的层状解构造图。其中,图 5-12(a) 和图 5-12(b) 分别为可行访问序列 A—D—B—C 和 D—B—C—A 对应的路径。由图可知,虽然两序列中解构造块的相对位置相同,在图 5-10 所示的基本解构造图中对应的路径完全相同,但在

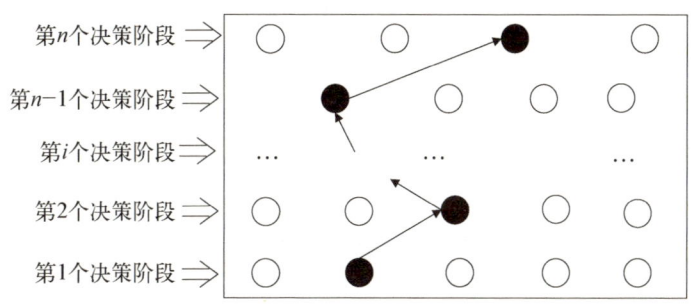

图 5-11　层状解构造图示意

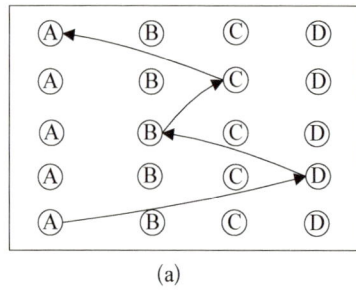 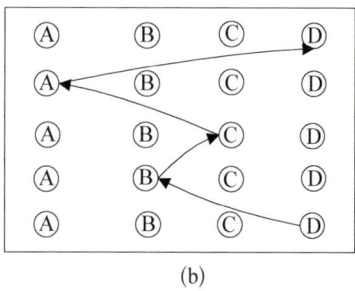

图 5-12　四城市 TSP 层状解构造图示意

层状解构造图中对应的路径确存在较大的差异。即：层状解构造图能有效区分构造块相对位置相同的方案,只有构造块的绝对位置完全相同时对应的方案等价。为此,与基本解构造图相比,层状解构造图较适合描述构造块在解中的绝对位置对解质量有较大影响多阶段决策问题的解空间。

5.4.2　翻箱问题混合层状解构造图的构建

蚁群算法可看作在解构造图上进行概率搜索的正反馈群集算法。解构造图的有效描述是将高层次复杂行为映射为低层次蚂蚁行为的关键环节,其中,包括节点的表达和节点间相关连接的定义。对于装船时位内翻箱问题,整个过程涉及翻箱和取箱操作及堆存状态的不断转化,可把堆存位的各个状态表示为节点,致使两节点之间转化的翻箱或取箱操作定义为连接。且由于装船时位内翻箱方案优化决策属复杂多阶段决策过程最优化,各阶段间具有复杂的相互作用关系,各堵塞箱翻移入箱位的绝对位置直接影响着方案的质量,适合采取层状解构造图描述方法。考虑到装船时位内翻箱便于以每次发箱为一个决策阶段,决策阶段内包括目标箱上方各堵塞箱的翻箱操作及目标箱的取箱操作 2 部分,涉及目标箱上方一个或多个堵塞箱的翻箱决策。为此,与基本层状解构造图中将一个决策阶段的构造块子集映射成一层节点不同,本书采取将阶段内每次翻箱决策映射均为一个决策层,翻箱决策后对应的堆存状态映射为一层节点;目标箱自身取箱作业映射为一个非决策层,取箱后的堆存状态也映射为一层节点的混合层状解构造图描述法进行位内翻箱问题解空间的有效描述,具体如图 5-13 所示。

图 5-13 中决策阶段数与位内集装箱的总数相等,即每次发箱为一个决策阶段。由于装船时位内翻箱方案优化决策属复杂多阶段决策过程最优化,每次发箱对应的翻箱次数由初始堆存状态及前面各阶段发箱时堵塞箱翻箱决策共同决定。由 5.2 节可知,为保证装船作业的流程性,本书提出避免单次发箱对应的

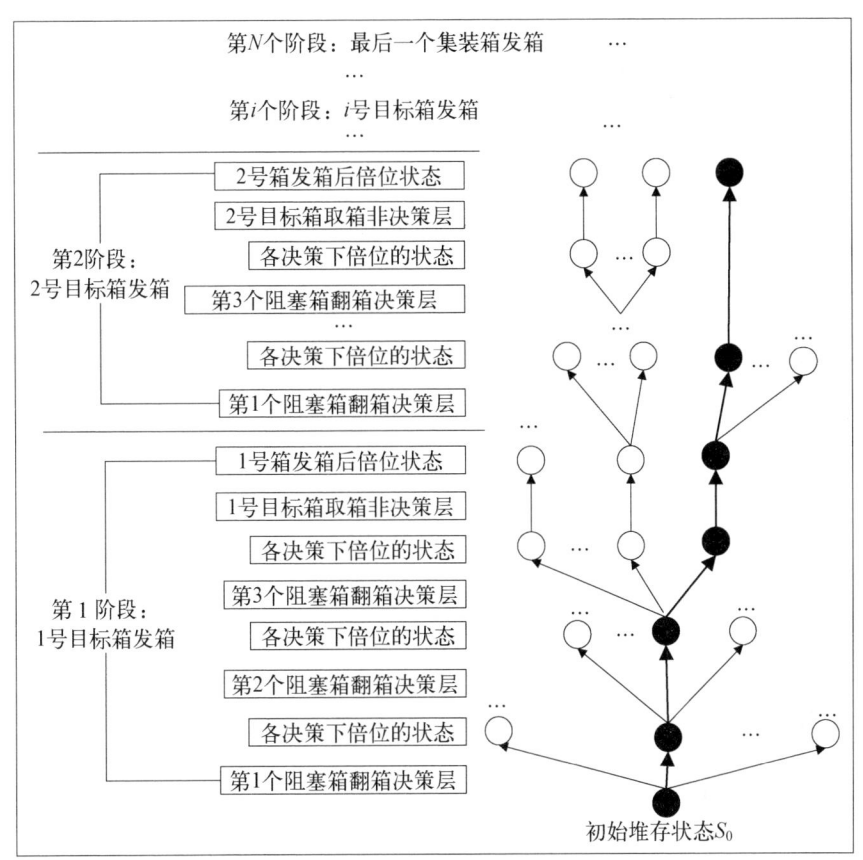

图 5-13 位内翻箱问题的混合层状解构造图

翻箱次数过多的箱位选取规则。但由于初始堆存状态等客观因素的决定,仍可能存在某次发箱涉及 2 次翻箱操作,甚至存在拟发箱集装箱位于最底层,上面存在 3 个堵塞箱需 3 次翻箱操作的极限情况。为保证一般性,将每个发箱决策阶段映射为 3 个决策层,分别对应极限情况下的 3 次翻箱决策。对于既定搜索路径下某阶段内不需要翻箱或翻箱次数少于 3 次的情况,可将相关翻箱决策层设置为虚拟层或设置为空。图 5-13 中,粗实线标识的搜索路径下 2 号目标箱发箱时只涉及一个堵塞箱的翻箱决策,选定决策路径后即可直接进入取箱非决策层,其他翻箱决策层均设置为空。

解构造图结构确定后,各翻箱决策层对应的可选边数,即:可供当前目标箱最上层的堵塞箱选取的堆存箱位数,直接决定着构造图的规模。其中,既定状态下,箱位数及可行箱位集由 5.2 节提出的箱位选取规则决定。一个可行箱位对应一条边,蚂蚁访问该边即表明选取了该箱位为当前拟翻箱集装箱的堆存箱位并在该决策下执行了翻箱操作,经该边到达的状态为翻箱操作后堆存位的状态。不同于翻箱决策层,取箱操作为非决策层,当当前目标箱上方的堵塞箱均翻箱后目标箱可被直接取出,不存在在多种选择之间进行决策的现象,对应的边一定只有一条且仅表示取箱操作。显然,混合层状解构造图中,在不计虚拟决策层的情况下,每条边表示一次翻箱或一次取箱操作,长度可记作1;蚂蚁历经的整条路径表示完成倍位内发箱业务所需的作业序列,路径长为翻箱和取箱次数之和。其中,取箱次数为定值,与位内集装箱的总个数相等。为此,路径短的决策对应的翻箱次数必定少。混合层状解构造图有效实现了装船时翻箱优化决策问题的解空间至蚁群算法搜索空间的映射。

5.4.3 蚁群优化算法的设计

蚁群算法的设计主要包括:选择策略、信息素局部更新和全局更新规则、局部搜索机制等方面的内容。

1. 选取策略

蚁群算法中蚂蚁每次均倾向于选择短的且信息素浓度较大的边为移动方向。位于节点 r 的蚂蚁 k 选取下一个节点 s 的伪随机比例规则为:

$$s = \begin{cases} \arg\max_{u \in allowed_k} \{[\tau(r,u)]^\alpha \cdot [\eta(r,u)]^\beta\}, & q \leqslant q_0, 0 \leqslant q_0 \leqslant 1 \\ S, P(r,m) = \dfrac{[\tau(r,m)]^\alpha \cdot [\eta(r,m)]^\beta}{\sum\limits_{u \in allowed_k}[\tau(r,u)]^\alpha \cdot [\eta(r,u)^\beta]}, & q > q_0, 0 \leqslant q_0 \leqslant 1 \end{cases}$$

(5-2)

式中,$\tau(r,u)$ 表示当前边 (r,u) 上遗留信息素浓度,该参数记录着前面各蚂蚁在已形成的各方案搜索过程中积累的经验,初始状态下各路径上 τ 值没有差异,可统一设置为一个常数;$\eta(r,u)$ 表示边 (r,u) 上的局部启发信息,设置为可行节点 u 对应堆存状态下堵塞箱个数的倒数,即尚存堵塞箱越少节点的局部性能越优。α、β 权重参数,分别反映蚂蚁在运动过程中所积累的信息和启发信息在蚂蚁选择路径中的相对重要程度。$allowed_k$ 描述蚂蚁 k 下一步允许到达的节点。q 为[0,1]区间均匀分布的随机数,q_0 是一个大于等于0小于等于1的参数,决定了利用先验知识与探索新路径之间的相对重要性。当 q 不大于 q_0 时,按先验知识选择路径,信息素浓度最大的可行节点被选中;否则,按概率公式 $P(r,m)$ 分别计算蚂蚁 k 当前的各可行候选结点 m 被选取的概率,按随机比

例规则选出节点 S。伪随机比例规则综合利用先验知识选择策略和随机比例选择策略,在各参数设置合理的情况下,利于先验知识的合理利用及未搜索路径的有效探索。

2. 信息素局部更新

$$\tau_{t+1}(r,s) = (1-\rho)\tau_t(r,s) + \rho\Delta\tau_{t,t+1}(r,s), 0 < \rho < 1 \quad (5-3)$$

方案搜索过程中蚂蚁应用式(5-3)的局部更新规则对其所经过的边进行信息素更新。通常情况下 $\Delta\tau_{t,t+1}(r,s) < \tau_t(r,s)$,为此,$\tau_{t+1}(r,s) < \tau_t(r,s)$。局部更新规则的应用使得信息素量逐渐减少,利于有效避免蚂蚁收敛到同一路径。

3. 信息素全局更新

$$\tau(r,s) = \begin{cases} (1-\lambda)\tau(r,s), & (r,s) \notin \text{当前最优路径} \\ (1-\lambda)\tau(r,s) + \lambda \cdot (L_{gb})^{-1}, & (r,s) \in \text{当前最优路径} \end{cases}$$
$$(5-4)$$

式中,$0 < \lambda < 1$,为信息素挥发系数;L_{gb} 为目前为止找到的最优路径对应的路径长。与局部信息更新不同,式(5-4)规定只有全局最优的蚂蚁才被允许释放信息素,使得全局最优路径上的各边的信息素得到增强。该规则利于蚂蚁集中在当前最优路径领域内搜索,使搜索过程更具有指导性。

4. 局部邻域搜索

n 只蚂蚁搜索完一个循环后将得到 n 个候选解,在这些解的邻域应用 3-opt 法等局部搜索算法加速局部最优解的得出,加快求解过程。

以混合层状解构造图的有效描述、状态转移规则、信息素局部更新和全局更新规则及局部搜索机制的合理设计为基础,可给出装船时位内翻箱方案优化决策蚁群算法求解步骤:

(1) 步骤 1。初始化 $\alpha, \beta, \eta, \tau, \lambda, \rho$ 等参数及迭代次数的值。

(2) 步骤 2。将 n 只蚂蚁置于解构造图中初始堆存状态对应的节点处。

(3) 步骤 3。任一只蚂蚁 k 从初始节点开始,分不同情况按以下方法进行路径搜索:① 上层为翻箱决策层对应的节点时,若节点数大于 1 根据式(5-2)的伪随机比例规则选取其中某个节点;否则,直接选中唯一的节点。蚂蚁 k 经对应边移入选中的节点,将决策边对应的翻箱操作记入当前解,路径长增加 1。依式(5-3)进行信息素局部更新。② 上层为虚拟翻箱决策层对应的虚拟节点时,随机选取一个边移动至相连的虚拟节点,不记入当前解。③ 上层为取箱非决策层时,蚂蚁直接经唯一边移入相应节点,将该边对应的取箱操作决策记入当前解,路径长增加1。每只蚂蚁重复执行步骤3直到均找到一条路径,执行步骤4。

(4) 步骤4。应用3-opt进行邻域搜索,记录局部最优解。

(5) 步骤5。更新当前最优解,按式(5-4)进行全局信息素更新。

(6) 步骤6。搜索次数增加1;转入步骤2开始新一轮的搜索,直到满足结束条件。

蚁群算法的研究尚处于初级阶段,是一种很有发展前景的正向反馈智能群集算法。但必须指出的时,蚁群算法是一种概率算法,目前为止其正确性和可靠性尚缺乏理论支持。单个蚂蚁的简单行为并不意味着整个系统设计的简单,设计者必须能够将高层次的复杂行映射到低层次的蚂蚁简单行为,这两者存在较大的差异。且在系统设计时如何保证多个简单行为的交互以产生所需的高层次复杂行为也是非常困难的问题[104]。对于构造图不易被有效搜索的大规模组合优化问题,蚁群的正反馈优势很难得到有效利用。另外,算法中有关参数的选取对蚁群算法性能有至关重要的影响,但通常根据经验确定或采用仿真试验对参数的组合进行比选试凑,目前尚无合理的且具有的普适性的理论依据。装船时位内翻箱较装船前位内预翻箱问题的求解规模和求解难度有所降低,但仍属于复杂多阶段决策过程最优化问题的范畴。位内堆存箱的个数、初始堵塞箱的个数及分布情况等不同,初始堆存状态甚至解构造图的规模均有较大的差异,对蚁群算法的参数较为敏感,参数设计较难适应不同倍位状态各种可能的翻箱情况。为此,在缺乏理论支持和普适性的情况下,本书不对蚁群算法有关参数的性能及最佳选取原则进行深入探讨。仅针对解构造图的描述、算法框架的设计等适用于任何倍位状态的关键问题进行研究。明确了装船时位内翻箱优化决策问题解空间的构造方法和算法模型框架等,为算法的最终实现、算法参数的设置、算法的收敛性和复杂度研究等奠定了基础。

5.5 本章小结

本章深入分析了装船时位内翻箱优化决策问题的模型框架,提出了以最大限度减少位内翻箱总次数为优化目标,以尽量保证整个装船过程中每次取箱代价不超过1为约束条件,且当无法找到可行解或较优解时逐步放松约束条件的模型构建思路,并建立了问题的数学模型。基于启发式深度优先算法开发了装船时位内翻箱方案智能决策系统,通过实例测试验证了决策系统的高效性、智能性、鲁棒性和优化性。智能系统有望最终嵌入集装箱码头生产系统中,实现装船时翻箱方案的实时智能优化决策,以科学指导场桥的倍位发箱作业。另外,考虑到蚁群算法的潜质,对装船时位内翻箱方案决策模型的蚁群算法设计进行了初步探讨,构建了解空间的混合层状解构造图,设计了装船时位内翻箱方案优化决策问题的蚁群算法求解步骤,着重研究了其中的状态转移策略、信息素局部更新和全局更新规则等核心内容,解决了将翻箱方案优化决策映射为低层次蚁群行为的关键问题,为蚁群算法在基于状态转移的大规模多阶段决策过程最优化问题中的有效应用奠定了一定的基础。

第6章
出口集装箱层次工作流 Petri 网建模

集装箱堆场涉及装船、卸船、取箱、集港及中转等,除直装、直提危险品箱作业之外的所有集装箱业务,几乎和码头所有子系统均有关联,是集装箱码头作业系统中最为核心和复杂的部分。堆场生产组织过程可看作集装箱流与信息流相互交织的耦合过程。其中的集装箱流相对简单,一般包括:集装箱经内集卡或外集卡运往堆场指定位置后由场桥将其堆存;集装箱由场桥取箱后装载至空载内集卡或外集卡上离开堆场;在各箱位之间的翻箱移动等;与简单的集装箱物质流相比,堆场业务决策涉及多个子系统,具有复杂性、随机性和离散性,是堆场生产组织的关键。需综合考虑:船舶到港时间受天气状态等影响、设备故障、航线出口箱组成结构及数量随时间波动、集港或提箱外卡到港时间的无法预知性等随机因素的直接或间接影响;场桥等大型机械不易频繁往复移动,集装箱不能随机存取;每个集装箱具有不同的箱信息,不能等同或互换;集装箱堆存与客户取箱、船舶配载等子系统之间相互约束,且取箱或船舶配载信息较为滞后等集装箱码头系统固有的复杂特征。针对堆场业务决策的复杂性,本章拟对堆场业务决策系统进行抽象描述,以最难处理的出口箱堆场业务为切入点,结合上述各章对出口箱关键决策内容的研究,基于 Petri 网技术和工作流原理,建立出口箱业务层次工作流结构模型,并验证其正确性,以理清出口箱各项堆场决策任务所涉及的数据及各项任务之间、各项任务与码头其他子系统之间的信息流动关系。为工作流管理系统的最终构造奠定了一定的基础,同时,为集装箱码头生产系统特别是堆场生产组织系统仿真提供建模依据,以提高仿真模型开发周期。

6.1 基于 Petri 网的工作流建模方法

6.1.1 工作流技术

工作流的概念源于企业生产组织和办公自动化领域。按照工作流管理联盟(WfMC：Workflow Management Coalition)的定义：工作流是一类能够完全或者部分自动执行的业务过程，它是业务流程在计算机上的形式化描述和实现。随着现代企业信息系统的分布性、异构性和自治性的特征越来越明显，工作流技术也由最初的创建无纸化办公，转化为对企业复杂信息和业务流程处理与执行的必要工具。作为工程实践领域中一种过程建模和过程管理的核心技术，一方面可通过它对企业业务活动进行建模，从而规范企业的业务流程运作，为进一步的业务过程优化和仿真分析提供模板；另一方面，也是指导企业运作的非常重要的知识库和规则库[119]。它的研究和应用日益受到重视，相应的软件产品开发也十分活跃，许多软件商提供了支持工作流的软件系统，如 IBM 的 Lotus Workflow、JetForm 公司的 InTempo 等。目前，工作流技术在报关审查、专利审批等办公自动化领域已有很多成功的应用，并已开始应用于制造业、电信、金融和物流服务业等行业。

企业业务过程通常可以从任务逻辑和组织逻辑两个逻辑层面来分析。前者体现的是任务的处理流程；后者体现企业内部的组织结构和关系。两者通过业务过程执行策略集成。业务过程的基本组成元素如下：

(1) 活动(Activity)。为达到业务过程目标而采取的最基本的行为步骤。

(2) 连接(Connector)。是对业务过程中活动之间按时间逻辑关系和处理逻辑关系相互衔接的描述，主要分为定义活动执行顺序的控制连接和表示数据关联性的数据连接。一个活动可以发出多个连接，也可以接受多个连接。每个连接还可以定义附加性的转移条件。

(3) 路由(Routing)。是指工作流所经历的任务状态传递，它描述执行业务所经过的活动和连接时序排列。实际运行的流程还必须由一些额外的路由条件来决定，如：活动开始条件、活动终止条件和转移条件(与控制连接相关)。

(4) 参与者(Participant)。是实际完成某个活动的人或设备，是部分或全部执行某个活动实例(即：活动的一次运行)的资源。

(5) 角色(Role)。是组织中具有完成特定活动能力的参与者的逻辑表示。

参与者可能会属于一个或多个角色,一个角色亦可能包括一个或多个参与者。

(6) 数据源(Data Source)。是业务流程中用于活动存取的数据介质的集合。任何活动的执行都有可能涉及数据或信息的处理。

与业务流程的基本要素对应,工作流体现的要素包括活动、角色和资源。各要素之间的关系具体如下:

① 活动与活动之间的关系。包括顺序关系(图 6-1(a))、并行关系(图 6-1(b))、选择关系(图 6-1(c))和循环关系(图 6-1(d)),各种关系示意图见图 6-1。其中,顺序关系表示 $A_1, \cdots, A_m$ 是按先后顺序进行的活动;并行关系表示 A_1, B_1 是并列进行的活动;选择关系如图 6-1(c)所示,表示 A_1, B_1 只能选择其中的一个执行。而反馈关系则表示活动 $A_1, \cdots, A_m$ 循环反复进行,其中是否重复执行可有既定的规则等确定。

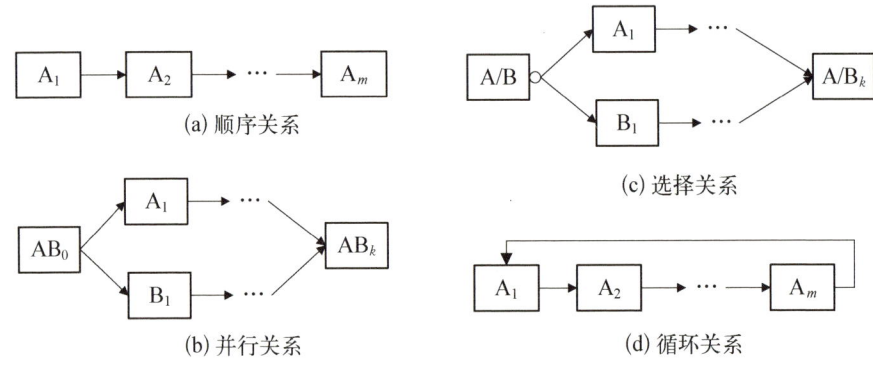

图 6-1 工作流中活动与活动之间的关系

② 活动与角色的关系,如图 6-2 所示。活动与角色是多对多的关系,一个角色可以参与若干个活动,一个活动也可以涉及一个或多个角色。

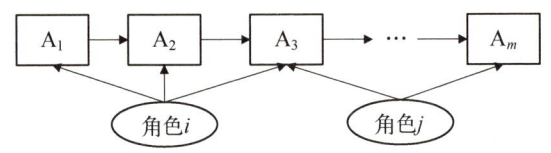

图 6-2 工作流中活动与角色的关系

③ 活动与资源的关系。包括流动关系、分配关系和适应关系 3 种。

如图 6-3 所示,流动关系表示活动 A_1 执行产生资源 R,活动 A_2 执行利用资源 R(图 6-3(a));分配关系表示活动 A_1, A_2 执行均需要利用资源 R(图 6-3(b));而适应关系则表示活动 A_1, A_2 的执行均可改变资源 R(图 6-3(c))。

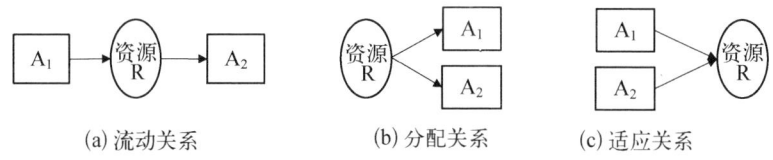

图 6-3 工作流中活动与资源的关系

为实现对现实业务活动、资源、角色等各要素的有效分类和聚合,工作流执行环境中的相关模型可划分为信息模型、功能模型、组织模型和资源模型4个基本模型,各模型间的关系如图6-4所示。其中,功能模型是定性描述现实业务功能和组成的框架结构,是工作流模型执行和开展的目标;数据/信息模型是量化衡量工作流模型执行效果的术指标和技术参数;组织模型是为实现功能模型的技术目标而形成的一种层次化组织结构,是工作流开展软环境的重要组成部分,从人员组织上保证工作流开展的主体参与及主体间的交互关系,体现主体间的关联逻辑;资源模型是工作流开展硬环境的重要组成部分,包含全局范围内的资源分布及相关的调度策略,从系统配置的角度支持组织模型实现功能模型的期望目标。四个模型互相依赖和关联。功能模型定性和定量描述活动的目标;活动最终结果的技术量化可用数据/信息模型聚合;组织模型可对活动主体的协同和交互进行全局控制;而资源配置和复用模型可用于全局活动范围内资源的合理分配,保证活动过程的顺利开展。

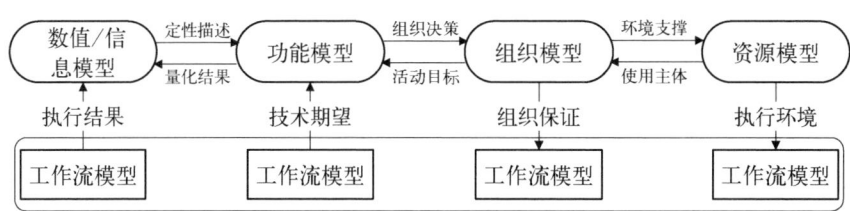

图 6-4 工作流执行环境中相关模型之间的逻辑关系

工作流模型是功能模型、数据信息模型、组织模型和资源模型等按照一定的聚合原则而形成的复合模型。工作流建模是工作流技术中重要的组成部分。目前,较为常用的建模方法有Petri网、数据流程图、角色行为图、事件流程链、有向图以及基于约束条件的形式化语言等。其中,Petri网是一种适合描述具有并发性、异步性、分布性、非确定性复杂流程系统的图形化建模工具,它在描述并发、冲突、同步等重要行为现象上所表现出的优势,以及具有的形式化建模步骤与严密的数学理论支持,尤适合工作流的建模需求。针对集装箱堆场业务的复杂性,在不考虑业务组织逻辑的情况下,本章重点对出口箱业务的过程逻辑进行研究,基于层次 Petri 网建立出口箱工作流功能结构模型，为工作流技术在集装箱码头业务决策中应用做有益的尝试。

6.1.2 工作流 Petri 网描述

Petri 网（Petri Nets）简称 PN 或 PNS，最早是由 C. A. Petri 于 1962 年在他的博士论文中提出的。在理论上和应用上的优点主要表现为：模型形式既具有图形方法的直观性又具有逻辑方法的概括性；分析过程兼顾定性和定量两个方面；可达性、活性、死锁、有界性和安全性等性能特征具有明显的工程意义且具有严格的数学描述。在基本库所/变迁网的基础上，现已扩展出现了许多高级网，如：有色网、赋时网和随机赋时网、面向对象的 Petri 网及多种扩展网的组合模型等。不同的 Petri 网及派生网可以用于工作流建模。如果建模致力于单一工作流结构化方面，基本 Petri 网就是一个合适的建模技术；对于需要建模和追踪不同实例且实例较多的工作流管理系统，着色 Petri 网是比较好的选择；而赋时 Petri 网则适合于分析时间依赖的工作流行为。本章主要针对出口箱工作流功能模型结构化方面的研究，基于层次思想选取基本 Petri 网为建模工具。

定义 6.1 PN 的结构是一个 4 元组 $PN = (P, T, I, O)$。其中：

(1) $P = \{P_1, P_2, \cdots, P_n\}$ 是库所的有限集合，$n > 0$ 为库所的个数。

(2) $T = \{t_1, t_2, \cdots, t_m\}$ 是变迁的有限集合，$m > 0$ 为变迁的个数，$P \bigcup T \neq \Phi$ 且 $P \bigcap T = \Phi$。

(3) $I: P \times T \rightarrow N$ 是变迁的输入函数，定义了从 P 到 T 的有向弧的权重集合，N 非负整数集。

(4) $O: T \times P \rightarrow N$ 是变迁的输出函数，定义了从 T 到 P 有向弧的权重（Weight）集合，N 为非负整数集。

定义 6.2 标识 PN 是一个 5 元组 $PN = (P, T, I, O, M_0)$。P, T, I, O 的含义同定义 6.1，由 PN 结构决定；$M_0: P \rightarrow N$ 为初始标识，为 n 个元素组成的列向量，第 i 个元素表示第 i 个库所中的托肯数目，n 为库所的个数。

Petri 网是一种由库所、变迁和有向弧组成的图形化组合模型。如图 6-5 所示，PN 结构中 p_1、p_2、p_3 为库所（Place），t_1 为变迁（Transition），变迁和相关库所之间用有向弧连接。从库所 p_i 到变迁 t_j 的输入权值记为 ω，$\omega = I(p_i, t_j)$，从变迁 t_j 到库所 p_i 的输出权值 $\omega = O(p_i, t_j)$。ω 为非负整数，其值在有向弧上标注，若 $\omega = 1$ 可不标注；若 $I(p_i, t_j) = 0$ 或 $O(p_i, t_j) = 0$，则不必在库所 p_i 和变迁 t_j 之间画弧。I 与 O 可表示为 $n \times m$ 非负整数矩阵，O 与 I 之差 $C = O - I$ 称

为关联矩阵。图 6-5(a)所示的 PN 结构为 Petri 网的静态结构,借助于标识(Marking)的概念,产生了标识 Petri 网,给网中的某些库所安放托肯(token,又称"令牌"用黑点标识),利用托肯可以控制 Petri 网变迁激发,一个变迁只有当它使能(enabled)时才可以激发。变迁激发需从相关输入库所中移走与对应连接弧权值相等数量的托肯,而将产生的新的托肯分配到各个输出库所中。Petri 网系统即是由变迁的激发来运行的,使其在静态描述的基础上增加动态描述的能力。其中,变迁激发相关概念如定义 6.3 和 6.4。

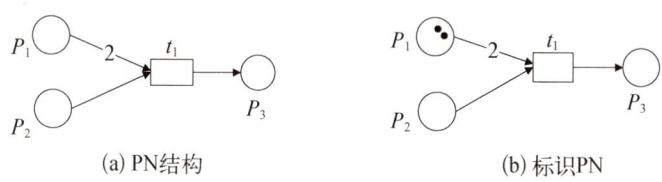

(a) PN结构　　　　　　　　(b) 标识PN

图 6-5　Petri 网模型示意

定义 6.3　标识 Petri 网 $PN = (P, T, I, O, M)$ 中,若对于 t_j 的任一输入库所 p_i 有:

$$M(p_i) \geqslant I(P_i, t_j) \tag{6-1}$$

则称变迁 t_j 是使能的。式中 $M(p_i)$ 为标识 M 下库所 P_i 中托肯的个数。

定义 6.4　标识 Petri 网 $PN = (P, T, I, O, M)$ 中,使能变迁 t_j 激发致使 Petri 网标识由 M 转化为新标识 M',$M'(P) = M(P) + O(P, T) - I(P, T)$。

使用变迁表示工作项,库所表示工作流中的条件或资源,当且仅当它满足定义 6.5 时一个 Petri 网可被称为工作流 Petri 网。根据定义 6.5,工作流 Petri 网可描述为图 6-6 所示的图形结构。一个实例总是开始于发源库所,终止于接收库所,且强连通性质表明每个变迁都处于一条从初始库所通向终止库所的有向路径中,避免了对实例处理流程不产生任何作用的悬挂任务。由于自由选择工作流 Petri 网普遍存在,定义 6.6 给出了自由选择网的概念。

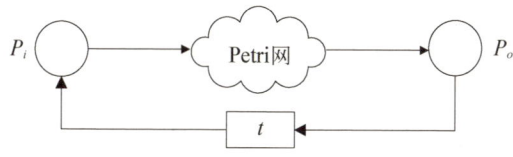

图 6-6　工作流 Petri 网示意

定义 6.5　满足下面两条件的 Petri 网 $PN = (P, T, I, O)$ 为工作流 Petri 网。
(1) PN 有两个特殊库所 p_i 和 p_o。p_i 为起始库所,无输入弧,$^*i = \Phi$;p_o 为

终止库所,无输出弧,$o^* = \Phi$。

(2) 如果在 PN 中加入一个新的变迁 t,使 t 从终止库所 p_o 连向起始库所 p_i,则包含该新变迁的 PN 是强连通的。

定义 6.6 一个 Petri 网 $PN = (P, T, I, O)$,若 $^*t_1 \cap {}^*t_2 \neq \Phi$ 时 $^*t_1 = {}^*t_2$ 必定成立,则该 Petri 网为自由选择网。

如 6.1 节所述,工作流中活动与活动之间的关系通常可表示为顺序、并行、选择和循环 4 种基本路由。图 6-7 分别给出了各基本路由的 Petri 网结构作为构造具体业务过程模型的基本图元。如图所示:

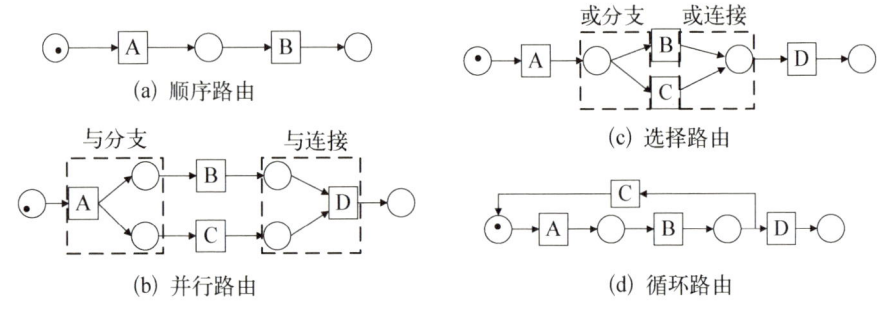

图 6-7 工作流基本路由 Petri 描述

(1) 顺序路由模型中变迁 A、B 为顺序执行的任务处理单元,如图 6-7(a)所示。

(2) 并行路由又称与路由,如图 6-7(b)所示,需"与分支"和"与连接"配合使用。其中,"与分支"保证变迁 B、C 同时处于使能状态,"与连接"则保证变迁 B、C 输出库所均有托肯后再执行后续变迁 D,即:获得同步后再执行后续任务单元。

(3) "或分支"和"或连接"配合使用形成选择路由,又称或路由,通过分支控制允许若干任务处理单元之一使能且被触发。如图 6-7(c)所示,变迁 A 触发后其输出库所中有一个托肯,变迁 B 或者 C 中有一个被触行发执。当两者中的任一个触发后,变迁 D 均处于使能状态。

(4) 反馈路由通过将既定变迁的输出结果返回到其执行顺序前的某个库所,构成闭环反馈,达到对操作结果重新进行加工的目的。在反馈的目的库所与反馈变迁之间一般都有一个或分支,通过或分支能够实现有限次的反馈循环,使得工作流程不至于陷入死循环中,具体如图 6-7(d)所示。

由上述分析可知,"与分支"和"与连接"配合使用能有效描述工作流并行路由;"或分支"和"或连接"配合则可构成选择路由模型。而当"与分支"后配套使用"或连接"时,将使得相应分支失去同步,造成同步丢失结构冲突,如图 6-8(a) 所示;当"或分支"后配套使用"与连接"时,因"与连接"处多个输入弧无法全部触发将造成死锁结构,如图 6-8(b)所示。为此,在工作流 Petri 网结构中"与"结构模块和"或"结构模块之间不能交替使用。除上述两种不合理结构外,选择路由中某个分支的条件永远为假,其连接的变迁操作得不到执行的不可达结构;反馈路由中的结束条件永远不能满足造成的循环死锁或反馈条件永远不能满足造成的反馈回路不可达等为典型的工作流 Petri 网结构冲突。在工作流网构建时应避免上述死锁、不可达或同步缺乏 3 种典型结构冲突的发生。

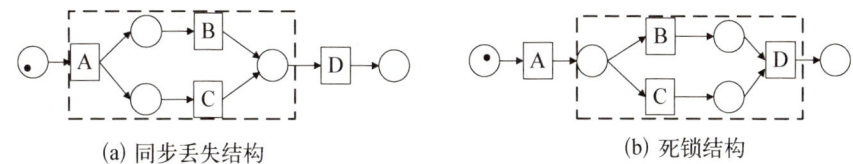

(a) 同步丢失结构　　　　　　　　(b) 死锁结构

图 6-8　不合理的工作流 Petri 网结构

6.1.3　工作流 Petri 网正确性验证

正确性分析是工作流建模分析中必须完成的任务,它是业务目标实现的基本保证。模型的正确性包括两方面的含义:一方面指结构上的正确性,即:工作流模型是可达、无死锁、安全的;另一方面指语义上的正确性,即:功能模型与实际业务过程等价。本章采取首先对 Petri 网工作流结构进行归约,进而进行正确性判定的系统规约法对工作流模型的结构正确性进行验证;而语义正确性则通过后续的 eM-Plant 仿真过程来验证。本书主要采取如下基于自由选择网的 8 种规则[120-122]对工作流 Petri 网进行规约简化:

(1) 规则 1。对于输入输出弧唯一的变迁 t_k,若其输入库所 p_i 不存在 t_k 之外的其他输出分支,且 p_i 不存在自循环(变迁 t_k 既是 p_i 的输出库所又是 p_i 的输入库所时,称 p_i 自循环),将 t_k 删除并将 p_i 与 t_k 的输出库所融合。

(2) 规则 2。对于输入输出弧唯一的库所 p_i,若其输出变迁 t_k 不存在 p_i 之外的其他输入库所,t_k 的输出库所不为空且 p_i 不存在自循环,将 p_i 删除并将 p_i 的输出变迁和输入变迁融合。

(3) 规则 3。若变迁 t_k 和 t_m 的输入及输出库所均相同,将 t_k 和 t_m 中的其中一个和其连接弧删除。

(4) 规则 4。若库所 p_i 和 p_l 的输入及输出变迁均相同,将 p_i 和 p_l 中的其中一个和它的所有连接弧删除。

（5）规则 5。若 PN 中存在一个非负相关的库所 p_i，若不包含 p_i 及其连接弧的结构是连通的，且包含一定数量的库所与变迁，将 p_i 及其连接弧删除。

（6）规则 6。若 PN 中存在一个非负相关的变迁 t_k，若不包含 t_k 及其连接弧的结构是连通的，且包含一定数量的库所与变迁，将 t_k 及其连接弧删除。

（7）规则 7。若 p_i 的输入和输出变迁是同一个变迁，将 p_i 及其连接弧删除。

（8）规则 8。若 t_k 的输入和输出库所是同一个库所，将 t_k 及其连接弧删除。

这些转换规则既没有增加也没有消减工作流图中的结构冲突。循环执行归约过程将工作流 Petri 网化为简单网结构，以便于进行结构冲突分析。若规约后的 Petri 网存在结构冲突，规约前的工作流 Petri 网必定不合理，否则，规约前的工作流 Petri 网结构合理有效。

6.2　出口箱决策业务流程描述与分析

6.2.1　集装箱码头出口箱业务系统

堆场业务几乎和集装箱码头其他子系统均关联，是集装箱系统的核心和关键。为建立堆场业务中最为复杂的出口箱业务工作流模型，首先需对集装箱码头出口箱的整体业务流程有一个全面把握。如图 6-9 所示，当码头收到船舶近期计划后，如果船舶有出口集装箱，码头需制定集港计划预留堆场用于集箱，以便从全局上指导船舶开港后的集箱堆存作业；船舶到港前 3—5 天出口箱开始进场，以已制定的集港计划为基础，根据堆场的具体堆存情况为到港箱动态分配堆存箱位；既定倍位堆满后，进行位内预翻箱方案优化决策；根据预翻箱方案调度场桥，利用装船前的空闲时间进行位内翻箱整理，以便减少装船发箱时翻箱的概率，提高发箱效率；出口箱结港后装船开始前几小时，码头配载员根据预配船图、装箱单、出口箱堆存情况及经海关放行的场站收据等进行船舶实配，并指定装船积载顺序；根据积载顺序确定场桥发箱顺序；在位内发箱顺序可知的情况下，利用发箱前的短暂时间，对位内作业序列进行优化决策，以便指导场桥的位内取箱和翻箱作业，最大限度地减少翻箱次数，保证发箱作业的流程性；装船开始时船舶控制调度员根据配载图和出口箱的场箱位进行岸桥调度，安排岸桥装船并动态投入集卡，场吊司机根据取箱和翻箱指令实施发箱；集卡司机到指定箱区，待场桥将相关集装箱装载至集卡后驶向指定岸桥，并由该岸桥进行装船作业。整个流程涉及事先离线决策、阶段性动态决策和实时动态决策 3 类决策业务。其中，码头近期计划和昼夜计划、集港计划中区段计划、位内预翻箱方案决策、船舶配载和装船顺序决策、发箱顺序决策、场桥发箱作业序列决策等属事先决策；集港计划中的分时段倍位预留决策及箱簇与预留倍位的匹配计划属阶段性计划决策；由于场桥和岸桥等大型设备不易往复移动，场桥和岸桥的配置与调度等可看作阶段性决策的范畴；而集港箱具体箱位分配和集卡调度则属于动态实时决策。

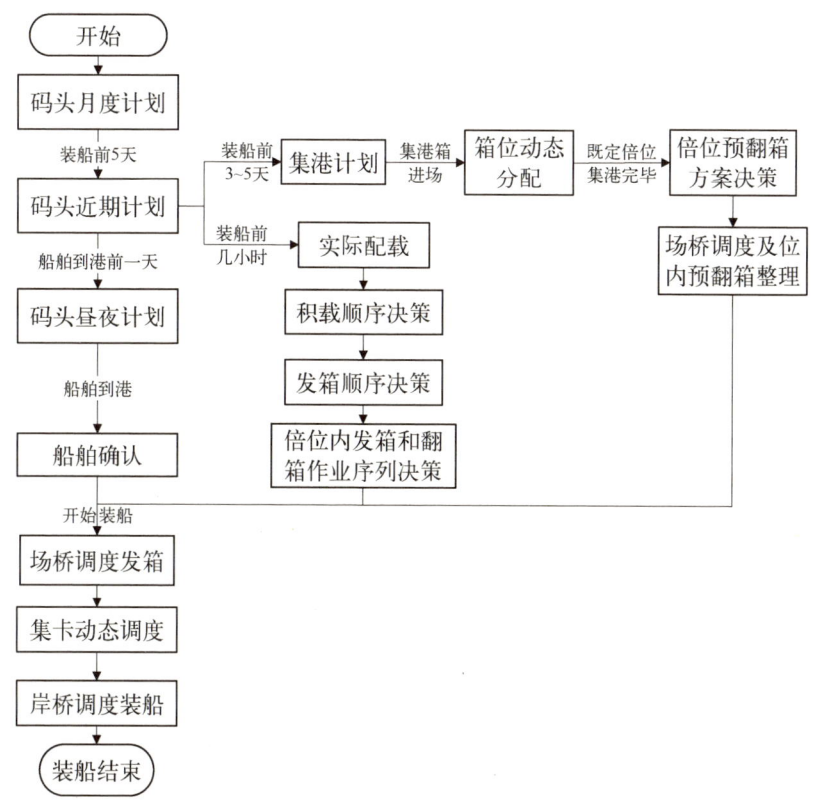

图 6-9 集装箱码头出口箱业务流程

6.2.2 出口箱堆场决策业务流程

业务流程模型是一个由战略流程向操作流程逐步细化的整合性系统。需求不同，业务流程涉及的范围和深度也不尽相同。如：高级管理层需要的是宏观层面的核心流程描述，系统管理组成员需要相对详细和系统性的流程描述，而员工则需要具体详细且针对其工作涉及范围的流程描述。如：装船作业层面涉及的数据即有箱号、尺寸、是否为直装箱、来源、箱型、状态、箱损标识、整拼标识、箱重、箱重等级、设备交接单、起运港、卸货港、目的港、持箱人、货特、铅封号、计划箱位、场箱位、海关放行情况、船箱位、甲板/舱内、排号、所属配载次数、发箱计划所属批次、装船作业线、复核标识、装船理货人员、进场时间、装船日期、记录时间、船舶航次等。本章不针此类具体执行层面,旨在从较宏观的层面对核心决策业务流程进行研究,以理清相关决策的步骤及所涉及的数据范围等。图6-9首先给出了码头范围内出口箱的业务流程,利于从较为宏观的层面明确出口箱堆场决策业务之间,以及堆场决策业务和其他业务之间的关联。依此为基础,进一步对集港计划、箱位动态分配、预翻箱决策及位内发箱作业序列优化等出口箱堆场核心决策业务细化描述,具体如图6-10—图6-16所示。

集港计划可进一步细分为:"船舶—区段"匹配计划、"箱组—区段"匹配计划等开港前的一次性决策,及分时段倍位预留计划、时段内预集港箱簇与预留倍位的匹配计划等随既定船舶集港进程阶段性进行的决策,决策流程分别如图

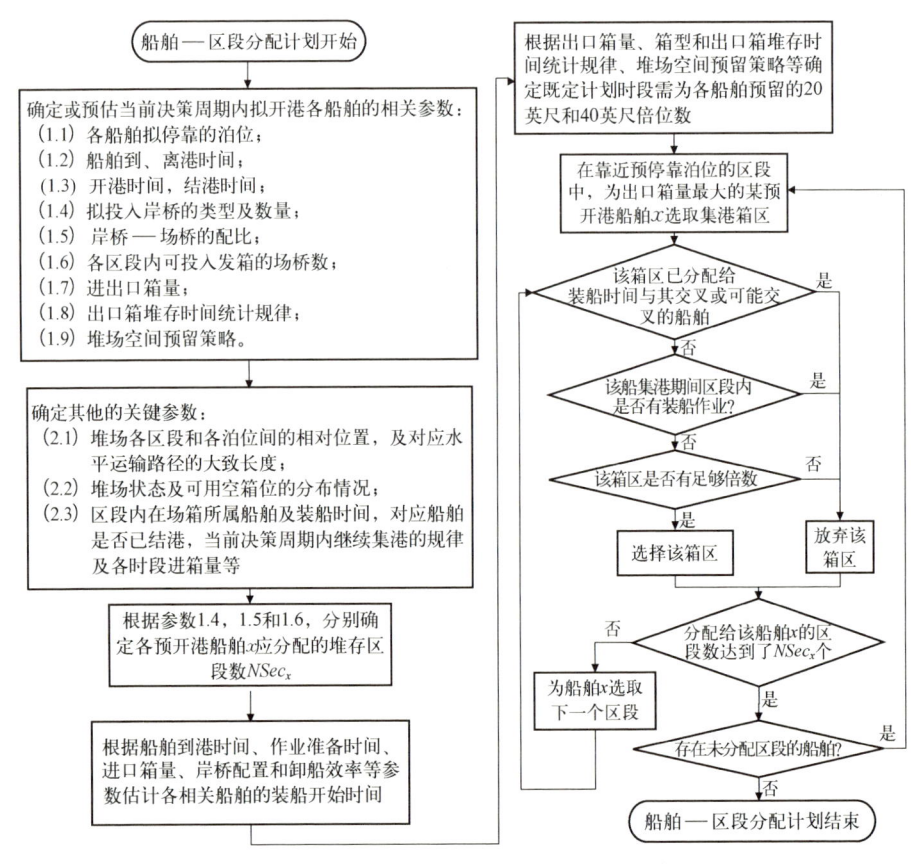

图6-10 集港计划中"船舶—区段"匹配计划

6-10—图 6-13 所示。其中,"船舶—区段"分配计划以船舶为单位,综合考虑整个决策周期内各拟开港船舶的整体情况,对既定船舶集港箱所需区段数及匹配区段 2 个主要模块进行决策。整个决策过程充分利用了班轮的出口箱量、卸货港信息、箱重分布、拟投入作业路数、出口箱在港堆存时间统计规律、预知的班轮靠、离泊时间及停靠泊位等预测信息或可知信息等,有效避免了装船作业存在冲突及集港作业量过于集中的现象,利于保证装船作业的整体水平运输距离较短,关键流程见图 6-10。以"船舶—区段"匹配计划优选方案为基础,以既定船舶各箱组为单位进一步对"箱组—区段"匹配计划进行决策。将每个时段装船的箱子平均分配到各区段且保证利于平均分配到区段内的各个场桥,是"箱组—区段"匹配计划决策的核心目标,是"保证并行同步装船发箱"这一抽象决策目标的具体表达。由于该决策目标不易量化,决策过程中主要通过相关约束的有效表达对方案进行有效控制,满足约束的方案均可保证装船发箱的并行性与同步性为可行"箱组—区段"匹配方案,也可看作较优方案,具体决策流程如图 6-11 所示。

"船舶—区段"匹配计划为预开港船舶一次性指定了与其匹配的全部区段,

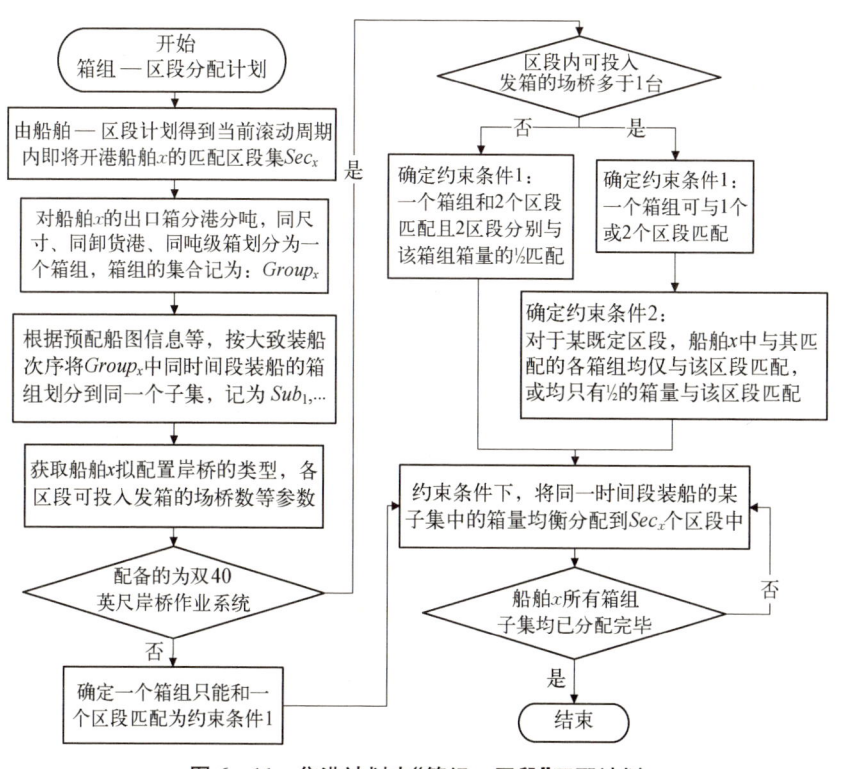

图 6-11 集港计划中"箱组—区段"匹配计划

限制了既定船舶相关集港箱将来堆存的区段范围,从整体上把握了各拟开港船舶集港堆场的整体优化性。具体到各区段内的倍位计划,若集港开始时即为既定船舶预集港至区段的全部出口箱计划并预留倍位,将造成预留计划倍位长时间为空闲,致使堆场利用率过低、可用堆存空间资源紧张等状况。为此,本书倍位计划决策时,采取以单个船舶为研究对象,分阶段分别进行倍位计划的决策策略。倍位预留计划主要涉及当前时段区段内预留倍位数的确定、子区段的划分及子区段内预留倍位数决策、预留倍位具体位置的确定3项主要内容。其中,倍位预留时间段的合理划定是各项决策的基础和关键。岸桥作业系统的类型、区段内拟投入装船的场桥数、"箱组—区段"匹配情况等是倍位计划的重要参数,具体决策流程如图6-12所示。完成倍位预留计划后,且在当前阶段集港开始前,

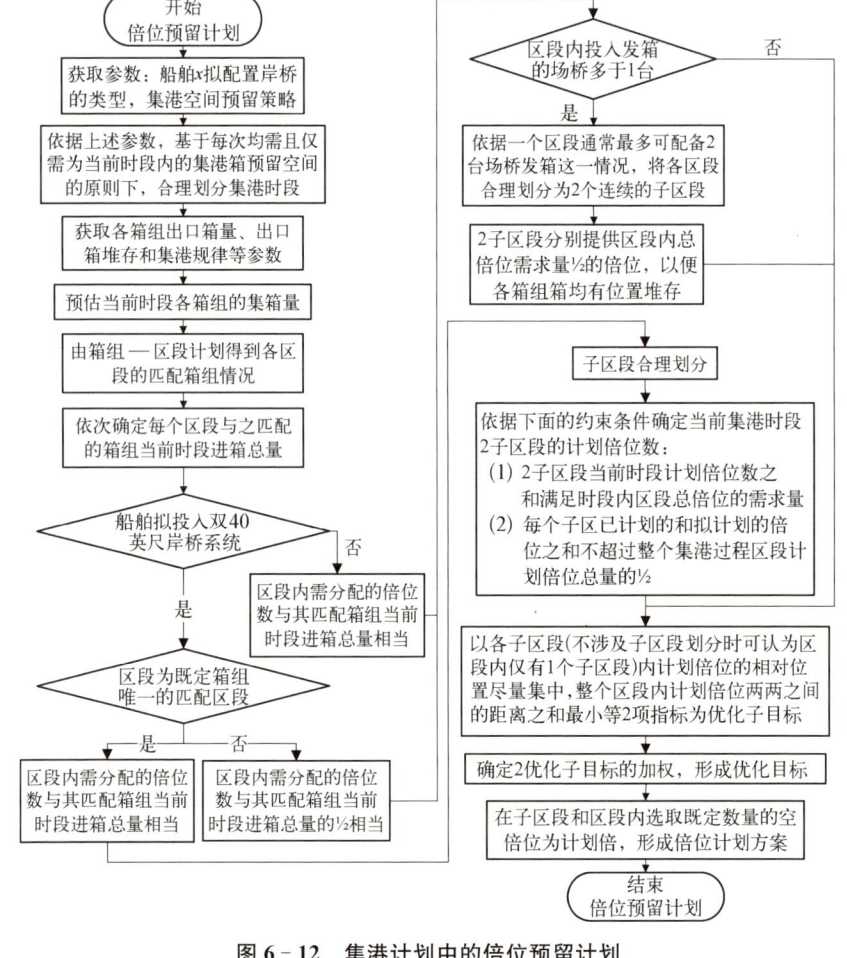

图6-12 集港计划中的倍位预留计划

需进一步对箱组与预留倍位合理匹配进行决策,以便最大限度地增加场桥发箱作业的连续性,减少发箱作业时大车的往复移动,决策流程如图 6-13 所示。其中,将当前倍位预留时段内的同箱组箱集中堆存是箱簇划分的基础,2 区段并行互补集箱或 2 子区段互补集箱是双 40 英尺作业系统下"箱簇—区段"匹配的核心思路。决策模型的详细情况可参见第 3 章。

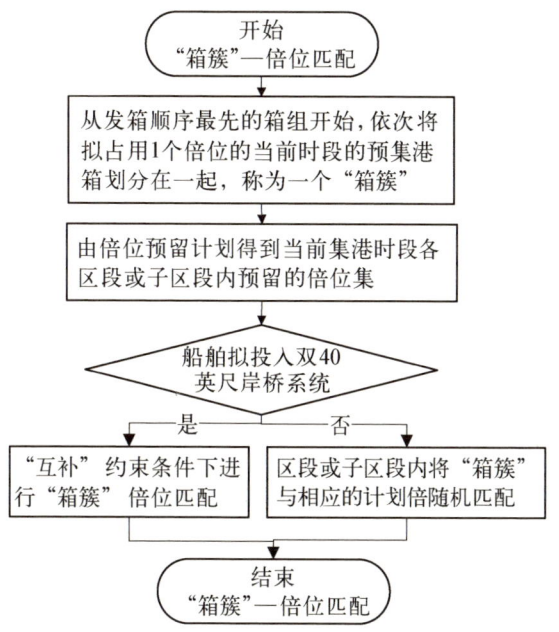

图 6-13　集港时段内箱簇—倍位匹配计划

　　堆场密度不同箱位动态分配策略也不尽相同。当码头堆场密度较低时,箱位分配可在牺牲堆场利用率的情况下,最大限度地降低翻箱率,提高码头作业效率;而当堆场密度较高时,有效利用仅有的堆场资源、最大限度地协调堆存能力和作业效率,成为集港箱箱位分配首要考虑的因素。本书在第 3 章构建了多级分类堆存体系利于根据不同的堆存密度实现集港箱箱位优化动态分配。对于战略规划合理,堆场密度在良好控制范围的大型现代化集装箱码头,按排堆存和重压轻堆存策略应用最为广泛。其中,按排堆存适合出口箱量大、箱重差异小、吨级数少的大型船舶的集港箱,且在出口箱箱重总能满足双 40 英尺岸桥吊具最大起重总量和两吊具最大重量差的情况下,该堆存方式便于配备双 40 英尺岸桥系统进行装船作业。和按排堆存相比,集港箱按重压轻堆存适合箱重差异较大且船舶配载对吨级要求高的船舶。由于吨级分类细致,各吨级的出口箱数相对较少,重压轻堆存利于减少各吨级箱单独占用一个堆存排致使堆场空间浪费的现象。两堆存策略各有特点,均利于保证较高的堆场利用率且利于减少堆场翻箱,图 6-14 描述了上述策略下集港箱箱位动态分配决策流程。流程中关于如何具体实现倍位堆垛状态符合重压轻或满足按排堆存可进一步细化。

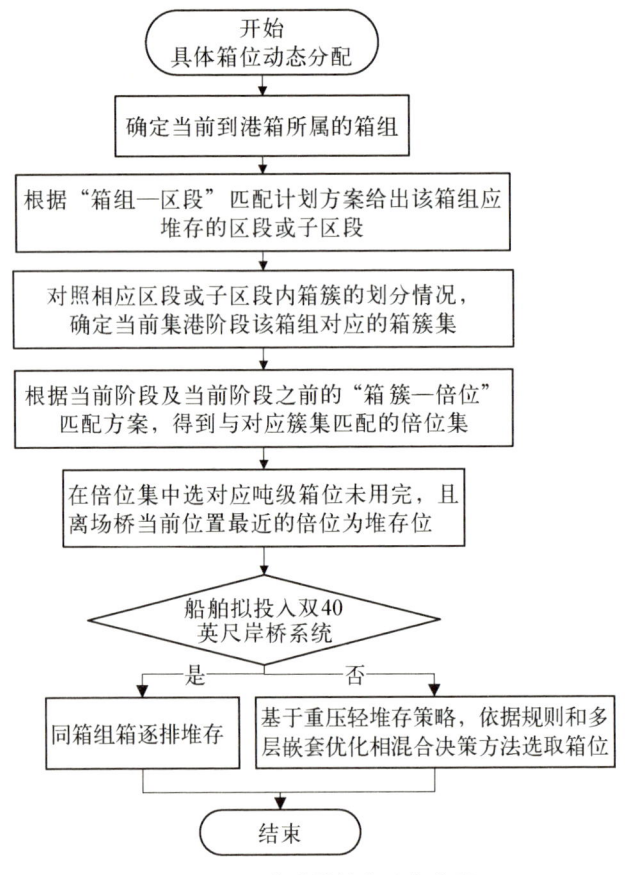

图 6-14　集港箱箱位动态分配

　　装船前位预翻箱整方案优化决策属于大规模组合优化问题。主要包括基于规则的目标状态事先确定、翻箱方案形成过程中无效翻箱的控制、方案形成后 2 次或多次翻箱的合理性判定及优化调整,以及求解算法的合理设计等模块。其中,目标状态的事先确定为初始堆存状态下及翻箱过程中有效标识固定箱提供了依据;方案形成过程中无效翻箱控制原则、翻箱方案形成后 2 次或多次翻箱的有效性判定及优化方法利于以有限的计算代价获取性能优良的决策方案。由图 6-15 可知,整个搜索过程结束前,依次得到多个方案,并记录其中较优的一个或多个方案;搜索过程结束后即可根据2次和多次翻箱的形成机理,对较优方案中的2次和多次翻箱进行有效性判定和优化调整;不考虑位内翻箱距离的情况下,选取调整后翻箱次数最少的方案为优选方案。整个优化决策过程充分利用位内预翻箱问题的启发信息,有效控制了搜索空间的无限扩大及搜索路线的迂回等。

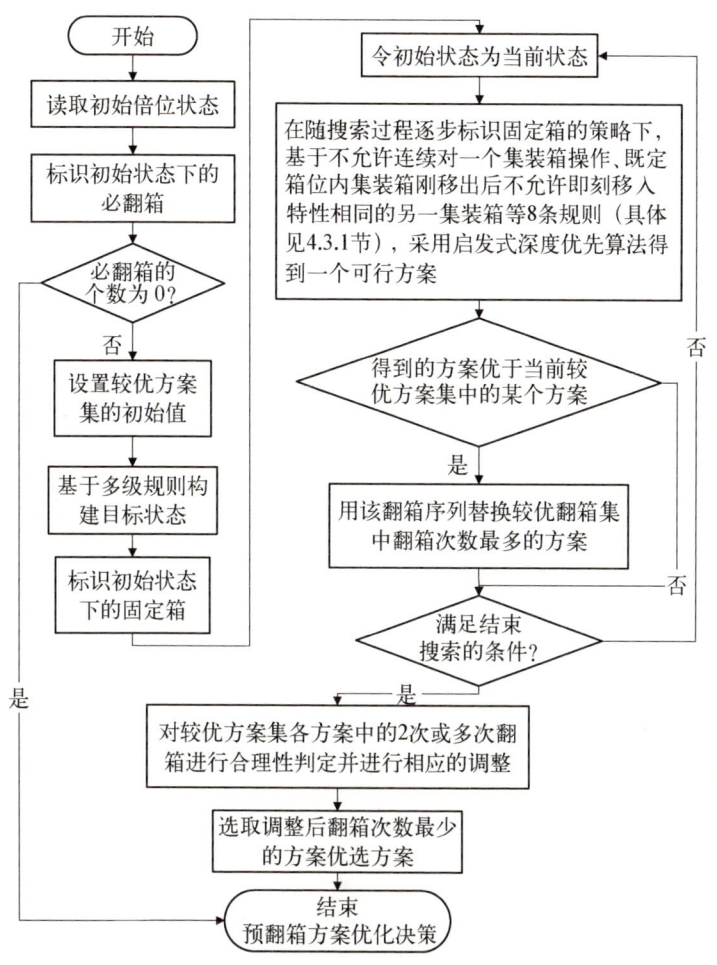

图 6-15 位内预翻箱方案优化决策业务流程

图 6-16 对装船时位内翻箱方案优化决策流程进行了描述。箱位选取规则的确定及求解算法的设计是其中的核心和难点。本书给出了翻出箱堆存箱位选取规则,在较优方案不丢失的情况下,保证了翻出箱可行堆存箱位集的有效确定。该规则下每个预翻箱集装箱的可行堆存箱位通常不止一个,每次翻箱选取

的堆存箱位不尽相同,将形成多个不同的翻箱方案。既定搜索深度下翻箱次数最小的方案较优。该决策流程亦适用于如托盘、木箱等与集装箱具有相似堆垛特点的物品取货时的翻箱问题。

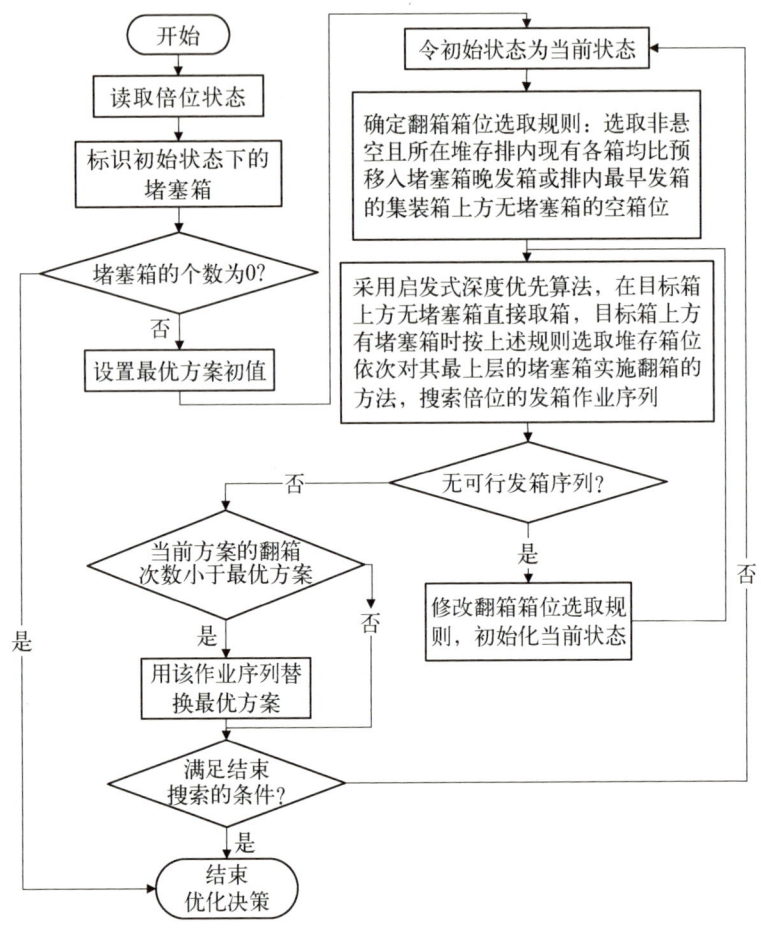

图 6-16 装船时翻箱方案决策业务流程

6.3 出口箱决策业务层次工作流 Petri 网构建

6.3.1 出口箱工作流 Petri 网顶层结构

如图 6-9 所示,集装箱码头出口箱作业流程主要包括:码头月度计划、码头近期计划、码头昼夜计划、集港计划、到港箱箱位动态分配、装船时位内预翻箱决策、场桥调度和位内预翻箱整理、装船实配及积载顺序决策、出口箱发箱顺序及位内发箱和翻箱序列决策及装船作业设备调度等,对应的工作流 Petri 网可描述为如图 6-17 所示的结构。其中,p_i 为起始库所,p_o 为终止库所;各变迁是执行任务的抽象,具体含义如表 6-1 所示;库所用于存储托肯,标识变迁的前置和后置条件。整个工作流网从起始库所开始,终止库所结束,由顺序路由、循环路由、并行路由和选择结构等基本路由和基本结构组成。除使能变迁自动触发外,引入消息触发、时间触发和人员触发 3 种常见的变迁触发机制[122],使能变迁只有满足这些外部事件才能触发。

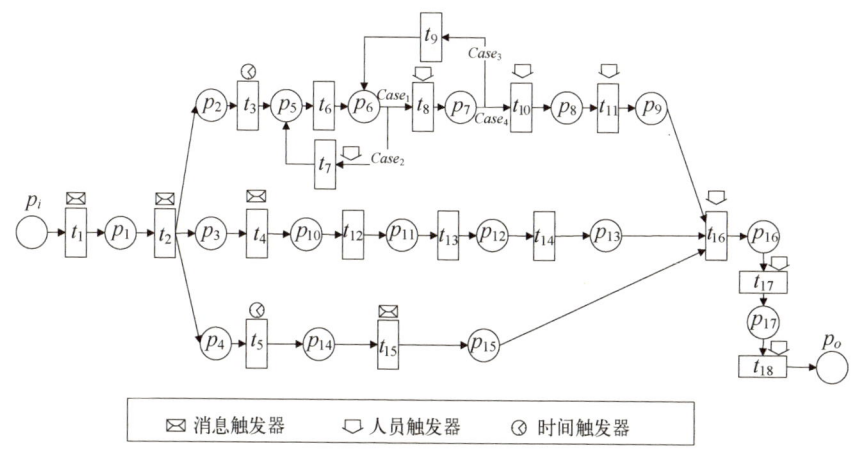

图 6-17 集装箱码头出口箱工作流 Petri 网

表 6-1 集装箱码头出口箱层次工作 Petri 网中关键节点的意义

集装箱码头出口箱工作流 Petri 网	
p_i:工作流 Petri 网起始库所	p_o:工作流 Petri 网终止库所
t_1:码头月度计划(消息触发)	t_{10}:位内预翻箱方案决策(人员触发)
t_2:码头近期计划(消息触发)	t_{11}:场桥调度及位内预翻箱(人员触发)
t_3:集港区段计划(时间触发)	t_{12}:船舶积载顺序决策
t_4:船舶实配(消息触发)	t_{13}:出口箱发箱顺序决策
t_5:昼夜计划(时间触发)	t_{14}:位内发箱和翻箱作业序列决策
t_6:集港时段倍位计划	t_{15}:船舶确认(消息触发)
t_7:开始下一时段倍位计划(人员触发)	t_{16}:场桥调度发箱(人工触发)
t_8:箱位动态分配(人员触发)	t_{17}:集卡动态调度(人工触发)
t_9:等待下一个出口箱到港	t_{18}:岸桥调度装船(人工触发)

(1) 消息触发 一个任务只有被另一个系统通知后才能执行。码头月度计划和近期计划、船舶配载一般在收到船方资料后执行,属消息触发任务;另外,船舶确认也可看作由消息触发。

(2) 时间触发 某些任务在经过了一段特定的时间后才开始。基于时间的信号可以是相对时间信号或绝对时间信号。其中,相对时间信号依赖于托肯进入输入库所的时间,而绝对信号总在固定的时间点或时间段处理任务。集港计划和昼夜计划一般在既定船舶到港前 3—5 天及前一天执行,可看作时间触发任务。

(3) 人员触发 任务需要用户的输入才能执行。开始下一个时段的倍位计划、位内预翻箱方案决策、场桥调度及预翻箱整理可由人员控制触发;箱位动态分配、装船作业时岸桥、场桥和集卡的调度也可由人员根据作业状况触发。

6.3.2 工作流 Petri 网顶层结构正确性分析

图 6-17 所示的出口箱工作流 Petri 网为自由选择网,可应用 6.3.1 节的规则进行规约简化。结构规约过程中可直接将触发器删除,规约后的 Petri 网结构如图 6-18 所示。图 6-17 中,变迁 t_5 的输入输出弧唯一,其输入库所 p_4 不存在 t_5 之外的其他输出分支且不存在自循环,符合规约规则 1,可将 t_5 删除并将 p_4 和 p_{14} 融合;同理,可将 t_{15} 删除,将 p_4 和 p_{14} 融合后形成的库所与 p_{15} 进一步融合。至此由 p_4、t_5、p_{14}、t_{15}、p_{15} 构成的分支被简化为一个库所。同样使用规则 1 可将 t_2 的第 2 个分支规约为一个库所。由于 2 规约库所的输入变迁均为 t_2,输出变迁均为 t_{16},由规则 4 可知,可将其中一个库所和其连接弧删除,为此,t_2 的第 2 和第 3 个分支最终可被规约为单一库所 p_x,t_2 和 t_{16} 分别为 p_x 的输入和输出变迁。另外,利于规则 1 可将 p_{16}、t_{17}、p_{17}、t_{18} 和 p_o 规约为单一库所 p_y。利于规则 2 可将 t_1、p_1、t_2 及 t_{10}、p_8、t_{11} 分别规约为单一变迁 t_k 和 t_i。整个规则过程主要应用了 6.3.1 节中的规则 1、规则 2 和规则 4。

经规约后出口箱工作流 Petri 网简化为图 6-18 所示的简单结构。该结构由起始库所开始,结束于终止库所。主要包括 2 个循环结构和 1 个并行路由。其中,2 个循环结构中 $Case_1$ 表示当前时段的计划倍位能满足集港要求,集港箱到港时有位置堆存;$Case_2$ 表示需进行下一阶段的倍位计划;$Case_3$ 既定船舶的集港箱仍在陆续进港的情况;而 $Case_4$ 则表明已结港可进行位内预翻箱决策和整理阶段;当当前时段的计划倍位尚能满足需要且集港箱陆续进场的情况下,自动触

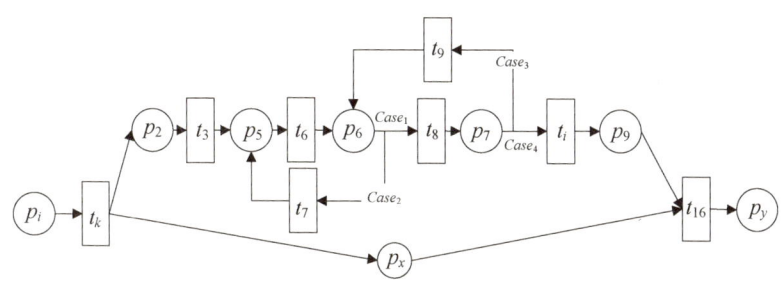

图 6-18　码头出口箱工作流规约 Petri 网

发变迁 t_9 等待下一个集港箱到港，当集港箱到港时由人员触发变迁 t_8 为其动态分配箱位。如此循环直到 $Case_1$ 不满足，需计划下一个时段计划倍位时，由人员触发 t_7 进行倍位计划。当满足 $Case_4$——结港时，循环结束，可进入位内预翻箱决策阶段。结构内不存在某个分支的条件永远为假，其连接的变迁操作得不到执行的不可达结构；也不存在 $Case_4$ 对应的结束条件永远不能满足造成循环死锁的现象。同时，并行路由由"与分支"和"与连接"配合使用，待 p_x 和 p_9 均有托肯，即：获得同步后，由人员激发变迁 t_{16}，不存在同步丢失结构冲突。综上可知，规约 Petri 网不存在死锁、不可达或同步缺乏等冲突。由于规约规则下规约 Petri 网和原始工作流网在结构正确性上具体等价性，为此，图 6-17 给出的集装箱码头出口箱工作流 Petri 网结构合理有效。

6.3.3　出口箱堆场工作流子网描述与分析

基于集装箱码头出口箱层次工作流 Petri 网顶层结构的正确表达，及 6.2.2 节对堆场核心决策业务流程的有效描述，图 6-19 对工作流顶层结构中的集港计划决策、箱位动态分配、位内预翻箱方案优化决策和装船时翻箱方案决策等堆场核心决策任务进行了细化描述，各变迁的具体含义如表 6-2 所示，变迁之间的库所用于存储托肯，标识变迁触发的前置和后续状态。其中，图 6-19(a)为集港计划的决策子 Petri 网，整个结构分"船舶—区段"计划、"箱簇—区段"计划、分时段倍位预留计划、拟集港箱簇与预留倍位的匹配计划 4 个部分。其中前两部分是区段计划，属开港前一次性决策，与图 6-17 所示顶层结构中的变迁 t_3 对应；后两部分属于阶段性决策，与顶层结构中的 t_6 对应。图 6-19(b)、图 6-19(c) 和图 6-19(d) 则对集港箱箱位实时动态决策、位内预翻箱方案优化决策和装船时翻箱方案决策等进行了 Petri 网细化，分别与图 6-17 所示顶层结构 t_8、t_{10} 和 t_{14} 对应。各子网结构均以变迁开始，并以变迁结束，仅包括顺序路由和选择路由等基本路由结构,采用 6.3.1 节中的规则 2 和 8 等规约后均可简化为单一变迁,不存在死锁、不可达或同步缺乏等结构冲突,为有效 Petri 网子网结构。各子网可嵌入到出口箱决策流 Petri 网顶层结构中实现对堆场各核心决策任务的等价替换。

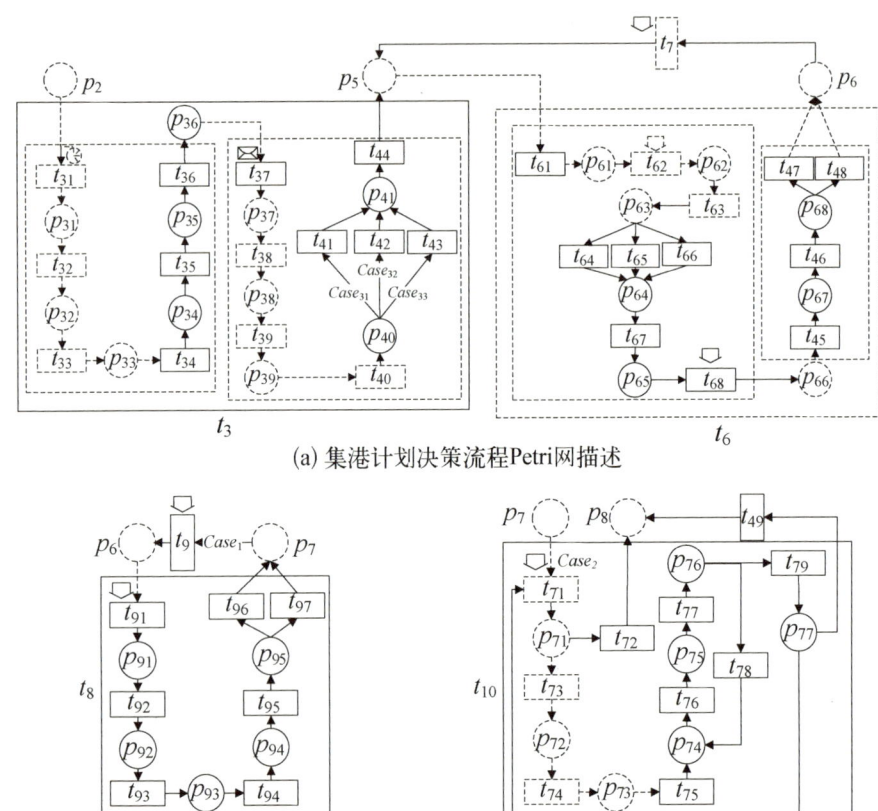

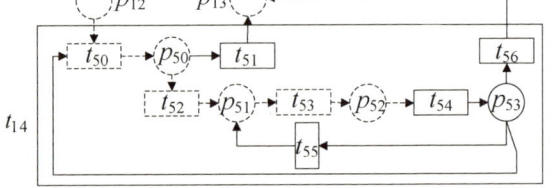

图 6-19 集装箱码头出口箱层次工作 Petri 网描述

表6-2 堆场核心决策细化子Petri网中各变迁的意义

集港计划Petri网	
t_{31}：获取拟开港各船舶的相关参数 t_{32}：获取堆场情况等其他关键参数 t_{33}：确定各预开港船舶应分配区段数 t_{34}：估计各相关船舶的装船开始时间 t_{35}：预估各时间段集港空间需求情况 t_{36}：在目标和约束下确定船舶—区段匹配方案 t_{37}：由船舶—区段计划得到船舶的匹配区段集 t_{38}：对既定船舶 x 的出口箱划分箱组 t_{39}：将同时间段装船的箱组归并为一个箱组子集 t_{40}：获取岸桥类型、区段内发箱场桥数等参数 t_{41},t_{42},t_{43}：分别针对常规岸桥系统、双40英尺岸桥系统且一个区段拟投入1	台或2台场桥发箱等3种可能情况，确定区段计划约束 t_{44}：完成既定船舶的箱组—区段计划 t_{61}：合理划分倍位预留时段 t_{62}：预估当前时段各箱组的集箱量 t_{63}：确定区段匹配箱组当前时段进箱总量 t_{64},t_{65},t_{66}：针对需划分子区段且时段内2子区段中倍位计划数需相等、可以不等、无须划分子区段等三种可能情况确定子区段内计划倍位的数量 t_{67}：确定倍位预留方案 t_{68}：完成倍位预留，开始倍位箱簇匹配 t_{45}：区段内当前时段预集港箱划分箱簇 t_{46}：获取各区段或子区段预留的倍位集 t_{47},t_{48}：针对双40英尺岸桥和常规岸桥系统分别进行箱簇与预留倍位匹配

出口箱集港箱位动态分配Petri网	
t_{91}：确定当前到港箱所属的箱组 t_{92}：获取该箱组应堆存的区段或子区段 t_{93}：获取当前集港阶段该箱组对应的箱簇集 t_{94}：获取与对应簇集匹配的倍位集	t_{95}：确定当前到港箱的堆存倍位 t_{96},t_{97}：针对双40英尺岸桥和常规岸桥系统的堆存策略，在既定倍位内确定当前到港箱的堆场箱位

装船前位内预翻箱方案决策Petri网	
t_{71}：已结港，获取某一倍位的状态，标识必翻箱 t_{72}：位内无必翻箱，结束该倍位的预翻箱决策 t_{73}：设置较优方案集的初始值 t_{74}：基于多级规则构建目标状态 t_{75}：标识初始状态下的固定箱	t_{76}：基于既定的翻箱规则搜索可行方案 t_{77}：更新当前最优方案 t_{78}：开始新方案的搜索 t_{79}：对较优方案集各方案中的2次或多次翻箱进行合理性判定并进行相应的调整，确定既定倍位的翻箱方案 t_{49}：完成所有相关倍的预翻箱方案决策

装船时位内翻箱方案决策Petri网	
t_{50}：获取某一倍位的状态，标识堵塞箱 t_{51}：位内无堵塞箱，结束该倍位的翻箱决策 t_{52}：设置优化方案的初始值 t_{53}：既定箱位选取大规则下，搜索一个可	行方案 t_{54}：更新当前最优方案 t_{55}：开始新方案的搜索 t_{56}：得到所有相关倍的装船取箱及翻箱作业序列

6.4 本章小结

本章对工作流技术、工作流 Petri 网描述方法及工作流 Petri 网正确性验证等进行了较为深入的阐述。对集装箱码头出口箱决策业务整体流程进行了有效描述,理清了出口箱堆场业务与其他子系统相关业务之间的关系。结合第 2—5 章的研究成果,建立了集港计划、箱位动态分配、位内预翻箱优化决策、装船时堆场取箱和翻箱方案决策等堆场核心决策业务流程。基于层次 Petri 网思路,构建了集装箱码头出口箱工作流 Petri 网顶层结构,及可等价替换顶层相关任务的 Petri 子网,采取规约方法对 Petri 网进行了等价结构简化和正确性分析。本章建立的出口箱层次工作流 Petri 网利于理清出口箱堆场决策任务所涉及的数据,及各项任务之间、各项任务与码头其他子系统之间的信息流动关系,为工作流管理系统的最终构造奠定了一定的基础,同时,为下一章集装箱码头生产系统仿真提供了建模依据。

第 7 章
集装箱堆场生产组织仿真

集装箱码头营运系统是庞大的离散事件动态系统,从外部来说,其生产组织需同一关三检、边防、船公司、船舶代理、引航、港监、保险、铁路或客户等协作;从内部来说,要协调泊位、道路、堆场、道口及岸桥、场桥、集卡等资源、各项业务决策以及作业人员等之间的关系。一环脱节就会严重影响整个码头的作业效率。所以,集装箱码头生产组织是多部门、多环节、多工种、内外协作的过程,具有鲜明的协作性,影响因素繁多且具有很强的随机性和不确定性。传统的定量计算很难体现众多随机因素的影响,而计算机仿真技术的运用为解决此类问题提供了行之有效的方法。前面各章对码头营运系统中最为复杂堆场子系统进行了深入研究,针对子系统中最为核心的出口箱业务,提出了集港堆存计划、集港箱到港动态堆存、位内预翻箱整理堆存、装船时翻出箱堆存等堆场关键决策业务的解决方案,为出口箱从进场至装船整个堆存周期内的合理堆存及出口箱业务的有效组织奠定了基础。其中的位内预翻箱整理堆存和装船时翻出箱堆存属堆存位内局部决策,本书已分别在第 4 章和第 5 章构建了合理的模型,并设计了有效的求解算法和智能决策系统,实现了高效、优化、智能决策。与之不同,集港计划和箱位动态分配和其他子系统之间存在较大的关联,求解算法无法有效描述随机因素的复杂影响,为此,拟采取仿真方法对其正确性进行有效验证。考虑到集港计划、集装箱到港堆存决策与其他子系统之间相互影响,在第 2 章和第 3 章已对相关决策模型有效描述,并在第 6 章对出口箱层次决策工作流进行了正确表达的基础上,本章拟构建集装箱码头作业系统 eM-Plant 仿真模型,旨在从系统角度出发验证堆场生产组织策略,特别是集港计划、集港箱箱位动态分配等堆场核心决策业务解决策略的正确性及实用性。

7.1　离散系统仿真及仿真环境选取

离散事件动态系统(DEDS)的状态变化通常呈现不确定性,很难用确定的数学模型来描述,目标函数一般只能通过仿真运行得到结果。对于 DEDS 建立系统仿真模型,通过仿真得到系统的相关参数,已成为 DEDS 研究中最常用的途径之一。目前的理论研究主要包括仿真建模方法[123-127]、智能仿真[128]、分布交互仿真[129-130]、人机和谐的仿真环境[131-133]、仿真优化[118],[134-135]等。仿真步骤一般包括问题的阐述、仿真目标的设定、收集数据建立模型、编制程序、模型确认、实验设计、运行和分析及仿真结论等,具体如下:

(1) 问题阐述。每一项研究都应从说明问题开始,问题由决策者或熟悉问题的分析者提供。

(2) 仿真目标的设定。目标表示仿真需回答的问题。目标不同,模型复杂度和侧重点也不尽相同。

(3) 收集数据和建立模型。收集数据是建立模型的基础;模型需描述实际系统的本质,且其复杂程度要和模型拟达到的研究目标相适应。

(4) 编制程序。建模者可采用如 Visual basic,Visual C++等通用语言,也可使用专用仿真语言进行编程,以实现既定的功能。其中,通用语言需要的开发时间较长,但其执行速度通常较快;专用语言编程容易、建模单元丰富、开发周期较短。

(5) 模型确认。通过反复校正确定模型准确反映了实际系统的本质。

(6) 实验设计。包括初始化仿真周期、运行次数及相关输入参数的设计等。

(7) 生产性运行和分析。通过仿真运行,对仿真过程中产生的数据进行分析,其目的在于预计一个方案的性能,比较两个或多个不同方案之间的差异。

(8) 给出仿真结论。仿真结果和相关结论通常以报表等形式表达,以便为决策者评价所选方案提供实证,增加模型的可信度。

目前,常用的仿真软件有 SIMULA,GPSS,SLAM,SIMAN;Witness,Arena,Promodel,Slamsystem 及 eM-Plant 等。其中,SIMULA,GPSS,SLAM,SIMAN 为继 C 语言等专用语言之后出现的文字模式模拟语言;Witness,Arena,Promodel,Slamsystem 以视窗界面整合图形化模式,具有动画及统计等功能,属于第 3 代系统仿真模拟软件;而由 Tecnomatixe 公司开发的功能更为强大的 eM-Plant 则可看作第 4 代系统仿真软件的代表。其特点具体如下:

① 丰富的分布函数。eM-Plant 提供丰富的概率分布函数。针对离散系统特点预定义的各种概率分布函数使得建模时只需从交互界面中选择一种分布即可实现仿真参数的输入,代替了复杂的编程;当实际仿真环境的概率分布不同于预定义的函数时,可以自定义函数表达式,具有很强的灵活性。

② 交互式面向对象的建模环境。将对象的图形与逻辑关系集成在一起,允许实时对单元进行修改和定义。

③ 全面的建模单元。eM-Plant 所提供的物理单元充分考虑了可能遇到的各种工程实际需要。

④ 强大的实时统计分析功能。eM-Plant 每个建模单元的对话框都具有统计功能,可直接查看对话框的统计结果,以便查找系统的错误原因。另外,还设置了强大的报表统计功能和瓶颈分析功能等。

⑤ 编程和优化功能。eM-Plant 自带的 Simtalk 语言,语法简洁,通过较短的开发周期即可实现复杂的功能。自带的遗传算法及神经网络模块易于实现优化仿真功能。

⑥ OLE 信息交互服务。eM-Plant 中的 FileInterface、FileLink 文件接口可以将数据导入导出;ODBC 接口可以实现与 Excel,Visual Basic,Visual C++ 等应用程序连接。

⑦ 层次建模功能。可以实现复杂的大型离散系统的分层次建模,界面简洁,且子系统可以多次使用,利于减少减轻技术人员的工作量。

鉴于目前尚未有成熟且易于操作的集装箱码头专用仿真软件,考虑到集装箱码头作业系统的复杂性及 eM-Plant 软件系统的强大功能,本书拟选取 eM-Plant 为仿真环境建立集装箱码头作业系统仿真模型,以便从系统的角度对堆场生产组织,特别是出口箱集港计划和动态堆存等核心决策业务的解决方案和方法进行正确性、有效性和实用性验证。

7.2 仿真模型构建与实验设计思路

对于 DEDS,当常规分析和设计方法难以处理时,人们往往寄希望于仿真,试图通过对系统模型化处理和在计算机上进行模型实验,利用实验结果分析系统性能或优化系统的配置。仿真是以模型为基础的,模型往往是在一系列假设下导出的,模型简化不恰当时仿真输出和真实输出之间必然会存在差异。另外,采用仿真实验结果来研究复杂的 DEDS 系统时,不可避免地会遇到扰动因素的影响,基于同一模型的多次仿真实验,其仿真结果并不完全相同。仿真结果输出的数据应具有代表性且以有限次仿真实验为依据做出的推断应具有一定的可信度。现在证实仿真模型有效性、仿真结果的可靠性等仿真模型性能问题的途径还需要进一步研究并系统化。常用的方法主要有灵敏度分析法、统计学方法和基于验前数据的对比法等。本书拟采用基于验前数据的对比法,首先以既定的集装箱码头为实例,根据实际的生产组织规则及历史数据进行仿真模型构建和实验设计,通过比较相关历史数据与仿真输出数据验正仿真方法和仿真结果的可靠性。以此为基础,对仿真模型进行适当修改或扩充后对拟检验的方案系统进行仿真,且可认为对应的仿真结果能较为贴切地反映拟检验且尚未投入使用的方案系统的性能特征。

基于上述仿真模型构建和实验设计思路,以堆场为多排多层直接堆垛,配备"常规岸桥—场桥—集卡"作业系统的天津某大型现代化集装箱码头为实例,建立码头作业系统仿真模型。按码头的实际生产组织规则及运营数据进行实验设计,通过生产性运营和分析验证仿真模型的正确性。以此为基础,在船舶类型、箱量分布等基本输入数据不变的情况下,用本书提出的常规岸桥作业系统堆场业务决策方案替代实例中堆场的实际组织策略,通过和实例仿真结果的比较验证本书提出的决策方法的优越性。针对目前双 40 英尺岸桥作业系统在船舶作业尤其是复杂的出口箱装船作业中尚未得到普遍应用,无可靠的码头原型及大量且全面的统计数据这一情况,本书在常规岸桥作业系统的基础上使用几台连续布置的双 40 英尺岸桥替代原方案中部分常规岸桥,并嵌入文中针对双 40 英尺岸桥系统提出的集港方法,通过对不同工况仿真结果深入分析和对比,揭示双 40 英尺岸桥作业系统适用条件,及本书针对双 40 英尺岸桥作业系统提出的 2 区段并行互补集箱和区段内互补集箱等堆场核心决策方案的有效性。

7.3 仿真模型的基本数据

1. 船舶基本数据
2006 年到港船舶 1 129 艘,载箱量、船长、挂靠港等信息见表 7-1 所示。

2. 码头吞吐量
年吞吐量 230 万~270 万 TEU。

表 7-1 船舶分类表

载箱量/TEU	船舶艘数/艘	船长/m	分配常规岸桥数/台	挂靠港数/个
0—400	114	155	2	3—15
400—1 000	438	155	3	3—15
1 000—1 800	298	200	4	5—10
1 800—2 800	104	272	5	8—12
2 800—4 000	101	282	6	12—17
>4 000	74	300	7	7—12

3. 岸壁线长度

岸壁线长 1 100 m。

4. 出口箱比例分布

按照功能划分：普通箱占 93%，危险品箱和冷藏箱分别约占 5% 和 2%；按箱尺寸划分：20 英尺和 40 英尺箱的比例约为 7∶3；另外，出口箱卸货港数基本符合表 7-1 中对应数据为上下限的平均分布，各挂靠港出口箱所属吨级通常有 5 个左右，且基本符合平均分布。

5. 进口箱比例分布

按照功能划分：普通箱占 93%，危险品箱和冷藏箱分别约占 5% 和 2%；按箱尺寸划分：20 英尺和 40 英尺箱的比例约为 7∶3；空重箱的比例为 1∶1。

6. 停车场容量

可容纳 150 辆集卡。

7. 船舶到港规律

2006 年服务船舶 1 129 艘，前后两船舶的到港时间间隔介于 6 min 和 60 h 之间。以 36 min 为一个时间段，1 128 个到港时间间隔符合见表 7-2 所示的统计规律。对应的分布直方图如图 7-1 所示。如图 7-1 的分布拟合结果可知，2006 年船舶的到达时间间隔符合 $\lambda = 7.75$ h 的负指数分布。

表 7-2 船舶到达时间间隔统计表

到港间隔/h	出现的频数/次	到港间隔/h	出现的频数/次
0—0.6	118	18—18.6	9
0.6—1.2	60	18.6—19.2	6
1.2—1.8	25	19.2—19.8	9

续　表

到港间隔/h	出现的频数/次	到港间隔/h	出现的频数/次
1.8—2.4	65	19.8—20.4	16
2.4—3	25	20.4—21	7
3—3.6	78	21—21.6	13
3.6—4.2	84	21.6—22.2	5
4.2—4.8	34	22.2—22.8	3
4.8—5.4	44	22.8—23.4	8
5.4—6	28	23.4—24	2
6—6.6	54	24—24.6	13
6.6—7.2	34	24.6—25.2	4
7.2—7.8	22	25.8—26.4	5
7.8—8.4	56	26.4—27	1
8.4—9	22	27—27.6	6
9—9.6	27	27.6—28.2	6
9.6—10.2	16	28.2—28.8	1
10.2—10.8	9	29.4—30	1
10.8—11.4	23	30—30.6	5
11.4—12	14	30.6—31.2	1
12—12.6	49	31.2—31.8	1
12.6—13.2	14	31.8—32.4	6
13.2—13.8	6	32.4—33	1
13.8—14.4	11	33.6—34.2	1
14.4—15	7	36.6—37.2	1
15—15.6	20	39.6—40.2	1
15.6—16.2	28	40.2—40.8	1
16.2—16.8	7	42.6—43.2	1
16.8—17.4	7	55.2—55.8	1
17.4—18	5	59.4—60	1

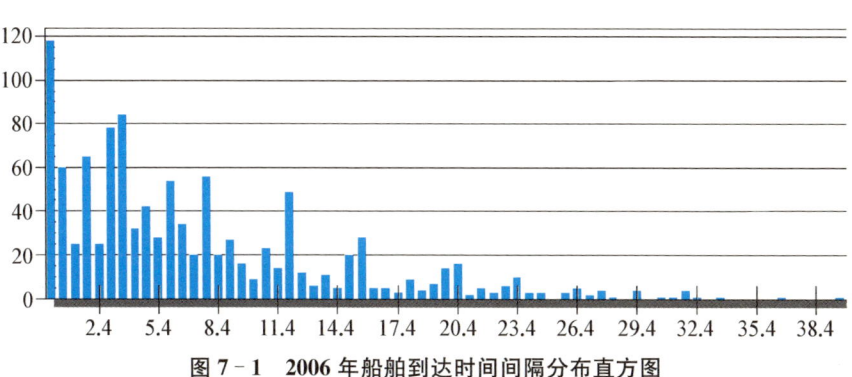

图 7-1　2006 年船舶到达时间间隔分布直方图

8. 箱区基本数据表

箱区基本数据见表 7-3 所示,前面各章均以堆场为多排多层直接堆垛形式的集装箱码头为研究对象,且多以 6 排 4 层为例进行具体分析和阐述。本章以同属多排多层直接堆垛——7 排 5 层堆垛的码头为实例,将前面各章的研究成果应用于该堆垛方式,一定程度上证实了本书研究成果对多排多层直接堆垛形式的普适性。

表 7-3　箱区基本数据

箱组功能属性	20 英尺倍位数/个	排　数	堆高/层
普通出口箱区	38	7	5
普通进口箱区	38	7	3
空箱区	39	14	7
海侧冷藏箱区	30	7	4
陆侧冷藏箱区	22	7	4

9. 设备参数

主要包括岸桥、场桥、集卡的运行参数及道口处理时间等。

(1) 岸桥参数。表 7-4 为常规岸桥单次作业周期统计情况表,平均约为 47 move/h;目前,尚未有大量且可靠的双 40 英尺岸桥单次作业循环时间统计。考虑到双 40 英尺岸桥锁紧集装箱耗时稍长,在堆场发箱足以保证需同时装船的 2 辆集卡协调一致的情况下双 40 英尺岸桥的作业效率可达到约 40 move/h。

(2) 场桥参数。不同于一次能起吊 1 个 40 英尺箱或 2 个 20 英尺箱的常规岸桥,及一次能起吊 2 个 40 英尺箱或 4 个 20 英尺箱的双 40 英尺,由于堆场组织的复杂性,场桥使用的是单箱吊具,一次仅能起吊一个 20 英尺箱或一个 40 英尺箱。通常情况下,装船发箱效率和卸船堆存效率分别可达到 24 箱/h 和 34 箱/h,且对空箱作业效率一般比重箱作业效率多 3—4 箱/h。在研究堆场生产组织时,可进一步将场桥参数细化为大车、小车和吊具的移动或起升速度等。其中:大车移动速度 1.667 m/s;小车负重移动速度 0.694 5 m/s,空载移动速度 0.694 5 m/s;吊具负重起升速度 0.152 8 m/s,空载起升速度 0.382 0 m/s。

(3) 集卡参数。重车运行速度 25 km/h;空车运行速度 30 km/h。

(4) 道口处理时间:进场处理时间 2 min;提箱出场处理时间 2 min;空车出场 30 s。

表 7-4 常规岸桥单次作业循环时间统计

操作时间(s)	所占比例	累加比例
50	20%	20%
70	30%	50%
80	22%	72%
100	11%	83%
120	6%	89%
150	4%	93%
180	2.5%	95.5%
200	1.5%	97%
225	1%	98%
250—275	1%	99%
300	0.5%	99.5%
400	0.5%	100%

10. 设备配备

码头现有常规岸桥 11 台,场桥 33 台,内卡 66 辆,常规岸桥、场桥和内卡的配备比为 1∶3∶6。进行双 40 英尺岸桥和常规岸桥混合系统仿真方案设计时,设备配置拟更改为:6 台常规岸桥,3 台双 40 英尺岸桥且连续布置,33 台场桥和 66 辆内卡。

集装箱码头系统仿真模型主要包括:数据初始化、平面布局、船舶产生与靠泊、集卡与集装箱生成、卸船堆存计划、集港计划、道口检查与集港箱到港选位、配载与发箱顺序决策、翻箱决策、场桥作业调度、岸桥调度与装卸船、集卡调度、提箱作业以及性能统计等。基于上述各章的研究,本书拟重点研究集港计划、多级堆存策略下集港箱到港选位及翻箱决策等堆场核心决策业务解决方案的有效性。其中,第 4 章和第 5 章已通过智能翻箱决策系统的开发证实了本书所提出的翻箱策略和方法的高效性、有效性、优化性、智能性和鲁棒性。为合理控制模型的规模,本章主要针对双 40 英尺岸桥和常规岸桥混合作业系统下集港计划、集港箱多级堆存体系及箱位动态分配等前面各章已深入研究,对不易通过算法设计描述各因素不确定性影响、验证其正确性的堆场核心业务展开探讨。为此,在各次仿真实验设计过程中,除集港计划、集港箱动态堆存方案以及岸桥类型有所变化外,其他模块基本保持不变。采用码头原型系统中既定的生产组织策略及岸桥类型,或本书针对双 40 英尺岸桥和常规岸桥作业系统提出的集港计划、箱位动态分配等堆场组织方法和策略,并用混合作业系统替换常规岸桥系统即可形成不同的仿真方案。其中,本书提出的集港计划、集港箱多级堆存体系及集港箱动态堆存等核心业务解决方案,及相关决策流程可参见第 2 章、第 3 章和第 6 章。码头原型系统现有的集港计划、集港箱动态及其他业务的决策规则,以及船舶产生与靠泊等公共模块在仿真模型中的描述和处理方法等分别如 7.3.1—7.3.5 节所述。

7.3.1 船舶、外卡和集装箱产生模块

根据船舶类型统计规律,产生不同类型的船舶,生成船名、船长和吨位;根据表 7-1 按平均分布生成箱量和挂靠港;确定进出口箱量和箱型比例;根据平均分布确定预靠泊位并进入船舶计划等待区,具体流程如图 7-2 所示。既定船舶生成后,根据集港统计规律分时段随机产生属各种箱型、箱级和卸货港的出口箱及既定数量的集港外卡。出口箱和外卡进入道口附近区域的缓冲区处于集港等待状态。同理,可随机产生提箱外卡进入进场等待状态。

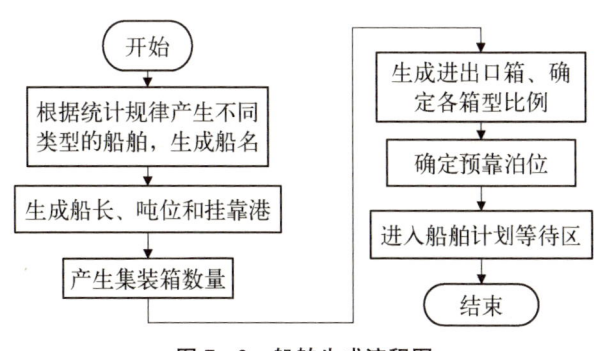

图 7-2 船舶生成流程图

7.3.2 泊位和岸桥分配模块

码头岸线总长为 1 100 m,从左至右分别为 1—4 号泊位。以 10 m 为单位将

岸线分成110段,从左至右依次编号。船舶到达后以段为最小单位进行泊位动态分配。具体方法如下:根据船长确定船舶需占用的连续段的数量,依据岸线分段占用情况表及船舶的预靠泊位,采取1号和3号泊位从左至右,2号和4号泊位从右至左寻找既定数量连续空闲段,如图7-3所示。若找到则船舶靠泊,对应连续段的状态标识为占用,既定船舶的船名写入岸线分段占用表。若预靠泊位内无法找到既定数量的连续段,则在相邻泊位寻找。如:对于预靠泊2号泊位的船舶,若2号泊位内无足够的可用岸线,则依次在1号、3号和4号泊位内搜索,直到找到靠泊位置。若整条岸线均无法满足靠泊需要,船舶进入锚地等待。

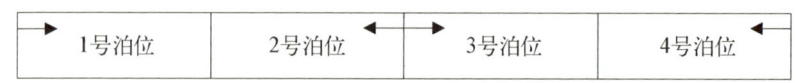

图7-3 各泊位预靠泊船舶靠泊位置搜索示意

岸桥分配与船舶类型等有关,一般符合表7-1所示的数据。在船靠泊后首先判断其左右两边是否有船舶装卸,以确定可用的岸桥的数量。若左右临近的可用岸桥多于需求量,依据岸桥不能相互跨越的原则,依次比较距该船舶距离最近的左右两台岸桥,将其中距岸线中心位置较远的一台移入,直到分配岸桥的数量与需求量一致。若可用岸桥的数量不足,依次比较左右侧岸桥的剩余工作量,优选剩余工作量较少一侧的岸桥,同时需判断该岸桥拟被分配的卸船量是否大于剩余工作量,若不大于则该岸桥保持原来的工作状态,暂不重新投入,待既定船舶后续装船时可投入使用。

7.3.3 出口箱集港模块

根据船舶的进出口箱总量、出口箱比例、出口箱集港提前期及集港统计规律、箱型比例、挂靠港数量、集装箱吨级情况等可产生既定数量且带有详细信息的出口箱,进入道口附近区域的缓冲区,处于等待集港状态。根据统计规律,得出集装箱进场时间间隔服从负指数分布,按此规律进场堆存。整个集港业务主要包括集港前的箱区计划、倍位计划及进场选位三部分。其中,箱区计划确定合适的堆存箱区;倍位计划在既定计划箱区内确定预留倍位。箱区计划遵循船舶拟投入岸桥与箱区的比例为1:2原则,即:若既定船舶拟投入n台常规岸桥则需计划$2n$个箱区。当箱区不足时,以实际可用箱区数为准进行计划。计划过程为:首先确定每天需要的20英尺和40英尺的倍位数;进而确定需要的箱区数;根据靠近船舶预靠泊位的原则和作业线分散、避免集港作业与区段内其他船舶的装船作业冲突、保持和上次计划至少相差 8 h 等原则下搜索可用箱区,直到计划箱区数量达到了既定需求或已无可用箱区,进入倍位计划阶段。倍位计划时在各计划箱区内搜索空倍位作为计划倍,直到达到了既定的倍位需求量或不再有可用空倍位,结束计划。具体如图 7-4 所示。

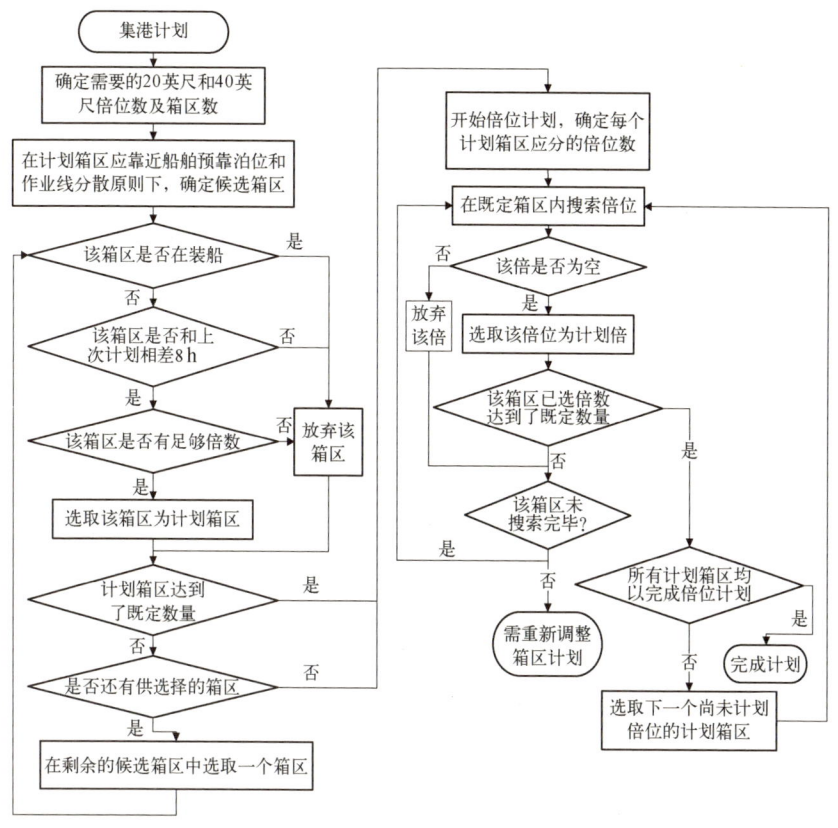

图 7-4　出口箱集港计划决策流程

集港箱进场选位在道口进行。仿真模型中外卡进场集港过程可描述为:根据出口箱进场计划,将出口箱装载至外卡上,由缓冲区进入道口排队;经进场选位后在停车场暂停,等待进入目标箱区;经确认后集卡驶至目标箱区,若箱区内有可用场桥则将出口箱堆存,否则进行场桥调度实施堆存作业。操作结束的集卡经出场道口离开码头。其中,出口箱进场选位是指外卡在道口处理时选择一个合理的箱位用于相应集港箱的堆存。具体决策过程为:首先,判断到港集港箱的类型,若为冷藏箱需进入冷藏箱区,若为普通箱则根据对应船舶的集港计划随机选取其中一个计划箱区;判断选取的箱区是否有装船,若有装船作业,寻找下一个箱区并判读是否有装船;若无装船作业,判断既定挂靠港的计划倍位是否已用完,如果对应挂靠港已无可用计划位,则混挂靠港堆箱;否则,进一步判断对应吨级的是否单独占用一个堆存排且尚有空箱位,若有即选取对应箱位,否则,混吨级堆箱。具体流程如图7-5所示。

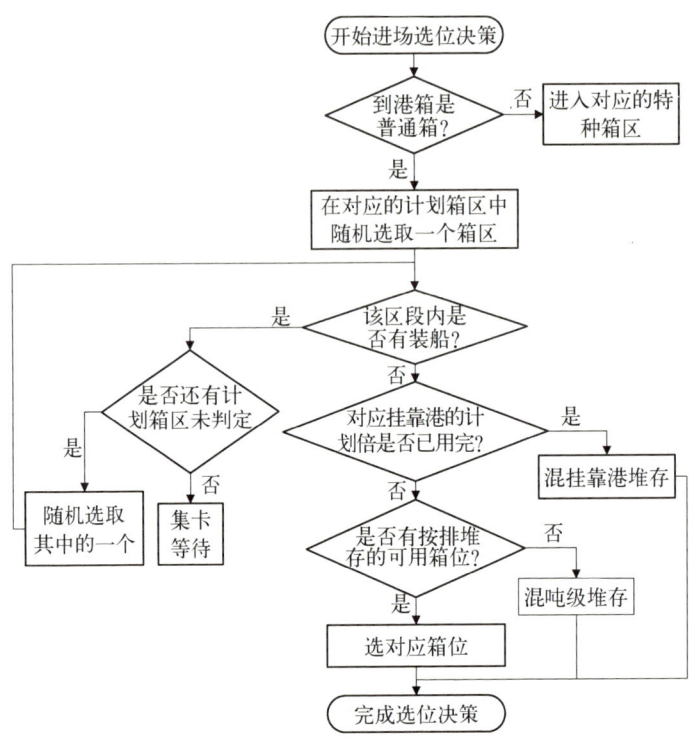

图7-5 到港箱选位决策流程

7.3.4 进口箱进场及提箱模块

进口箱进场计划和进场选位较出口箱简单,一般分空、重箱分别计划,不同尺寸、不同船舶的进口箱需计划在不同的倍位内。空箱可按持箱人分类堆存在后场空箱区。重箱在不考虑挂靠港和吨级的情况下,遵循尽量不压旧箱的原则下堆存。进口箱在堆存期内将陆续被提箱出场,与实际提箱码头作业中无需进行提箱计划不同,仿真模型采取制定提箱计划的方法实现提箱功能。具体处理方法为:根据进口箱堆存规律预估既定船舶进口箱每天的提箱量,随机指定既定数量的进口箱为每天需提箱出场的集装箱;根据每天提箱外卡的进场时间分布规律进行提箱。仿真模型中提箱过程的具体描述如图7-6所示,其中包括外

第 7 章 集装箱堆场生产组织仿真

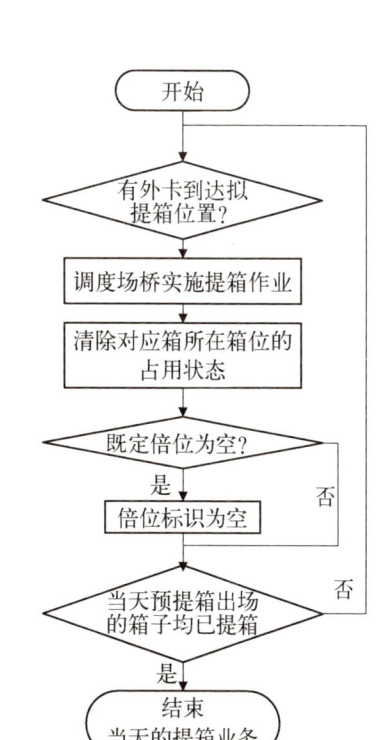

图 7-6 仿真模型中提箱描述

卡进场及提箱任务指定、进场后提箱操作 2 部分。

7.3.5 场桥和内卡调度模块

码头实际运营中采取 1 台常规岸桥配 3 台场桥和 6 辆集卡的固定作业路模式,对于既定船舶卸船完毕后才进行装船作业。当既定内卡到达岸边时,若岸桥正在对其他集卡作业,该内卡按先到先服务的规则排队等待,直到优先级比其高的各集卡均已服务完毕岸桥对其进行作业。否则,岸桥等待集卡,集卡到达后岸桥即可对其作业。对于卸船作业,出口箱由岸桥装载至集卡后进行进口箱进场选位决策,内卡按指定堆存位置行使至既定倍位,场桥根据指令进行堆存作业。装船作业时,场桥根据发箱顺序实施发箱作业,既定内卡按先到先服务的规则在场桥下等待,直到箱子装载后驶往岸边,由岸桥将集装箱装上船舶。上述基于作业路的调度方法便于管理,调度简单,但较易造成设备资源浪费,不利于作业效率的提高。如:一条作业路由于某种原因效率低下出现较多内卡在排队等待时,其他作业路可能存在内卡不足的现象。考虑到与岸桥和场桥等大型设备的大车移动需花费较长时间,不易动态调度不同,集卡较适合动态调度,可采取保持岸桥、场桥调度方式不变的情况下,根据作业路的作业量动态改变集卡的配置量,甚至可采取既定船舶的各条作业路或整个码头所有在港船舶之间、装船作业和卸船之间灵活调度内卡的方法,实线集卡全场动态调度及"重去重来"(集卡从堆场至岸边载有出口箱,从岸边至堆场载有进口箱,不存在空车往返现象)。打破作业线的调度方式利于提高码头作业效率和设备利用率,但较大程度地增加了调度决策和控制的难度。本书不对设备调度进行重点研究,在仿真模型构建及实验设计时仍采取实例码头现有的基于固定作业路的调度模式,以便在同等条件下着重对集港计划、集港箱位动态分配等堆存决策业务进行研究。另外,仿真模型中集港和提箱作业时场桥按就近原则调度,且避免调度正在装卸船作业的场桥进行集港堆存或提箱作业。

7.4　集装箱码头系统仿真模型的实现

该码头系统仿真模型共包括约 5 万个对象,其中,工作台对象 20 000 多个,运动对象 3 000 多个。道路、岸线、道口、岸桥轨道、堆场箱位、等待区等由工作台对象构建。场桥、内外集卡、集装箱等由运动对象构建。系统的整体构造如图 7-7

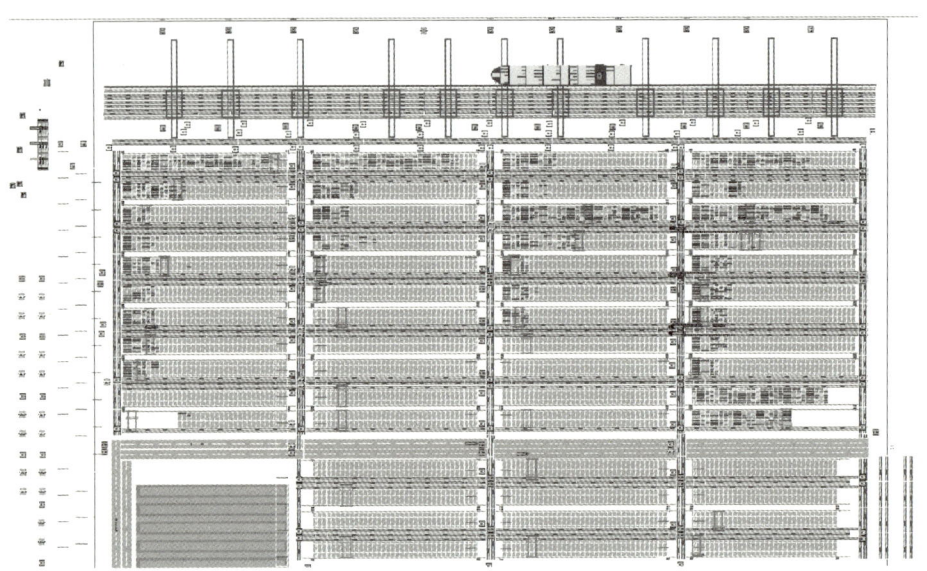

图 7-7　集装箱码头系统仿真模型

所示。主要包括：码头前沿建模、船舶建模、箱区建模、进出场道口建模、系统输入功能的实现及编程控制模块等。

（1）码头前沿建模。码头前沿包括岸线、岸桥、岸桥运行轨道、码头前沿道路、锚地等，如图 7-8 所示。初始状态下岸桥均匀分布在岸线上；仿真过程中岸桥位置随服务船舶位置及装卸任务而改变。常规岸桥作业系统仿真方案中前沿配备 11 台常规岸桥；混合装卸系统方案中岸桥配备更改为：6 台常规岸桥和 3 台双 40 英尺岸桥，且 3 台双 40 英尺岸桥连续分布在岸线一侧。

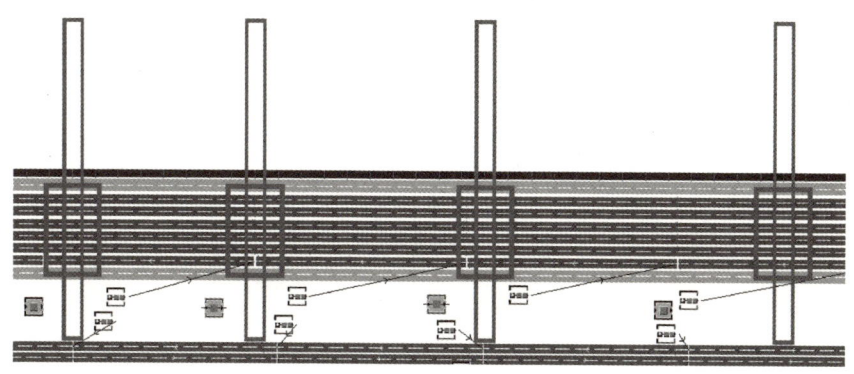

图 7-8　集装箱码头前沿模型

（2）船舶建模。首先随机产生船舶运动对象，根据船舶类型产生不同数量的集装箱，依次将集装箱加载到船上（图 7-9）。按岸线动态分配策略安排既定船舶靠泊。

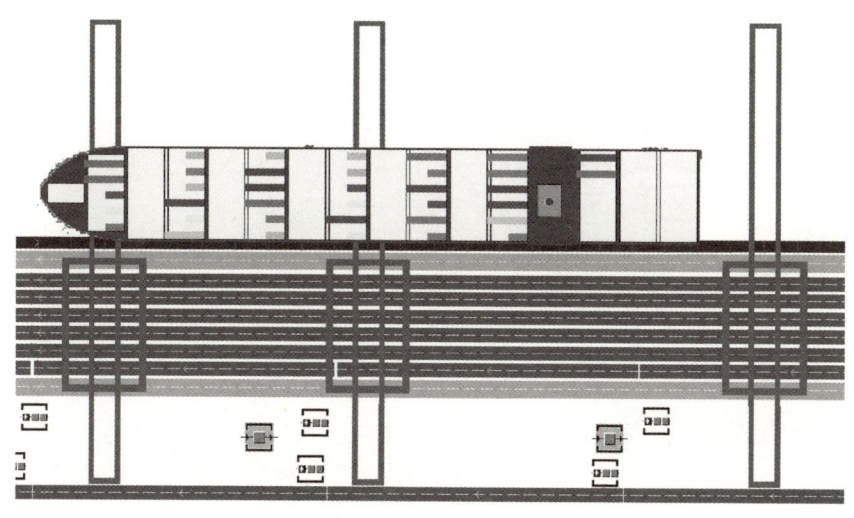

图 7-9　船舶模型描述

(3) 箱区建模。箱区由集卡车道、箱位、场桥大车行走车道等组成。集卡车道和场桥车道根据箱区长度划分为不同的段。每个箱区有 38 个倍位，每个倍位有 7 个堆存排，各堆存排用 eM-Plant 中的堆栈描述，具体如图 7-10 所示。

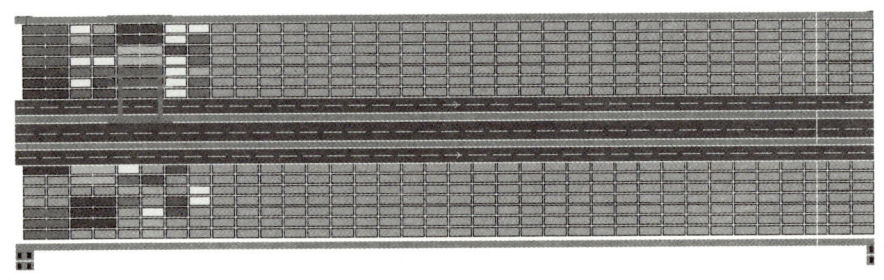

图 7-10　箱区模型示意

(4) 进出场道口 eM-Plant 建模，如图 7-11 所示。该码头有 9 个进场道口，7 个出场道口。若外卡到达时所有进场道口均处于忙碌状态，则外卡在队列中等待直到有进场道口空闲；同理，出场外卡行驶至出场道口时需判断出道口是否空闲。若存在空闲道口，外卡即可被处理；否则，外卡进入出场道口等待区等待。

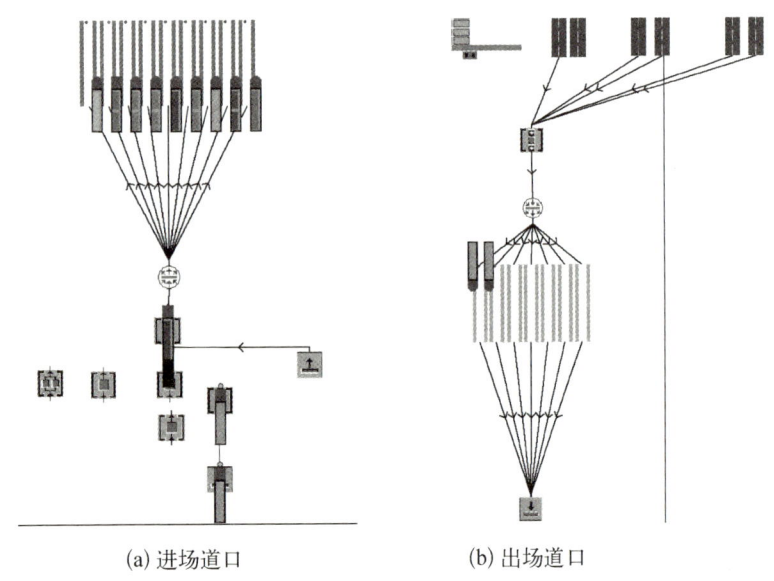

(a) 进场道口　　　　(b) 出场道口

图 7-11　进出场道口 eM-Plant 模型

(5) 系统输入功能及编程控制模块的实现。系统输入界面进行各种数据的输入，包括：拟仿真方案的选择、各类分布函数、机械设备的运行参数等。集装箱码头仿真模型的建立是一项非常复杂的系统工程，为保证模型一定程度的可重用性,在系统输入界面中对实例码头中的设备和统计规律等进行了一定程度的扩展,以便适应不同集装箱码头仿真模型的需要。如:引入了地面平板小车、低架桥等设备的参数输入界面,如图 7-12 所示。对于一个复杂系统仅通过基本物理单元进行模型构建是不够的。eM-Plant 中提供了非常强大的"Method"信息单元,该单元允许模型设计者通过一种类似 C 语言的 SimTalk 语言编写控制程序,实现系统的复杂功能。本集装箱码头系统仿真模型中共创建了约 120 个"Method"对象,主要分为:数据初始化、平面布局、船舶产生与靠泊、集卡与集装箱生成、堆场计划、发箱顺序与配载、岸桥调度与装卸船、集卡作业、场桥作业、道口检查与选位、场桥调度、提箱、统计 13 个模块,如图 7-13 所示。由于集装箱码头生产系统中大量信息需要存储,模型中充分利用了 eM-Plant 环境下另一个非常有用的信息单元——"TableFile",创建了各种静态表和动态表共 250 多个。主要包括码头初始化表、泊位分配表、堆场箱区计划和倍位计划表、箱区信息表、发箱顺序表、岸桥监测与箱量分配表、场桥指令表、提箱表、各种统计表等。以箱区信息表为例,具体设计情况如图 7-14 所示。

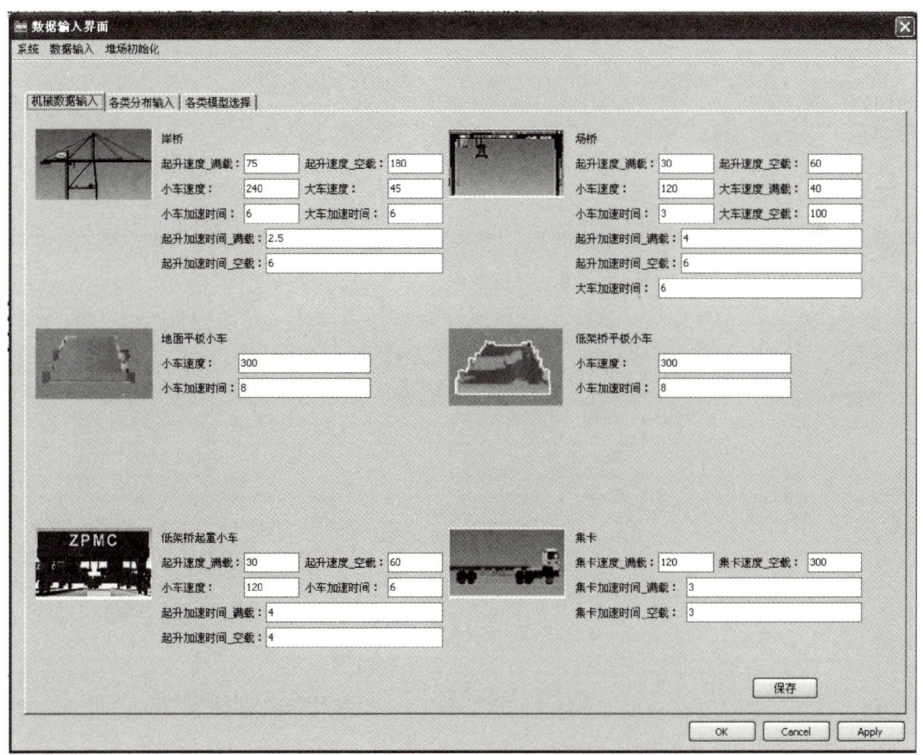

图 7-12　码头仿真系统参数输入界面

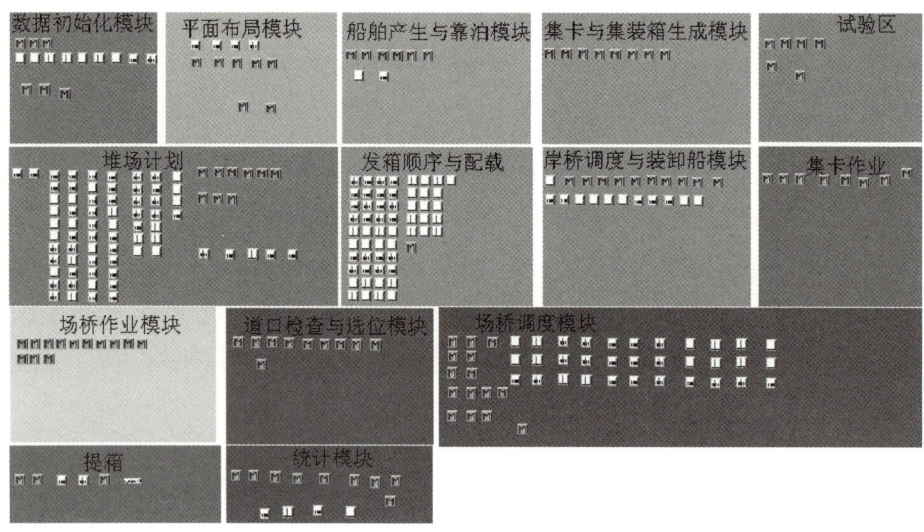

图 7-13　码头仿真系统编程模块示意

图 7-14　箱区信息表设计情况示意

7.5 仿真结果输出与分析

7.5.1 仿真模型输出指标设计

考虑到集装箱码头系统的仿真目标主要是对集装箱堆存等堆场核心业务进行研究,本书设计了外卡平均在场时间、外卡平均和最大堆场处理时间、内卡平均和最大堆场处理时间、场桥平均转场时间和平均转场次数、岸桥平均单机效率、内卡等待岸桥时间等评价指标,及标识码头性能的主要指标——集装箱吞吐量和船舶在泊时间等,作为仿真系统的输出和系统评价的依据。

(1) 集装箱吞吐量。集装箱吞吐量指经由水路运进或运出港区范围,并经码头装卸的箱量,是反映港口船舶装卸任务量的主要指标,以 TEU 标准 20 英尺集装箱为单位(Twenty-foot Equivalent Unit,简称 TEU)。其中,一个 40 英尺或 45 英尺箱可换算为 2 TEU。不论船到船直接转口,或经过堆场后再装船转口,均分别按进口卸船和出口装船各计一次吞吐量。通常以年或月为一个统计期间进行码头集装箱吞吐量统计。

(2) 船舶平均在泊时间。在泊时间指船舶从靠泊后至离开泊位在港停泊时间的总和。它由生产性停时、无合适岸桥分配等非生产性停时及自然因素停时等组成。统计时段内所有船舶在泊总时间与船舶艘数之比为船舶平均在泊时间。

(3) 岸桥平均单机效率。从开始装卸至结束装卸作业,整个过程中既定岸桥装卸总箱量与对应日历总时间的比值可用来描述其单机效率,该指标反映了岸桥的利用程度。统计时段内各岸桥单机效率的平均值即为岸桥平均单机效率。

(4) 外卡平均在场时间。对于既定外卡,从进场道口对其进行处理开始,至出场道口完成其处理结束,整个时段称作该外卡的在场时间。主要包括停车场、主干道和箱区等待时间、行驶时间、场桥操作及进出场道口处理时间等各项时间的和。统计时间段内所有外卡的在场时间之和与时段内外卡总量之比值即为外卡的平均在场时间,是描述堆场组织有序性的重要指标之一。

(5) 外卡堆场处理平均耗时和最大耗时。当外卡到达提箱或集港堆存指定点请求场桥装卸时,若场桥即刻为其装卸,则外卡的堆场处理耗时即为装卸作业时间;若既定场桥正为其他集卡工作,该外卡必须等候直到场桥可以为其服务。

该情况下外卡堆场处理耗时为等候场桥的时间和装卸作业时间之和。本码头系统仿真模型从两个方面对外卡堆场处理耗时进行统计：① 针对某一台场桥，对该场桥服务的各外卡的堆场处理耗时进行统计；② 针对所有外卡和场桥进行外卡处理耗时统计。且分别以平均耗时和最大耗时2种形式进行结果输出。

（6）内卡堆场处理平均耗时和最大耗时。同外卡堆场处理耗时的定义相似，当内卡到达指定卸箱或取箱点请求场桥装卸时，若场桥即刻为其装卸，内卡堆场处理耗时即为装卸时间；否则，为等候时间和装卸时间之和。本码头仿真系统分别针对某一台场桥和所有场桥对每次作业内卡的处理耗时进行统计，并以平均耗时和最大耗时的形式输出。

（7）内卡等待岸桥的平均时间和最大时间。岸桥等待内卡的时间一定程度上可通过岸桥效率反映，为此，在仿真模型中着重对内卡等待岸桥的时间进行统计，不再输出岸桥等待集卡的时间统计表。当内卡到达岸边请求岸桥装卸时，若岸桥即刻为其装卸，内卡无须等待；否则，从内卡到达岸边至岸桥开始为其服务之间的时段为内卡等待岸桥的时间。本仿真模型不统计某内卡各次作业等待岸桥的平均时间，仅输出每次作业各内卡等待某一台岸桥的平均时间、所有内卡等待所有的岸桥的平均时间及最大时间。

（8）场桥平均转场时间和平均转场次数。从接到转场指令场桥大车开始行驶至场桥完成转场在目标箱区开始操作之间的时段长称为场桥的转场时间。统计时段内各场桥转场时间的总和与转场总次数的比即为场桥平均转场时间；时段内转场总次数与统计时段包含的天数之比为每天平均转场总次数；每天平均转场总次数与场桥总数之比即为每天每台场桥的平均转场次数。

7.5.2　仿真模型实验设计

本书旨在通过集装箱码头系统仿真，从整体和系统的角度验证本书提出的集港计划、多级堆存体系和箱位动态分配等不易通过算法求解的核心决策方案的有效性。以堆场为多排多层直接堆垛、配备"岸桥—场桥—集卡"装卸系统的天津某大型现代化集装箱码头为实例进行模型构建。该码头布局和装卸工艺等与本书研究的码头对象具有相似性，且在亚洲特别我国具有普遍性。同时，码头完备的实际营运数据利于模型的构建和可靠性验证。拟仿真方案设计如下：

（1）方案1：实例码头的实际营运和组织方案。根据实例码头的布局和装卸工艺构建模型，且泊位和岸桥分配、进口箱堆场计划和进场堆存、集港计划和集港箱进场选位、提箱作业处理、道口处理、设备调度等业务均按实例码头的实际组织情况进行描述。通过该方案仿真输出结果与码头实际营运数据的比较，可对仿真模型中各项业务的抽象方法及关键处理技巧的正确性进行验证。以便以正确的模型构为基础，对本书提出的各堆场核心业务的决策方法进行较为可靠的评估和分析。

（2）方案 2：用本书提出的多级堆存策略、针对常规岸桥作业系统的集港计划和集港箱堆存方法替换方案 1 中的出口箱集港决策。基于第 6 章给出的决策流程和出口箱层次工作流 Petri 网，通过在 Method 对象下编程将方案 1 堆场计划模块中的集港计划、道口检查和选位模块中的出口箱到港选位 2 项业务的决策方法更改为本书在前面各章提出的解决方案，码头布局和其他业务处理策略保持不变。将该方案与方案 1 的仿真结果进行比较，以验证本书针对常规岸桥作业系统提出的集港业务决策模型和相关决策流程的有效性。

（3）方案 3：在方案 2 的基础上，将岸边配备 11 台常规岸桥更改为 6 台常规岸桥和 3 台双 40 英尺岸桥，且 3 台双 40 英尺岸桥相邻布置在岸线一侧。既定设备配备下岸桥分配、作业线配置和集港策略为：对应泊位上拟配备 5 台或 6 台常规岸桥的船舶到港后可为其分配 3 台双 40 英尺岸桥；每台双 40 英尺岸桥配备 6 台场桥和 10 辆集卡，常规岸桥作业系统的设备配比和集港策略同方案 2；拟由双 40 英尺岸桥作业的船舶其集港业务采用本书针对双 40 英尺岸桥作业系统提出的 2 区段并行互补集箱和区段内互补集箱等集箱方法和策略。该方案下常规岸桥作业系统的配置不变，码头内场桥和集卡总数也不变，仅用"3 台双 40 英尺岸桥—18 台场桥—30 辆集卡"组成的 3 条双 40 英尺作业线替代"6 台常规岸桥—18 台场桥—36 辆集卡"或"5 台常规岸桥—15 台场桥—30 辆集卡"。且见表 7-1 可知，靠泊本实例码头的船舶中拟配备 5 台或 6 台岸桥的船舶所占的比例相对较大，一定程度上保证了双 40 英尺岸桥作业系统的利用率。为此，在堆场生产组织较为合理的情况下，本方案对应的混合装卸系统应和单纯由常规岸桥作业线构成的码头装卸系统具有基本等同的处理能力。通过方案 3 仿真结果的分析，验证本书提出的双 40 英尺岸桥系统集港计划和箱位动态分配方法的有效性。

（4）方案 4：在方案 3 的基础上，减少出口箱吨级的分散程度，令每个卸货港对应出口箱仅有 2 个吨级。即：拟由双 40 英尺岸桥作业的船舶，在仿真模型中为其产生吨级较为集中的出口箱。比较方案 4 和方案 3 的运行结果，分析吨级分布对双 40 英尺岸桥系统作业效率的影响。

7.5.3 方案仿真及仿真结果分析

模型初始状态下,各泊位空闲,堆场为空,内卡在停车场暂停,外卡位于道口附近区域的缓冲区内。在模型运行前一段时间,码头无集装箱出场。只有运行一段时间后各参数才基本稳定。为此,仿真的前一段时间码头仿真系统的输出数据不真实,应合理设定模型运行"预热期"。在"预热期"合理设定的情况下,依次运行上述各方案,并将"预热期"内的仿真运行结果排除。由于集装箱码头系统的随机性和不确定性,既定方案各次运行的输出结果不尽相同,对于同一个方案本书均采取运行多次,观察每次运行结果的波动情况,并选取各次运行的平均值作为既定方案的仿真输出的策略,以便为后续的分析奠定较为可靠的基础。仿真时码头全天候服务,每次仿真 30 天,取第 7 天以后共 23 天的数据。各方案的运行结果分别如表 7-5—表 7-6 所示。

表 7-5 方案 1 仿真结果和实际运营数据比较

统计指标 \ 仿真项目	方案 1			指标最大波动
	第 1 次运行	第 2 次运行	第 3 次运行	
折算年吞吐量	247.86 万 TEU	257.63 万 TEU	254.68 万 TEU	3.79%
外卡平均在场时间	15 分 3 秒	15 分 29 秒	14 分 58 秒	3.34%
岸桥平均单机效率	48.46 TEU/h	48.00 TEU/h	46.54 TEU/h	3.95%
内卡等待岸桥平均时间	2 分 10 秒	2 分 11 秒	2 分 11 秒	0.67%
内卡等待岸桥最大时间	15 分 51 秒	13 分 31 秒	12 分 33 秒	20.82%
内卡平均堆场处理时间	3 分 19 秒	3 分 23 秒	3 分 40 秒	9.55%
内卡最大堆场处理时间	32 分 13 秒	33 分 48 秒	29 分 18 秒	13.31%
外卡平均堆场处理时间	5 分 24 秒	5 分 10 秒	4 分 58 秒	8.02%
外卡最大堆场处理时间	39 分 24 秒	34 分 22 秒	38 分 48 秒	12.77%
场桥平均转场时间	4 分 49 秒	4 分 50 秒	4 分 49 秒	0.34%
平均每天每台转场次数	1.26 次	1.55 次	1.46 次	18.7%
船舶平均在泊时间	10.33 小时	10.23 小时	10.34 小时	1.06%
平均堆高	3.50 层	3.42 层	3.58 层	4.47%
各场桥各天移动距离	1 987.41 米	2 204.48 米	2 111.40 米	9.85%
场桥平均工作效率	13.75 TEU/h	14.15 TEU/h	14.20 TEU/h	3.17%

续 表

仿真项目 统计指标	方案1			指标最大波动
	第1次运行	第2次运行	第3次运行	
每辆内卡平均工作效率	8.08 TEU/h	8.00 TEU/h	7.76 TEU/h	3.96%
15分钟最大转场次数	9	18	12	50%
15分钟平均转场次数	0.46	0.56	0.53	17.86%
25分钟最大转场次数	12	25	17	52%
25分钟平均转场次数	0.76	0.93	0.88	18.28%
箱区停车场最大停车数	29	30	29	3.33%

见表7-5可知,随机选取的方案1的3次仿真结果中吞吐量、岸桥平均单机效率等反映集装箱码头作业处理能力的主要指标,及外卡平均在场时间、船舶平均在泊时间等反映码头服务质量的主要指标基本保持稳定,且和码头实际运营中年吞吐量约230万～270万TEU,岸桥单机效率约47 TEU/h,外卡平均在场时间约15 min均较为吻合,说明了该仿真模型的有效性。另外,场桥、集卡的平均效率波动也较小,且分别约为岸桥的平均效率的1/3和1/6,与装卸作业时岸桥、场桥和集卡的配备关系——1∶3∶6吻合,进一步表明了该模型的正确性。具有统计意义的上述各主要指标与码头生产实际较为贴切外,但3次仿真过程中也出现了内卡等待岸桥的最大时间、内卡最大堆场处理时间、外卡最大堆场处理时间、场桥15 min和25 min内的最大转场次数等指标波动较大的现象。不同于具有统计意义的平均指标,这些指标均为最值,具有一定的随机性。在对应平均指标较稳定的情况下,最值指标表明了仿真时段内出现的极限情况,利于指导码头采取有效的策略对发生概率相对较少的极限状况进行合理控制。只有平均指标波动范围或波动值较小,且极限情况控制在既定界限内的作业系统才较为完备。如:由方案1的仿真结果可知,大部分外卡的在场时间均在15 min左右,其中堆场处理时间约为5 min,而3次仿真运行中均出现了某些外卡的处理时间最大达到34 min以上的极限情况,虽然该现象出现较少,且通常不会严重破坏码头的整体性能,但仍将影响集装箱码头的服务质量。为此,可采取对在场时间超过30 min的外卡优先服务等策略,对这一极限状况进行控制。除上述最值指标外,15 min内场桥平均转场次数等具有统计意义的平均指标也出现了在不同仿真运行结果中波动比例较大的情况,其原因主要是这些指标的数值较

小,由表可知,其波动绝对值并不大。

总之,仿真过程中平均指标利于从统计意义上反映集装箱码头系统的整体性能。而最值指标则具有表明仿真时段内出现的极限状态的作用,利于码头发现可能出现的极劣情况,以便采取有效策略将其控制在可以接受的界限内。对于基于实例码头实际营运和组织策略的方案1,吞吐量、岸桥平均效率、外卡平均在场时间、船舶平均在泊时间等标识集装箱码头处理能力和服务质量的最为主要统计指标在不同仿真运行结果能保证较高的稳定性且与码头实际运营数据较为吻合,说明了本书建立的集装箱码头系统模型是正确的。基于码头实际组织策略构建的仿真模型出现最值波动较大的现象,原因是码头实际中未对极限状况进行控制,并非仿真模型构建不当所致。相反,正是由于该仿真模型的正确性利于帮助码头发现这些可能出现极劣或较劣情况,对码头的生产组织策略改进起到了指导作用。另外,仿真模型中绝对值较小的某些统计指标波动比例较大,但其波动值的绝对值较小,对于受各随机因素影响的复杂码头系统来说可认为是正常。为此,可以说本书建立的仿真模型、模型中各关键模块的处理思路和办法、评价指标的设计等正确、合理、有效。

在仿真模型基本构架和基本处理方法不变的情况下,通过编程模块或码头前沿岸桥配置的改变,分别构建方案2—方案4,运行结果如表7-6所示。

表7-6 方案2—方案3仿真结果

仿真项目 统计指标	方案2	方案3	方案4
折算年吞吐量	263.97万TEU	243.13万TEU	256.38万TEU
外卡平均在场时间	13分56秒	15分33秒	14分53秒
常规岸桥平均单机效率	49.86 TEU/h	48.00 TEU/h	47.54 TEU/H
双40尺岸桥单机效率	—	75.00 TEU/h	86.04 TEU/h
内卡等待岸桥平均时间	2分3秒	2分39秒	2分43秒
内卡等待岸桥最大时间	12分40秒	13分55秒	12分57秒
内卡平均堆场处理时间	3分2秒	3分5秒	3分4秒
内卡最大堆场处理时间	27分54秒	33分19秒	26分34秒
外卡平均堆场处理时间	4分20秒	5分17秒	5分9秒
外卡最大堆场处理时间	35分13秒	34分41秒	32分18秒
场桥平均转场时间	4分42秒	4分46秒	4分36秒

续 表

统计指标 \ 仿真项目	方案2	方案3	方案4
平均每天每台转场次数	1.06 次	1.23 次	1.14 次
船舶平均在泊时间	10.01 小时	10.39 小时	10.17 小时
平均堆高	3.50 层	3.46 层	3.42 层
各场桥各天移动距离	1 273.31 米	1 732.18 米	1 453.30 米
场桥平均工作效率	14.92 TEU/h	13.45 TEU/h	14.34 TEU/h
每辆内卡平均工作效率	8.53 TEU/h	8.02 TEU/h	8.26 TEU/h
15 分钟最大转场次数	4	8	7
15 分钟平均转场次数	0.24	0.42	0.39
25 分钟最大转场次数	10	14	12
25 分钟平均转场次数	0.48	0.61	0.45
箱区停车场最大停车数	19	22	25

比较方案 2 和方案 1 的仿真结果可知，方案 2 下折算年吞吐量（每次仿真运行 30 天，通过月吞吐量可估计对应的年吞吐量）、岸桥平均效率均有所增加，外卡在港时间和船舶平均在泊时间有所缩短，同时，场桥转场次数减少较多。说明本书针对常规岸桥作业系统提出的堆场集箱等决策方案较实例码头现有决策方案优，利于提高码头作业处理能力、整体服务质量，且利于减少场桥大车的移动次数。由方案 3 的输出结果可知，出口箱吨级相对较多的情况下，双 40 英尺岸桥的作业效率约为常规岸桥的 1.5—1.6 倍，基本发挥了应有的效率，一定程度上说明了本书针对双 40 英尺岸桥作业系统给出的 2 区段并行互补集箱和区段内互补集箱策略的正确性。由上述方案设计时给出的分析可知，理论上方案 3 和方案 2 下码头的处理能力应基本等同，且由于仿真结果中平均堆高约为 3.5 左右，最大允许堆高 5 层的堆垛方式下对应堆场密度约为 70% 左右，为此，方案 3 较方案 2 吞吐量有所下降并非堆场密度过高不易双 40 英尺作业线生产组织所致，可能是由于出口箱吨级较多，既定吨级的集装箱相对较少导致难以有效组织并行发箱，致使双 40 英尺岸桥无发挥既定效率。这一原因在方案 4 中得到了证实。以方案 3 为基础，方案 4 的仿真模型对拟由双 40 英尺岸桥作业的船舶产生了吨级集中的出口箱。由仿真结果可知，在本书提出的集港策略下，该混合作业系统中常规岸桥的效率基本稳定，同时，双 40 英尺岸桥的作业效率也有较大

上升,约为常规岸桥效率的 1.8 倍,达到了较理想的状况。进一步说明了本书给出的双 40 英尺岸桥作业系统集港方法的正确性。综上可知,本书提出的多级堆存策略、针对常规岸桥作业系统给出的集港计划和箱位动态分配方法有效。在船舶出口箱量较大,且箱型和箱吨级相对单一的情况下适合配备双 40 英尺岸桥系统,且本书针对双 40 英尺岸桥作业系统提出的集港方法和堆存方法合理有效。

7.6 本章小结

针对集装箱码头作业系统的复杂性和相互关联性,在第 2 章—第 5 章已对集港计划、集港箱到港箱位动态分配、装船前位内翻箱、装船时翻箱等集装箱码头核心决策业务进行深入研究,并在第 6 章进一步对相关各决策流程进行系统描述的基础上,本章从整体和系统的角度考虑,论述了集装箱码头系统仿真模型的构建和实验设计思路,较为深入地研究了码头业务在 eM-Plant 环境下的处理和描述方法。实现了集装箱码头生产系统 eM-Plant 仿真模型的构建,设计了较为合理的实验方案。通过对仿真结果的深入分析,验证了系统仿真模型关键描述方法和处理策略的正确性;论证了本书针对双 40 英尺岸桥和常规岸桥混合作业系统堆场业务提出的多级堆存策略、集港计划和集港箱箱位分配策略等不易通过数学计算求解的各核心决策方法、方式和策略的正确性和有效性。

第8章 结论与展望

集装箱码头作业系统中以堆场业务特别是出口箱堆场业务最为复杂。除受各种不确定性因素影响外，堆场多层直接堆垛形式下船舶配载对出口箱堆存的强制约作用及配载信息的滞后；各集装箱具有不同的箱号等箱信息，一般不能等同或互换；场桥等大型机械不易频繁往复调动致使集装箱不能随机存取等，均增加了出口箱堆场业务的组织难度。虽然国内外对集装箱码头堆场生产管理难题进行了一定的研究，但相关研究不同程度上存在研究深度不足、技术路线不够系统、实用性较差等局限，对集装箱堆场关键决策业务进行更深入和细致的研究势在必行。针对亚洲特别是中国各大型集装箱港口广泛采用的"岸桥—场桥—集卡"装卸工艺，考虑到近年出现的新型双40英尺岸桥给堆场业务带来的新挑战，论文以"常规岸桥+双40英尺岸桥—场桥—集卡"混合装卸系统中出口箱堆场业务为研究对象，针对集港计划、出口箱进场动态选位、装船前位内预翻箱方案优化决策、装船时堆场翻箱控制决策、出口箱层次决策工作流描述等与堆场空间资源优化分配相关的核心问题进行了深入研究。主要研究成果如下：

（1）给出了双40英尺岸桥和常规岸桥混合作业系统集港计划的数学描述，提出了适合双40英尺岸桥作业系统的2区段并行互补集箱和2子区段互补集箱策略，构建了适合不同堆场密度的智能多级分类堆存体系。集港计划综合考虑了近期集港船舶的整体情况，保证了常规岸桥和双40英尺岸桥后续装船作业时多作业路配置和并行发箱的需要，利于最大限度地减少场桥大车的移动频次，避免堆场区段内出现多条船舶同时装船、装船和集港同时进行、集箱作业量过于集中等不利于堆场生产组织的现象，从整体上把握了集港箱堆存的合理性。基于不同优先级箱位决策模型的智能多级分类堆存体系可随堆场密度变化灵活确定集港箱选位策略，利于最大限度合理化既定堆存能力下集港箱的箱位分配。

（2）实现了装船前位内预翻箱和装船翻箱方案智能决策系统的开发。装船前位内预翻箱优化决策具有大规模组合特性,属复杂多阶段决策过程优化的范畴,是典型的多项式时间内不可解问题。在充分挖掘问题自身可用信息的基础上,论文系统地研究了减少搜索空间无限扩展的具体方法;揭示了无效翻箱的形成机理,给出了无效搜索的2阶段控制方法;深入研究了大规模组合优化问题中算法结构的设计策略;基于启发式深度优先算法开发了位内预翻箱智能决策系统,通过实例测试验证了决策系统的高效性、智能性和鲁棒性,为智能系统最终嵌入集装箱码头生产系统中,实现预翻箱方案的实时优化决策奠定了基础。与装船前位内预翻箱问题相比,装船时翻箱问题的解空间相对稍小,但同样属大规模组合优化问题,各阶段翻箱决策之间复杂的约束关系很难具体描述。针对装船时翻箱较装船前预翻箱整理时间紧迫的特征,及相关文献对装船时翻箱问题的描述不够细致的情况,本书构建了更为精准和贴切的数学模型,并最终开发了装船时翻箱方案智能决策系统,实现了装船时翻箱方案的智能快速决策。该智能决策系统亦适用于如托盘、木箱等与集装箱具有相似堆垛特点的物品取货时的翻箱决策。

(3) 针对装船时位内翻箱问题的多阶段决策特征,基于蚁群算法构建了装船时位内翻箱问题的混合层装解构造图,解决了将翻箱方案优化决策映射为低层次蚂蚁行为的关键问题,为蚁群算法在港口系统多阶段决策问题中的应用奠定了一定的理论基础。

(4) 基于出口箱核心业务决策模型和决策流程的正确描述,建立了出口箱层次决策工作流 Petri 网,基于工作流 Petri 网构建了集装箱码头作业系统的 eM-Plant 仿真模型,通过码头系统仿真验证了堆场子系统中集港计划、集港箱位动态分配等不易通过算法求解的各核心业务决策模型和方法的正确性。形成了问题的数学描述、决策工作流描述和系统仿真相结合解决大规模堆场决策问题的技术路线。为相关因素涉及范围广,各因素多具有一定的随机性和不确定性,相互之间存在动态作用,通过精确计算无方求解的大规模决策问题的解决提供了思路。

港口集装箱物流系统是一个非常复杂的随机离散动态系统,本书针对集装箱码头中最为复杂的出口箱决策业务,在复杂系统模型描述、优化理论、算法设计、工作流 Petri 网、仿真建模等方面取得了一定成果,但以下方面还需进行进一步深入研究:

① 在复杂系统仿真模型的正确性和可靠性方面需进行系统性研究。主要可针对仿真模型对随机扰动的灵敏度、仿真结果输出的数据是否具有代表性、以

有限次仿真实验为依据做出的推断是否具有较高的可信度等多个方面,给出具有严密数学理论支持和较高指导价值的结论。

② 在集装箱港口作业系统建模方面,应提高仿真模型的参数化建模功能,使模型更具有灵活性和重用性。做到对于同类码头,只需输入相关参数就可实现模型的快速搭建。

③ 在港口集装箱决策工作流建模方面需要进行更深入的研究,引入组织模型和资源模型,最终完成集装箱决策工作流管理系统,实现码头业务决策和业务管理的自动化。

④ 对智能翻箱决策系统和码头营运系统之间的接口问题进行研究,最终将智能翻箱决策系统嵌入码头营运系统中,实现集装箱翻箱方案的智能优化决策。

⑤ 对集装箱码头作业系统中船舶配载,包括出口箱、进口箱、中转箱等在内的集装箱码头系统中岸桥、场桥、集卡的整体调度,核心决策方案的抗干扰能力等进行深入研究。

参考文献

[1] Liu C I. Design, modeling, simulation and optimization of automated container terminal[D]. Los Angeles: University of Southern California, 2001.

[2] Moorthy R, Teo C P. Berth management in container terminal: the template design problem[J]. OR Spectrum, 2006, 28: 495-518.

[3] Nishimura E, Imai A, Papadimitriou S. Berth allocation planning in the public berth system by genetic algorithms[J]. European Journal of Operations Research, 2001, 131: 282-292.

[4] Imai A, Sun X, Nishimura E, et al. Berth allocation in a container port: using a continuous location space approach[J]. Transportation Research Part B, 2005, 39: 199-221.

[5] Imai A, Nagaiwa K, Chan W T. Efficient planning of berth allocation for container terminals in Asia[J]. Journal of Advanced Transportation, 1997, 31: 75-94.

[6] Imai A, Nishimura E, Papadimitriou S. The dynamic berth allocation problem for a container port[J]. Transportation Research Part B, 2001, 35: 401-417.

[7] Imai A, Nishimura E, Papadimitriou S. Berth allocation with service priority[J]. Transportation Research Part B, 2003, 37: 437-457.

[8] Brown G G, Lawphongpanich S, Thurman K P. Optimizing ship berthing[J]. Naval Research Logistics, 1994, 41: 1-15.

[9] Brown G G, Cormican K J, Lawphongpanich S, et al. Optimizing submarine berthing with a persistence incentive[J]. Naval Research Logistics, 1997, 44: 301-318.

[10] Kim K H, Moon K C. Berth scheduling by simulated annealing[J]. Transportation Research Part B, 2003, 37: 541-560.

[11] Lai K K, Shih K. A study of container berth allocation[J]. Journal of Advanced Transportation, 1992, 26: 45-60.

[12] Park K T, Kim K H. Berth scheduling for container terminals by using a sub-gradient

optimization technique[J]. Journal of the Operational Research Society, 2002, 53: 1054-1062.

[13] Park Y M, Kim K H. A scheduling method for berth and quay cranes[J]. OR Spectrum, 2003, 25: 1-23.

[14] Legato P, Mazza R M. Berth planning and resources optimisation at a container terminal via discrete event simulation[J]. European Journal of Operational Research, 2001, 133: 537-547.

[15] 蔡云,张艳伟. 集装箱码头泊位分配的仿真优化方法[J]. 中国工程机械学报,2006,4(2): 228-232.

[16] Dubrovsky O, Levitin G, Penn M. A genetic algorithm with a compact solution encoding for the container ship stowage problem[J]. Journal of Heuristics, 2002, 8: 585-599.

[17] Ambrosino D, Sciomachen A, Tanfani E. A decomposition heuristics for the container ship stowage problem[J]. Journal of Heuristics, 2006, 12: 211-233.

[18] Wilson I D, Roach P A, Ware J A. Container stowage pre-planning: using search to generate solutions, a case study[J]. Knowledge-Based Systems, 2001, 14: 137-145.

[19] Wilson I D, Roach P A. Container stowage planning: a methodology for generating computerised solutions[J]. Journal of the Operational Research Society, 2000, 51: 1248-1255.

[20] Wilson I D, Roach P A. Principles of combinatorial optimization applied to container-ship stowage planning[J]. Journal of Heuristics, 1999, 5(4): 403-418.

[21] Avriel M, Penn M, Shpirer N, et al. Stowage planning for container ships to reduce the number of shifts[J]. Annals of Operations Research, 1998, 76: 55-71.

[22] Avriel M, Penn M, Shpirer N. Container ship stowage problem-complexity and connection to the coloring of circle graphs[J]. Discrete Applied Mathematics, 2000, 103: 271-279.

[23] 张维英,林焰,纪卓尚. 基于支持向量机的集装箱船航次配箱量的预测方法[J]. 中国造船,2006,47(2): 101-107.

[24] 郝聚民,纪卓尚,戴寅生,等. 集装箱船舶实配过程的遗传算法解决策略[J]. 中国造船,1999,(3): 8-15.

[25] 李锡蔚. 集装箱船舶积载[M]. 北京:人民交通出版社,1997.

[26] 张维英,林焰,纪卓尚. 集装箱船全航线 Bay 位排箱优化模型[J]. 上海交通大学学报,2007,41(2): 199-204.

[27] 段成华,郭旭. 集装箱船舶配载方案计算与评价模型(SPCEM)研究[J]. 计算机辅助工程,2003,(4): 13-18.

[28] 张维英,林焰,纪卓尚,等.集装箱船舶配载方案评价的 Hopfield 神经网络模型[J].上海海事大学学报,2005,31(3):13-16.

[29] Kim K H, Kang J S, Ryu K R. A beam search algorithm for the load sequencing of outbound containers in port container terminals[J]. OR Spectrum, 2004, 26:93-116.

[30] Lee Y H, Kang J, Ryu K R, et al. Optimization of container load sequencing by a hybrid of ant colony optimization and tabu search[J]. ICNC 2005, LNCS 3611:1259-1268.

[31] 王晓,陈海燕,王超,等.关于合理确定集装箱码头装船顺序的算法[J].经济数学,2005,22(3):284-289.

[32] 王晓.智能码头复杂系统的若干问题和算法[D].上海:东华师范大学,2006.

[33] Kim K H, Park K T. A note on a dynamic space-allocation method for outbound containers[J]. European Journal of Operation Research, 2003, 148:92-101.

[34] Kim K H, Park Y M, Ryu K R. Deriving decision rules to locate export containers in container yards[J]. European Journal of Operation Research, 2000, 124:89-101.

[35] Kim K H, Lee J S. Satisfying constraints for locating export containers in port container terminals[J]. ICCSA 2006, LNCS 3892, 564-573.

[36] 张艳伟,石来德,宓为建,等.集装箱码头出口箱集港堆存模型研究[J].中国工程机械学报,2007,5(1):32-38.

[37] Kim K H, Kim H B. Segregating space allocation models for container inventories in port container terminals[J]. International Journal of Production Economics, 1999, 59:415-423.

[38] Kim B K, Kim K H. A segregating space allocation for import containers in port container terminals[C]//Proceeding of the 20th International Conference on Computers & Industrial Engineering, 1996, 2:1263-1266.

[39] Kang J, Ryu K R, Kim K H. Deriving stacking strategies for export containers with uncertain weight information[J]. Journal of Intelligent Manufacturing, 2006, 17:399-410.

[40] Zhang C Q. Resource planning in container storage yard[D]. Hong Kong: Hong Kong University of Science and Technology, 2000.

[41] Zhang C Q, Liu J Y, Wan Y W, et al. Storage space allocation in container terminals[J]. Transportation Research Part B, 2003, 37:883-903.

[42] Chen T. Yard operation in the container terminal — a study in the "unproductive moves"[J]. Maritime Policy & Management, 1999, 26(1):27-38.

[43] 孙丽丽.优化堆场管理实现节能增效[J].集装箱化,2006,29-31.

[44] Castilho B D, Daganzo C F. Handling strategies for import containers at marine

terminals[J]. Transportation Research Part B, 1993, 27(2): 151-166.

[45] Roux E D. Storage capacity for import container at seaports[D]. Berkeley: University of California, 1996.

[46] Zhang Yanwei, Zhao Ning, Shi Laide. A decomposition-heuristic-rule-enabled decision-making system for dynamic quay crane allocation and scheduling[J]. International Journal of Computer Applications in Technology, Special Issue: Computer Applications in Logistics Engineering & Management. 2008.1.

[47] Peterkofsky R I, Daganzo C F. A branch and bound solution method for the crane scheduling problem[J]. Transportation Research Part B, 1990, 24: 159-172.

[48] 赵宁. 集装箱码头作业线调度决策支持系统[D]. 上海: 上海海事大学, 2006.

[49] Kim K H, Park Y M. A crane scheduling method for port container terminals[J]. European Journal of Operations Research, 2004, 156: 752-768.

[50] Lim A, Rodrigues B, Xiao F, et al. Crane scheduling with spatial constraints[J]. Naval Research Logistics, 2004, 51: 386-406.

[51] Moccia L, Cordeau J F, Gaudioso M, et al. A branch-and-cut algorithm for the quay crane scheduling problem[J]. Naval Research Logistics, 2006, 53: 45-59.

[52] Liu J, Wan Y W, Wang L. Quay scheduling at container terminal to minimize the maximum relative tardiness of vessel Departures[J]. Naval Research Logistics, 2006, 53: 60-74.

[53] Kim K H, Kim K Y. An optimal routing algorithm for a transfer crane in port container terminals[J]. Transportation Science, 1999, 33(1): 17-33.

[54] Narasimhan A, Palekar U S. Analysis and algorithms for the transtainer routing problem in container port operations[J]. Transportation Science, 2002, 36(1): 63-78.

[55] Zhang C, Wan Y, Liu J, et al. Dynamic crane deployment in container storage yards [J]. Transportation Research Part B, 2002, 36: 537-555.

[56] Bish E K. A multiple-crane-constrained scheduling problem in a container terminal[J]. European Journal of Operational Research, 2003, 144: 83-107.

[57] Kim K H, Kim K Y. Routing straddle carriers for the loading operation of containers using a beam search algorithm[J]. Computers & Industrial Engineering, 1999, 36: 109-136.

[58] Linn R, Liu J Y, Wan Y W, et al. Rubber tired gantry crane deployment for container yard operation[J]. Computers & Industrial Engineering, 2003, 45: 429-442.

[59] Lee D H, Cao Z, Meng Q. Scheduling of two-transtainer systems for loading outbound containers in port container terminals with simulated annealing algorithm [J].

International Journal of Production Economics，2007，107：115-124.

[60] Kim K H, Lee K M, Hwang H. Sequencing delivery and receiving operations for yard cranes in port container terminals[J]. International Journal of Production Economics，2003，84：283-292.

[61] Ng W C, Mak K L. Yard crane scheduling in port container terminals[J]. Applied Mathematical Modelling，2005，29：263-276.

[62] Cheung R K, Li C L, Lin W. Interblock crane deployment in container terminals[J]. Transportaton Science，2002，36(1)：79-93.

[63] Lim J K, Kim K H, Yoshimoto K, et al. A dispatching method for automated guided vehicles by using a bidding concept[J]. OR Spectrum，2003，25：25-44.

[64] 韩晓龙.集装箱港口装卸作业资源配置研究[D].上海：上海海事大学，2005.

[65] Evers J J M, Koppers S A J. Automated guide vehicle traffic control at a container terminal[J]. Transportation Research Part A，1996，30(1)：21-34.

[66] 张煜.面向集装箱码头的仿真技术和优化方法研究[D].武汉：武汉理工大学，2007.

[67] Nam K C, Kwak K S, Yu M S. Simulation study of container terminal performance[J]. Journal of Waterway, Port, Coastal And Ocean Engineering，2002，128(3)：126-132.

[68] 蔡芸.港口集装箱物流系统仿真和优化方法的研究及应用[D].武汉：武汉理工大学，2005.

[69] Yun W Y, Choi Y S. A simulation model for container-terminal operation analysis using an object-oriented approach[J]. International Journal of Production Economics，1999，59：221-230.

[70] 张海霖,江志斌.基于R-OPN的集装箱码头物流系统建模与分析[J].上海交通大学学报,2007,41(2)：231-237.

[71] 张新艳.港口集装箱物流系统规划与仿真建模方法的研究与实现[D].武汉：武汉理工大学,2002.

[72] 汪锋.集装箱港口生产作业系统仿真与规划方法研究[D].武汉：武汉理工大学,2003.

[73] 高玮.基于WITNESS的集装箱码头物流系统建模与仿真[D].武汉：武汉理工大学,2003.

[74] 杨静蕾.集装箱码头内部物流网络运作研究[D].上海：上海海事大学,2003.

[75] 蔡云,王少梅.基于面向对象Petri网的集装箱码头装卸系统建模研究[J].系统仿真学报,2005,17：125-127.

[76] 胡强.集装箱码头物流系统性能分析与仿真[D].武汉：武汉理工大学,2005.

[77] Tahar R M, Hussain K. Simulation and analysis for the Kelang container terminal[J]. Logistics Information Management，2000，13(1)：14-20.

[78] Steenken D, Voß S, Stahlbock R. Container terminal operation and operations research — a classification and literature review[J]. OR Spectrum, 2004, 26: 3-49.

[79] Meersmans P J M, Dekker R. Operations research supports container handling. Technical Report EI 2001-22, Erasmus University Rotterdam, Econometric Institute[EB/OL]. [2001]. http://www. eur. nl/WebDOC/doc/econometrie/feweco20011102151222. pdf.

[80] 丁以中,费红英,韩晓龙. 港口集装箱流研究现状与分析[J]. 上海海运学院学报,2004,25(2): 45-54.

[81] Vis I F A, de Koster R. Transshipment of containers at a container terminal: an overview[J]. European Journal of Operational Research, 2003, 147: 1-16.

[82] 郝聚民,纪卓尚,戴寅生,等. 集装箱船舶积载问题研究综述[J]. 水运管理,1998,(12): 34-37,49.

[83] 沙梅. 集装箱码头物流系统建模及仿真综述[J]. 上海海事大学学报,2005,26(1): 6-12.

[84] Hirashima Y, Ishikawa N, Takeda K. A new reinforcement learning for group-based marshaling plan considering desired layout of containers in port terminals[C]// Procceeding of the 2006 IEEE Confence on Networking, Sensing and Control, 2006, 670-675.

[85] 许乃云. 货柜储区整柜之最佳化网络模式[D]. 台南: 国立成功大学,2002.

[86] Lee Y S, Hsu N Y. An optimization model for the container pre-marshalling problem [J]. Computer & Operations Research, 2007, 34: 3295-3313.

[87] 陈建闵. 排舱与整柜最佳化网络模式[D]. 台南: 国立成功大学,2006.

[88] 宋建宏. 货柜储区整柜问题之启发式解法[D]. 台南: 国立成功大学,2004.

[89] 董琳,刘庆敏. 集装箱翻箱问题的模型分析及算法[J]. 经济数学,2006,23(2): 181-186.

[90] 李岿,王新伟,束金龙,等. 基于混合优化策略的智能集装箱预翻箱系统[J]. 计算机应用研究,2006,(2): 171-174.

[91] Kim K H, Bae J W. Re-marshaling export container in port container terminals[J]. Computers and Industrial Engineering, 1998, 35(3-4): 655-658.

[92] Kang J, Oh M S, Ahn E Y, et al. Planning for intra-block remarshalling in a container terminal[J]. IEA/AIE, 2006, LNAI 4031: 1121-1220.

[93] Kim K H, Hong G P. A heuristic rule for relocating blocks[J]. Computers & Operations Research, 2006, 33: 940-954.

[94] 蔡培均. 货柜堆叠列中储位之动态指派[D]. 台湾花莲县: 国立东华大学,2006.

[95] 赵时樑. 出口储区门型起重机取柜问题之研究[D]. 台南: 国立成功大学,2003.

[96] 张维英,林焰,纪卓尚,等. 出口集装箱堆场取箱作业优化模型研究[J]. 武汉理工大学

学报(交通科学与工程版),2006,30(2):314-317.

[97] Voudouris C. Guided local search for combinatorial optimization problem[D]. Colchester: University of Essex,1997.

[98] Tuson A L. No optimization without representation: a know ledge based systems view of evolutionary/neighborhood search optimization[D]. Edinburgh: University of Edinburgh,1999.

[99] 刑文训,谢金星. 现代化计算方法[M]. 北京:清华大学出版社,1999.

[100] 王凌. 智能优化算法及其应用[M]. 北京:清华大学出版社,2001.

[101] 周明,孙树栋. 遗传算法原理及其应用[M]. 北京:国防工业出版社,1996.

[102] 玄光男,程润伟. 遗传算法与工程优化[M]. 于歆杰,周根贵,译. 北京:清华大学出版社,2003.

[103] 李士勇. 蚁群算法及其应用[M]. 哈尔滨:哈尔滨工业大学出版社,2004.

[104] 潘正君,康立山,陈毓屏. 演化计算[M]. 北京:清华大学出版社,1998.

[105] 何家祥. 港口模拟[M]. 大连:大连海事大学出版社,1994.

[106] 秦永宏,陈强努,沙梅. 港口集装箱装卸工艺系统的计算机仿真[J]. 计算机辅助工程,2000,(4):11-18.

[107] 真虹. 集装箱码头生产过程动态图形仿真优化的研究[J]. 中国图象图形学报,1999,4(6):502-506.

[108] 李冠声,丁以中,葛中雄,等. 上海港集装箱码头吞吐能力与设备配置优化[J]. 集装箱运输,2002,(8):25-26.

[109] Bontempi G, Gambardella L M, Rizzoli A E. Simulation and Opitimization for Management of Intermodal Terminals[J]. ESM'97(Istanbul, Turkey, Jun. 1-4), Society for Computer Simulation International, 1997, 646-652.

[110] Gambardella L M, Rizzoli A E. Simulation and Planning of an Intermodal Container Terminal[J]. Simulation, Special Issue on Harbour and Maritime Simulation, 1998.

[111] Bruzzone A G, Signorile R. Genetic Algorithms and Simulation as Support for Planning a Port Terminal[C]//Proceedings of the 8th European Simulation Symposium (Genoa, Italy, Oct. 24-26), Society for Computer Simulation International, 1996, 616-620.

[112] Gambardella L M, Bontempi G, Taillard E, et al. Simulation and Forecasting in Intermodal Container Terminal[C]//Proceedings of the 8th European Simulation Symposium (Genoa, Italy, Oct. 24-26), Society for Computer Simulation International, 1996, 626-630.

[113] 鲁子爱,林民标. 港口服务系统的计算机仿真研究[J]. 河海大学学报,1999,27(3):17-21.

[114] 黄晓鸣,徐小义.排队论在港口规划设计中的应用[J].青岛大学学报,1996,11(3):59-62.

[115] 鲁子爱.排队论在港口规划中的应用[J].水运工程,1997,(8):11-15.

[116] 杨湘龙,王飞,冯允成.仿真优化理论与方法综述[J].计算机仿真,2000,17(5):1-5.

[117] 王凌,张亮,郑大钟.仿真优化研究进展[J].控制与决策,2003,18(3):257-262,271.

[118] 范玉顺.工作流管理技术基础[M].北京:清华大学出版社,2001.

[119] 万和平,王明哲.层次工作流 Petri 网建模与分析[J].计算机工程与应用,2005,15:211-214.

[120] 杨波涛,乔佩利.基于 Petri 网系统规约的工作流建模验证[J].现代制造技术与装备,2006,1:58-60.

[121] Claude Girault, Rüdiger Valk. 系统工程 Petri 网—建模、验证与应用指南[M].王生原,余鹏,霍金键,译.北京:电子工业出版社,2005,6.

[122] 崔晓峰.面向对象的离散事件仿真建模与实现[J].计算机工程与应用,1998,9:39-40,46.

[123] 朱明春,范瑜等.面向对象技术在电力系统仿真建模中的应用[J].计算机仿真,2002,19(4):109-112.

[124] Joines J A, Roberts S D. Fundamentals of Object-Oriented Simulation[C]//Proceeding of the 1998 winter simulation conference,1998:141-149.

[125] 王正中.关于复杂系统仿真方法的研究[J].系统仿真学报,2000,12(6).

[126] 毛媛,刘杰,李伯虎.基于元模型的复杂系统建模方法研究[J].系统仿真学报,2002,14(4):411-414,454.

[127] 徐云飞,李海鹰,等.面向对象的智能仿真系统[J].系统仿真学报,1998,8:48-54.

[128] 惠天舒,等.分布交互仿真技术综述[J].系统仿真学报,1998,10(1):1-7,60.

[129] 谢宗琪,乔新.分布式交互仿真技术的理论与实现[J].南京航空航天大学学报,1998,30(1):81-88.

[130] 韦有双,王飞,冯允成.虚拟现实与系统仿真[J].计算机仿真,1999,16(2):63-66.

[131] 王维平,朱一凡,等.多媒体仿真研究与发展[J].系统仿真学报,1997,9(2):1-5.

[132] 王兆其.虚拟环境中物体运动逼真性的研究[M].北京:北京航空航天大学,1999.

[133] Gurkan G. Simulation optimization of buffer allocations in production lines with unreliable machines[J]. Annals of Operations Research, 2000, 93(14):177-216.

[134] Chen H C, Chen C H, Yucesan E. Computing efforts allocation for ordinal optimization and discrete event simulation[J]. IEEE Trans Automatic Control, 2000, 45(5):960-964.

附录 A　装船前预翻箱智能决策系统部分程序代码

```cpp
#include "stdafx.h"
#include "WeiClass.h"
#using <mscorlib.dll>
using namespace System;
WeiClass::WeiClass(void)
{

}

WeiClass::~WeiClass(void)
{

}

void WeiClass::InitializeWei(int MAXLOADSEQUENCE)
{
    Random * randomObject  = new Random();
    int id = 1;
    int i, j, m, n, maxLoadSequence;

    for(i = 0; i < COL; i++)    // 非集卡列初始化
    {
```

```
for(j = 0; j < ROW ; j++)
{
    FirstWei[i][j].ID = id;   // 设定箱子的 ID
    id++;
    FirstWei[i][j].LoadSequence =
            randomObject->Next(1,MAXLOADSEQUENCE);
}
FirstKong[i] = ROW;   // 空箱位为最顶层之上的那个箱位
}

for(i = 0; i < ROW - 1; i++)   // 指定空箱所在的列
{
    ……
}


maxLoadSequence = 0;
for(i = 0; i < COL; i++)
    for(j = 0; j < ROW; j++)
    {
        if(FirstWei[i][j].LoadSequence>maxLoadSequence)
            maxLoadSequence = FirstWei[i][j].LoadSequence;
    }
for(m = 1; m < maxLoadSequence;)
{
    n = 1;
    for(i = 0; i < COL; i++)
    {
        for(j = 0; j < ROW; j++)
        {
            if(FirstWei[i][j].LoadSequence == m)
            {
                n = -1;
                break;
```

```
                    }
                }
                if(n= =-1)
                  {
                      m+ +;
                      break;
                  }
            }
            if(n= =1)
              {
                  for(i=0; i＜COL; i+ +)
                  {
                      for(j=0; j＜ROW; j+ +)
                      {
                          if(FirstWei[i][j].LoadSequence＞m)
                              FirstWei[i][j].LoadSequence - -;
                      }
                  }
                  maxLoadSequence - -;
              }
      }
    FirstKong[COL]=0;   // 集卡列第一个空箱位置设为
    for(i=0; i＜ROW; i+ +)
    {
        FirstWei[COL][i].ID=0;
        FirstWei[COL][i].LoadSequence=0;
    }
    // 移箱操作总次数设为零
    ShiftNumber=0;
    OperationNumber=0;
    // 移箱结束后的位状态设定为初始位状态
    for(i=0; i＜=COL; i+ +)
```

附录 A　装船前预翻箱智能决策系统部分程序代码

```cpp
    {
      for(j = 0; j < ROW; j++)
      {
          LastWei[i][j].ID = FirstWei[i][j].ID;
          LastWei[i][j].LoadSequence = FirstWei[i][j].LoadSequence;
      }
    }
    // 移出箱队列和移入箱队列清零
    for(i = 0; i < (COL * ROW * 2 + 1); i++)
    {
        ShiftOutQueque[i].Col = 0;
        ShiftInQueque[i].Row = 0;
        ShiftOutQueque[i].Row = 0;
        ShiftInQueque[i].Col = 0;
    }
    // 翻箱计划复位
    for(i = 0; i < (COL * ROW * 2 + 1); i++)
    {
        operationPlan[i].outCol = -1;
        operationPlan[i].inCol = -1;
        operationPlan[i].boxId = 0;
    }
}


void WeiClass::SetWei(int col, int row, int id, int sequence)
{
    FirstWei[col][row].ID = id;
    FirstWei[col][row].LoadSequence = sequence;
}
//******************************////
//WeiClass:: getChild ( TreeNode parent, TreeNode child, int BestSearchDepth, BoxOperation *TempSearchPath, int tempSearchDepth)
```

```cpp
//function:找到父节点parent的第一个孩子child的状态,并把得到child
的方法记录在BoxOperation * TempSearchPath中
//若找到child则返回,否则返回
//******************************
int WeiClass::getChild(TreeNode & parent, TreeNode & child, int
BestSearchDepth, BoxOperation * BestSearchPath)
    {
        int tempOutCol, tempInCol;
        int HaveChild = 0;
        int GetChildFlag = 0;
        int i;
        XiangZi tempBox;
        //规则:深度限制
     if((parent.depth>=BestSearchDepth) ||
        ((parent.boxOperation.matchNumber
                +BestSearchDepth-parent.depth)<
          BestSearchPath[BestSearchDepth].matchNumber))
         return 0;
     tempOutCol = 0;
     tempInCol = 1;
           GetChildFlag = 0;
     while((GetChildFlag = = 0) && (tempOutCol < 7))
     {
       ……
     }
     if(tempOutCol = = 7)   return 0;
     child.depth = parent.depth+1;
     child.parentOutCol = parent.boxOperation.outCol;
     child.parentInCol = parent.boxOperation.inCol;
     child.boxOperation.matchNumber = parent.boxOperation.matchNumber;
     if(tempOutCol = = 0)
```

```
{
    child.boxOperation.outCol = 0;
    child.boxOperation.outRow = parent.colTop[0];//added at 071003
    child.boxOperation.boxId = parent.col0[parent.colTop[0]].ID;
    child.colTop[0] = parent.colTop[0] - 1;
    child.colTop[1] = parent.colTop[1];
    child.colTop[2] = parent.colTop[2];
    child.colTop[3] = parent.colTop[3];
    child.colTop[4] = parent.colTop[4];
    child.colTop[5] = parent.colTop[5];
    child.colTop[6] = parent.colTop[6];
    for(i = 0; i < parent.colTop[0]; i++)
        child.col0[i] = parent.col0[i];
    tempBox = parent.col0[i];
    child.col0[i].LoadSequence = 0;
    for(i = 0; i <= parent.colTop[1]; i++)
        child.col1[i] = parent.col1[i];
    for(i = 0; i <= parent.colTop[2]; i++)
        child.col2[i] = parent.col2[i];
    for(i = 0; i <= parent.colTop[3]; i++)
        child.col3[i] = parent.col3[i];
    for(i = 0; i <= parent.colTop[4]; i++)
        child.col4[i] = parent.col4[i];
    for(i = 0; i <= parent.colTop[5]; i++)
        child.col5[i] = parent.col5[i];
    for(i = 0; i <= parent.colTop[6]; i++)
        child.col6[i] = parent.col6[i];
}
else if(tempOutCol = = 1)
{
```

```
            ……
          }
      else if(tempOutCol = = 2)
          {
            ……
          }
      else if(tempOutCol = = 3)
          {
            ……
          }
      else if(tempOutCol = = 4)
          {
            ……
          }
      else if(tempOutCol = = 5)
          {
            ……
          }
      else if(tempOutCol = = 6)
          {
            ……
          }

      ……
          return 1;
}//end: int WeiClass::getChild(TreeNode parent, TreeNode child)

int WeiClass::getBrother(TreeNode & treeNode, TreeNode & brother)
{
    int tempOutCol, tempInCol;
    int HaveBrother = 0;
    int GetBrotherFlag = 0;
```

附录 A 装船前预翻箱智能决策系统部分程序代码

```
XiangZi tempBox;
brother = treeNode;
switch(brother.boxOperation.inCol)
{
    case 0:
        tempBox.ID = brother.col0[brother.colTop[0]].ID;
        tempBox.LoadSequence =
            brother.col0[brother.colTop[0]].LoadSequence;
        if(brother.col0[brother.colTop[0]].fanOrNot = = NEVER)
            brother.boxOperation.matchNumber - - ;
        tempBox.fanOrNot = MUSTBE;
        brother.col0[brother.colTop[0]].LoadSequence = 0;
        brother.colTop[0] - - ;
        break;
    case 1:
        tempBox.ID = brother.col1[brother.colTop[1]].ID;
        tempBox.LoadSequence =
            brother.col1[brother.colTop[1]].LoadSequence;
        if(brother.col1[brother.colTop[1]].fanOrNot = = NEVER)
            brother.boxOperation.matchNumber - - ;
        tempBox.fanOrNot = MUSTBE;
        brother.col1[brother.colTop[1]].LoadSequence = 0;
        brother.colTop[1] - - ;
        break;
    case 2:
        ……;
    case 3:
        ……;
    case 4:
        ……;
    case 5:
        ……;
```

```
            case 6:
                tempBox.ID = brother.col6[brother.colTop[6]].ID;
                tempBox.LoadSequence =
                    brother.col6[brother.colTop[6]].LoadSequence;
                tempBox.fanOrNot = MUSTBE;
                brother.col6[brother.colTop[6]].LoadSequence = 0;
                brother.colTop[6] - -;
                break;
    }
    switch(brother.boxOperation.outCol)
    {
        case 0:
            brother.colTop[0] + +;
            brother.col0[brother.colTop[0]] = tempBox;
            break;
        case 1:
            brother.colTop[1] + +;
            brother.col1[brother.colTop[1]] = tempBox;
            break;
        ......
        case 6:
            brother.colTop[6] + +;
            brother.col6[brother.colTop[6]] = tempBox;
            break;
    }
    tempOutCol = treeNode.boxOperation.outCol;
    tempInCol = treeNode.boxOperation.inCol + 1;
    if(tempInCol>6)
        {
            tempInCol = 0;
            tempOutCol + +;
        }
```

附录 A 装船前预翻箱智能决策系统部分程序代码

```
    GetBrotherFlag = 0;
    ……
    if(tempOutCol = = 0)
        {
            tempBox = brother.col0[brother.colTop[0]];
            brother.boxOperation.outCol = 0;
            brother.boxOperation.outRow = brother.colTop[0];
            brother.boxOperation.boxId = brother.col0[brother.
            colTop[0]].ID;
            brother.col0[brother.colTop[0]].LoadSequence = 0;
            brother.colTop[0] - -;
        }
    else if(tempOutCol = = 1)
        {
            ……
        }
    ……
    else if(tempOutCol = = 6)
        {
            tempBox = brother.col6[brother.colTop[6]];
            brother.boxOperation.outCol = 6;
            brother.boxOperation.outRow = brother.colTop[6];
            brother.boxOperation.boxId = brother.col6[brother.
            colTop[6]].ID;
            brother.col6[brother.colTop[6]].LoadSequence = 0;
            brother.colTop[6] - -;
        }
    ……
    return 1;
}
int WeiClass:: isTarget (TreeNode & treeNode, BoxOperation *
TempSearchPath, int & tempSearchDepth)
```

```
    {
        tempSearchDepth = treeNode.depth;
        TempSearchPath[tempSearchDepth] = treeNode.boxOperation;
        if(treeNode.boxOperation.matchNumber == BOXESNUMBER)
            return 1;
        else
            return 0;
    }
//start:在类的实现中实现构建目标位(即最终位)的成员函数
    //首先确定哪些排的箱子是固定箱:排内所有箱子的装船顺序相同且排已满的
int WeiClass::makeTargetWei()
    {
                XiangZi bifanBoxes[COL*ROW];
                int numberOfBifanBoxes = 0;
                int i, j, k = 0, m = 0, n = 0, temp1;
                int colSeqTop[COL];
                for(i = 0; i < COL; i++)
                {
                    for(j = 0; j < ROW; j++)
                    {
                        LastWei[i][j].ID = FirstWei[i][j].ID;
                        LastWei[i][j].LoadSequence = FirstWei[i][j].LoadSequence;
                        LastWei[i][j].fanOrNot = FirstWei[i][j].fanOrNot;
                    }
                }
                k = 0;
                for(i = 0; i < COL; i++)
                {
                    if(k == 1) break;
                    for(j = 0; j < ROW; j++)
```

```
        {
    if(FirstWei[i][j].LoadSequence < FirstWei[i][j +
      1].LoadSequence)
            {
                k = 1;
                break;
            }
        }
}
if(k = = 0) return 1;
for(i = 0; i < COL; i + +) colSeqTop[i] = 0;
for(i = 0; i < COL; i + +)
{
    k = 0;
    for(j = 0; j < ROW - 1; j + +)
    {
        if(LastWei[i][j].LoadSequence>LastWei[i][j + 1].
        LoadSequence)
            {
                LastWei[i][j].fanOrNot = MAYBE;
                if(LastWei[i][j + 1].LoadSequence = = 0)
                break;
                else{
                    colSeqTop[i] + +;
                    continue;
                }
            }
        else if (LastWei[i][j].LoadSequence = = LastWei
        [i][j + 1].LoadSequence)
            {
                if(LastWei[i][j].LoadSequence = = 0)
                {
```

```
                        colSeqTop[i] = -1;
                        break;
                    }
                    else
                    {
                        k++;
                        colSeqTop[i]++;
                        LastWei[i][j].fanOrNot = MAYBE;
                        continue;
                    }
                }
            else {
                    LastWei[i][j].fanOrNot = MAYBE;
                    for(m = j+1; m < ROW; m++)
                    {
                        if(LastWei[i][m].LoadSequence != 0)
                        ......
                    }
                    break;
                }
        }
        if(k == ROW)
        {
            for(j = 0; j < ROW; j++)
                LastWei[i][j].fanOrNot = NEVER;
        }
    }
//start: 为必翻箱集内的箱子在目标位内寻找合适位置
while(numberOfBifanBoxes)
{
    struct XiangZi tempXiangZi;
    int selectCol = -1;
```

附录 A 装船前预翻箱智能决策系统部分程序代码

```
    for(i = 0; i < numberOfBifanBoxes - 1; i++)
    {
        for(j = 0; j < numberOfBifanBoxes - i - 1; j++)
        {
            ......
        }
    }
        numberOfBifanBoxes--;
          ......
}
    return 2;
//end：为必翻箱集内的箱子在目标位内寻找合适位置
}//end:在类的实现中实现构建目标位的成员函数


int WeiClass::targetMatchSearch(int const DEPTHOFDFS)
{
    TreeNode TempTreeNode;
    TreeNode child, brother;
    TreeNode SearchStack[MAXDEPTH];
    int SearchStackTop = -1;
    BoxOperation TempSearchPath[MAXDEPTH + 1];
    int TempSearchDepth;
    BoxOperation BestSearchPath[MAXDEPTH + 1];
    int BestSearchDepth = DEPTHOFDFS;
    TreeNode NextSearchRoot;
    int GetTarget = 0;
    int HaveChild, HaveBrother;
    int Num_NextSearchRoot, Num_TempTreeNode;
    int i, j;
    OperationNumber = 0;
        //* * * * * * * * * * * begin:初始化 NextSearchRoot * * *
          * * * * * * * * * * * * * *
```

```
        for(i = 0; i < ROW; i + +)
        {
            ……
        }
            NextSearchRoot.col0[ROW].LoadSequence = 0;//空箱位
            NextSearchRoot.col6[ROW].LoadSequence = 0;//空箱位
    //begin：确定每列的顶层非空箱位
    {
        NextSearchRoot.colTop[0] = - 1;
        for(i = 0; i < = ROW; i + +)
        {
            if(NextSearchRoot.col0[i].LoadSequence ！ = 0)
                NextSearchRoot.colTop[0] + + ;
            else
                break;
        }

        NextSearchRoot.colTop[1] = - 1;
        for(i = 0; i < ROW; i + +)
        {
            if(NextSearchRoot.col1[i].LoadSequence ！ = 0)
                NextSearchRoot.colTop[1] + + ;
            else
                break;
        }

        NextSearchRoot.colTop[2] = - 1;
        for(i = 0; i < ROW; i + +)
        {
            if(NextSearchRoot.col2[i].LoadSequence ！ = 0)
                NextSearchRoot.colTop[2] + + ;
            else
```

```
        break;
}


NextSearchRoot.colTop[3] = -1;
for(i = 0; i < ROW; i++)
{
    if(NextSearchRoot.col3[i].LoadSequence ! = 0)
        NextSearchRoot.colTop[3]++;
    else
        break;
}


NextSearchRoot.colTop[4] = -1;
for(i = 0; i < ROW; i++)
{
    if(NextSearchRoot.col4[i].LoadSequence ! = 0)
        NextSearchRoot.colTop[4]++;
    else
        break;
}


NextSearchRoot.colTop[5] = -1;
for(i = 0; i < ROW; i++)
{
    if(NextSearchRoot.col5[i].LoadSequence ! = 0)
        NextSearchRoot.colTop[5]++;
    else
        break;
}


NextSearchRoot.colTop[6] = -1;
for(i = 0; i <= ROW; i++)
```

```
    {
        if(NextSearchRoot.col6[i].LoadSequence！= 0)
            NextSearchRoot.colTop[6]++;
        else
            break;
    }
}//end：确定每列的顶层非空箱位

NextSearchRoot.boxOperation.outCol = 0;
NextSearchRoot.boxOperation.inCol = 0;
NextSearchRoot.boxOperation.boxId = 0;
/// begin：将与目标箱匹配的箱子进行锁定
    {
        NextSearchRoot.boxOperation.matchNumber = 0;

        for(i = 0; i <= NextSearchRoot.colTop[0]; i++)//第列锁定
        {
            if(NextSearchRoot.col0[i].LoadSequence ==
              LastWei[0][i].LoadSequence)
            {
                NextSearchRoot.col0[i].fanOrNot = NEVER;
                NextSearchRoot.boxOperation.matchNumber++;
            }
            else break;
        }
        for(j = i; j <= NextSearchRoot.colTop[0]; j++)
            NextSearchRoot.col0[j].fanOrNot = MUSTBE;
        for(i = 0; i <= NextSearchRoot.colTop[1]; i++)//第列锁定
        {
            if(NextSearchRoot.col1[i].LoadSequence ==
```

附录 A 装船前预翻箱智能决策系统部分程序代码

```
            LastWei[1][i].LoadSequence)
        {
            NextSearchRoot.col1[i].fanOrNot = NEVER;
            NextSearchRoot.boxOperation.matchNumber + + ;
        }
        else break;
    }
    for(j = i; j <  = NextSearchRoot.colTop[1]; j + + )
        NextSearchRoot.col1[j].fanOrNot = MUSTBE;

    for(i = 0; i <  = NextSearchRoot.colTop[2]; i + + )//第
列锁定
    {
        if(NextSearchRoot.col2[i].LoadSequence = =
            LastWei[2][i].LoadSequence)
        {
            NextSearchRoot.col2[i].fanOrNot = NEVER;
            NextSearchRoot.boxOperation.matchNumber + + ;
        }
        else break;
    }
    for(j = i; j <  = NextSearchRoot.colTop[2]; j + + )
        NextSearchRoot.col2[j].fanOrNot = MUSTBE;

    for(i = 0; i <  = NextSearchRoot.colTop[3]; i + + )//第
列锁定
    {
        if(NextSearchRoot.col3[i].LoadSequence = =
            LastWei[3][i].LoadSequence)
        {
            NextSearchRoot.col3[i].fanOrNot = NEVER;
            NextSearchRoot.boxOperation.matchNumber + + ;
```

```
            }
            else break;
        }
        for(j = i; j <= NextSearchRoot.colTop[3]; j++)
            NextSearchRoot.col3[j].fanOrNot = MUSTBE;
            ……
        for(j = i; j <= NextSearchRoot.colTop[5]; j++)
            NextSearchRoot.col5[j].fanOrNot = MUSTBE;
    }   /// end：将与目标箱匹配的箱子进行锁定

// * * * * * * end：初始化 treeNode * * * * * * * * * * * * *
GetTarget = 0；
while((GetTarget = = 0) && (OperationNumber <= 48))
{
    NextSearchRoot.depth = 0；
    SearchStackTop = -1；
    BestSearchDepth = DEPTHOFDFS；
    TempSearchDepth = 0；
    for(i = 0; i <=  BestSearchDepth ; i++)
        BestSearchPath[i].matchNumber =
            NextSearchRoot.boxOperation.matchNumber；
    HaveChild  =  getChild ( NextSearchRoot,  TempTreeNode,
    BestSearchDepth, BestSearchPath)；
    if(! HaveChild) return -1；
    int ToBeContinued = 1；//继续深度搜索标志
    while(ToBeContinued)
    {
        ToBeContinued = 0；
        if(isTarget(TempTreeNode, TempSearchPath, TempSearchDepth) =
            = 1)
                {
                    GetTarget = 1；//目标节点已找到
```

附录 A 装船前预翻箱智能决策系统部分程序代码

```
                if((TempTreeNode.depth < BestSearchDepth)
                    ||(TempTreeNode.boxOperation.matchNumber>
                    BestSearchPath[BestSearchDepth].matchNumber))
                    {
                        BestSearchDepth = TempTreeNode.depth;
                        for(i = 1; i <= BestSearchDepth; i++)
                            BestSearchPath[i] = TempSearchPath[i];
                    }//end: if((TempTreeNode.depth<BestSearchDepth)
                if(SearchStackTop > -1)
                    {
                        ToBeContinued = 1;
                        TempTreeNode = SearchStack[SearchStackTop];
                        SearchStackTop --;
                    }//end: if(SearchStackTop>-1)
                }
            else//如果不是目标节点,根据情况决定是否向下搜索
                {
                    ......
                }
        }
        for(i = 1; i <= BestSearchDepth; i++)
        {
            OperationNumber++;
            operationPlan[OperationNumber] = BestSearchPath[i];
        }//end: for(i = 1; i <= BestSearchDepth; i++)
    }//end: while(GetTarge == 0)
OperationNumberCopy = OperationNumber;
for(i = 1; i <= OperationNumber; i++)
    operationPlanCopy[i] = operationPlan[i];
    if(GetTarget)
        {
            for(int boxID = 1; boxID <= ROW * COL; boxID++)
```

```
{
    int firstOperation = 0;
    int secondOperation = 0;
    for(i = OperationNumber; i >= 1; i − −)
    {
        if(operationPlan[i].boxId = = boxID)
        {
            secondOperation = i;
            break;
        }
    }
    if(i>1)
    {
        for(j = secondOperation − 1; j >= 1; j − −)
        {
            if(operationPlan[j].boxId = = boxID)
            {
                firstOperation = j;
                break;
            }
        }//end: for(j = secondOperation; j >= 1; j − −)
    }//end: if(i>1)

    while((firstOperation>0) && (secondOperation>0))
    {
        int mergeFlag = 1;
        for(j = firstOperation + 1; j < secondOperation; j + +)
        {
            if((operationPlan[j].outCol = =
                operationPlan[secondOperation].inCol)
                || (operationPlan[j].inCol = =
                operationPlan[secondOperation].inCol))
```

附录 A 装船前预翻箱智能决策系统部分程序代码

```
            {
                mergeFlag = 0;//不进行合并
                break;
            }
        }//end: for ( j = firstOperation + 1; j <
        secondOperation; j++ )

        if(mergeFlag = = 1)//将两个操作合并
        {
            operationPlan[firstOperation].inCol =
                operationPlan[secondOperation].inCol;
            operationPlan[firstOperation].inRow =
                operationPlan[secondOperation].inRow;
            for(j=firstOperation+1; j<secondOperation; j++)
            ……
            for(j=secondOperation; j<OperationNumber; j++)
                operationPlan[j] = operationPlan[j+1];
            OperationNumber - -;
        }//end: if(mergeFlag = = 1)//将两个操作合并
        secondOperation = firstOperation;
        firstOperation = 0;
        for(i = secondOperation - 1; i>=1; i - -)
        {
            if(operationPlan[i].boxId = = boxID)
            {
                firstOperation = i;
                break;
            }
        }//end:for(i = secondOperation; i>=1; i - -)
    }//end: while(firstOperation ! = 0 && secondOperation ! = 0)
}//end: for(int boxID = 1; boxID <= BOXESNUMBER; boxID++)
//*******begin: 去除多余操作****************
```

```
    for(i = 0; i < ROW; i + +)
{
    ……
}
    NextSearchRoot.col0[ROW].LoadSequence = 0;//空箱位
    NextSearchRoot.col6[ROW].LoadSequence = 0;//空箱位
//begin：确定每列的顶层非空箱位
{
    NextSearchRoot.colTop[0] = - 1;
    for(i = 0; i < = ROW; i + +)
    {
        if(NextSearchRoot.col0[i].LoadSequence ！ = 0)
            NextSearchRoot.colTop[0] + + ;
        else
            break;
    }
    NextSearchRoot.colTop[1] = - 1;
    for(i = 0; i < ROW; i + +)
    {
        if(NextSearchRoot.col1[i].LoadSequence ！ = 0)
            NextSearchRoot.colTop[1] + + ;
        else
            break;
    }
    NextSearchRoot.colTop[2] = - 1;
    for(i = 0; i < ROW; i + +)
    {
        if(NextSearchRoot.col2[i].LoadSequence ！ = 0)
            NextSearchRoot.colTop[2] + + ;
        else
            break;
    }
```

```
NextSearchRoot.colTop[3] = -1;
for(i = 0; i < ROW; i++)
{
    if(NextSearchRoot.col3[i].LoadSequence! = 0)
        NextSearchRoot.colTop[3]++;
    else
        break;
}
NextSearchRoot.colTop[4] = -1;
for(i = 0; i < ROW; i++)
{
    if(NextSearchRoot.col4[i].LoadSequence! = 0)
        NextSearchRoot.colTop[4]++;
    else
        break;
}
NextSearchRoot.colTop[5] = -1;
for(i = 0; i < ROW; i++)
{
    if(NextSearchRoot.col5[i].LoadSequence! = 0)
        NextSearchRoot.colTop[5]++;
    else
        break;
}
NextSearchRoot.colTop[6] = -1;
for(i = 0; i <= ROW; i++)
{
    if(NextSearchRoot.col6[i].LoadSequence! = 0)
        NextSearchRoot.colTop[6]++;
    else
        break;
}
```

}//end：确定每列的顶层非空箱位
int TargetGet = 1;
```
for(i = 1; i <= OperationNumber; i++)//去除多余操作
{
    XiangZi tempBox;
    int tempOutCol, tempOutRow, tempInCol, tempInRow;
    tempOutCol = operationPlan[i].outCol;
    tempOutRow = operationPlan[i].outRow;
    tempInCol = operationPlan[i].inCol;
    tempInRow = operationPlan[i].inRow;
    switch(tempOutCol)
    {
        case 0：
            tempBox = NextSearchRoot.col0[tempOutRow];
            NextSearchRoot.col0[tempOutRow].LoadSequence = 0;
            break;
        case 1：
            tempBox = NextSearchRoot.col1[tempOutRow];
            NextSearchRoot.col1[tempOutRow].LoadSequence = 0;
            break;
        case 2：
            tempBox = NextSearchRoot.col2[tempOutRow];
            NextSearchRoot.col2[tempOutRow].LoadSequence = 0;
            break;
        case 3：
            tempBox = NextSearchRoot.col3[tempOutRow];
            NextSearchRoot.col3[tempOutRow].LoadSequence = 0;
            break;
        case 4：
            tempBox = NextSearchRoot.col4[tempOutRow];
            NextSearchRoot.col4[tempOutRow].LoadSequence = 0;
            break;
```

附录A 装船前预翻箱智能决策系统部分程序代码

```
    case 5:
        tempBox = NextSearchRoot.col5[tempOutRow];
        NextSearchRoot.col5[tempOutRow].LoadSequence = 0;
        break;
    case 6:
        tempBox = NextSearchRoot.col6[tempOutRow];
        NextSearchRoot.col6[tempOutRow].LoadSequence = 0;
        break;
}//end: switch(tempOutCol)
switch(tempInCol)
{
    case 0:
        NextSearchRoot.col0[tempInRow] = tempBox;
        break;
    case 1:
        NextSearchRoot.col1[tempInRow] = tempBox;
        break;
    case 2:
        NextSearchRoot.col2[tempInRow] = tempBox;
        break;
    case 3:
        NextSearchRoot.col3[tempInRow] = tempBox;
        break;
    case 4:
        NextSearchRoot.col4[tempInRow] = tempBox;
        break;
    case 5:
        NextSearchRoot.col5[tempInRow] = tempBox;
        break;
    case 6:
        NextSearchRoot.col6[tempInRow] = tempBox;
        break;
```

```
}//end: switch(tempInCol)
NextSearchRoot.colTop[tempOutCol]--;
NextSearchRoot.colTop[tempInCol]++;
TargetGet = 1;
if(NextSearchRoot.colTop[COL]>=0) TargetGet = 0;//
if((TargetGet ==1) && (NextSearchRoot.colTop[0] < ROW))
{
    ……
}
else if(NextSearchRoot.colTop[0]>= ROW) TargetGet = 0;
if(TargetGet == 1)
{
    for(j = 0; j < NextSearchRoot.colTop[1]; j++)
    {
        ……
    }
}
if(TargetGet == 1)
{
    for(j = 0; j < NextSearchRoot.colTop[2]; j++)
    {
        if ( NextSearchRoot. col2 [ j ]. LoadSequence <
        NextSearchRoot.col2[j+1].LoadSequence)
        {
            TargetGet = 0;
            break;
        }
    }
}
……
if(TargetGet == 1)
{
```

```
            for(j = 0; j < NextSearchRoot.colTop[5]; j++)
            {
                if(NextSearchRoot.col5[j].LoadSequence <
                NextSearchRoot.col5[j+1].LoadSequence)
                {
                    TargetGet = 0;
                    break;
                }
            }
        if(TargetGet == 1)break;
    }//end: for(i = 0; i <= OperationNumber; i++)//去除多余操作
    if(i < OperationNumber)
    {
        OperationNumber = i;
            return 2;
    }
    else
        return 1;
    }
    else if(OperationNumber>48) return -2;
}
```

附录 B 装船时翻箱智能决策系统部分程序代码

```
#pragma once
using namespace System;
#define ROW    4
#define COL    6
#define TOATALBOXNUMBER ROW * (COL - 1) + 1
#define MAXDEPTH TOATALBOXNUMBER
struct XiangZi
{
    int ID;
    int loadSequence;
};
struct BoxOperation
 {
     int outCol;
     int outRow;
     int inCol;
     int inRow;
     int boxId;
     int boxLoadSequence;
     int addCost;
};
  struct TreeNode
```

```
{
    XiangZi col0[ROW + 1];
    XiangZi col1[ROW];
    XiangZi col2[ROW];
    XiangZi col3[ROW];
    XiangZi col4[ROW];
    XiangZi col5[ROW];
    //XiangZi col6[ROW + 1];
    int colTop[COL];
    XiangZi loadingBox;
    int loadBoxCol;
    int loadBoxRow;
    int blockBoxNumber;
    struct BoxOperation boxOperation[ROW + 1];
    int maxBlockNumAfterOp;
    int getScheme;
    int totalCost;
    int searchDepth;
};
struct StackNode
{
    TreeNode treeNode;
    int parentOutCol;
    int parentInCol;
};
public class zchfxClass
{
public:
    zchfxClass(void);  // constructor
    ~zchfxClass(void); //destructor
    void InitializeWei ( int MAXLOADSEQUENCE );   // initialize a WeiClass object
```

void zchfxClass::InitializeWei_1(int MAXLOADSEQUENCE);

void SetWei(int col, int row, int id, int sequence); //设置位中某箱位装船次序

int getChild(TreeNode &parent, TreeNode &child, int BestschemeCost, int depthOfDFS, BoxOperation * TempSearchPath);

int getBrother (TreeNode &treeNode, TreeNode &brother, int BestschemeCost);

int getZchfxScheme(int const DEPTHOFDFS);

public: struct XiangZi FirstWei [(COL + 1) * ROW][ROW]; // 倍位初始化

public: struct BoxOperation operationPlan [ROW * COL * (ROW + 1)];

public: int OperationNumber; // 翻箱操作的总次数

}; // end class WeiClass

zchfxClass::zchfxClass(void)
{
}

zchfxClass::~zchfxClass(void)
{
}

void zchfxClass::InitializeWei(int MAXLOADSEQUENCE)
{
    int FirstKong [COL + 1];
    Random * randomObject = new Random();
    int id = 1;
    int i, j, k, randomCol, randomRow;
    for(i = 0; i < COL; i++) // 非集卡列初始化
    {

```
    for(j = 0; j < ROW ; j++)
    {
        FirstWei[i][j].ID = id;
        id++;
        FirstWei[i][j].loadSequence = 0;
    }
    FirstKong[i] = ROW - 1 ;   // 每列都假设是满的
}
for(i = 1; i <= MAXLOADSEQUENCE; i++)
{
    randomCol = randomObject->Next(0, COL);
    randomRow = randomObject->Next(0, ROW);
    if(FirstWei[randomCol][randomRow].loadSequence = = 0)
        {
            FirstWei[randomCol][randomRow].loadSequence = i;
        }//end: if(FirstWei[randomCol][randomRow].loadSequence =
    = 0)
    else i--;
}
for(i = 0; i < COL; i++)
{
    for(j = ROW - 1; j>0; j--)
    {
        if(FirstWei[i][j].loadSequence = = 0)
            FirstKong[i]--;
        else if(FirstWei[i][j - 1].loadSequence = = 0)
            {
                for(k = j; k <= FirstKong[i]; k++)//非空箱子下移
                一层
                {
                    FirstWei[i][k - 1].loadSequence =
                        FirstWei[i][k].loadSequence;
```

```
                    }//end: for(k = j; k <= FirstKong[i]; k++)
                    FirstWei[i][FirstKong[i]].loadSequence = 0;
                    FirstKong[i] --;
            }
        }
    }
    FirstKong[COL] = 0;    // 集卡列第一个空箱位置设为
    for(i = 0; i < ROW; i++)
    {
        FirstWei[COL][i].ID = 0;
        FirstWei[COL][i].loadSequence = 0;
    }
      OperationNumber = 0;
    for(i = 0; i < (COL * ROW * 5); i++)
       {
            operationPlan[i].outCol = -1;
            operationPlan[i].outRow = -1;
            operationPlan[i].inCol = -1;
            operationPlan[i].inRow = -1;
            operationPlan[i].boxId = 0;
            operationPlan[i].boxLoadSequence = 0;
            operationPlan[i].addCost = 0;
       }
}


void zchfxClass::InitializeWei_1(int MAXLOADSEQUENCE)
{
    int FirstKong [COL + 1];  Random * randomObject  = new Random();
    int id = 1;
    int i, j, randomCol;
    for(i = 0; i < COL; i++)   // 非集卡列初始化
    {
```

```
    for(j = 0; j < ROW ; j + +)
    {
        FirstWei[i][j].ID = id;   // 设定箱子的 ID,安顺序增加
        id + +;
        FirstWei[i][j].loadSequence = 0;
    }
    FirstKong[i] = 0;   // 空箱位为最顶层之上的那个箱位
}
for(i = 1; i < = MAXLOADSEQUENCE; i + +)
{
    randomCol = randomObject - >Next(0, COL);
    if(randomCol = = 0)
        {
            if(FirstKong[0] < ROW)
                {
                    FirstWei[0][FirstKong[0]].loadSequence = i;
                    FirstKong[0] + +;
                }//end: if(FirstKong[0] < = ROW)
            else
                i - -;
        }//end: if(randomCol = = 0)
    else
        {
            if(FirstKong[randomCol] < ROW)
                {
FirstWei[randomCol][FirstKong[randomCol]].loadSequence = i;
                    FirstKong[randomCol] + +;
                }//end: if(FirstKong[randomCol] < ROW)
            else
                i - -;
        }//end: else
}//end: for(i = 1; i < = MAXLOADSEQUENCE; i + +)
```

```
        FirstKong[COL] = 0;  // 集卡列第一个空箱位置设为
        for(i = 0; i < ROW; i++)
        {
            FirstWei[COL][i].ID = 0;
            FirstWei[COL][i].loadSequence = 0;
        }
        OperationNumber = 0;
        for(i = 0; i < (COL * ROW * 5); i++)
        {
            operationPlan[i].outCol = -1;
            operationPlan[i].outRow = -1;
            operationPlan[i].inCol = -1;
            operationPlan[i].inRow = -1;
            operationPlan[i].boxId = 0;
            operationPlan[i].boxLoadSequence = 0;
            operationPlan[i].addCost = 0;
        }
}
void zchfxClass::SetWei(int col, int row, int id, int sequence)
{
    FirstWei[col][row].ID = id;
    FirstWei[col][row].loadSequence = sequence;
}
int zchfxClass:: getChild ( TreeNode &parent, TreeNode &child, int BestschemeCost,
int depthOfDFS, BoxOperation * TempSearchPath)
        {
                int HaveChild = 0;
                int GetChildFlag = 0;
                int i, j, k;
                int getLoadingBox = 0;
                for(i = 0; i <= ROW; i++)
```

```
    {
        TempSearchPath[parent.searchDepth * (ROW + 1) + i] =
            parent.boxOperation[i];
    }

    if(parent.loadingBox.loadSequence = = TOATALBOXNUMBER)
        return -1;
    if(parent.searchDepth = = depthOfDFS)
        return -2;
    ……
    for(i = 0; i < = child.colTop[0]; i + +)
    {
        if(child.col0[i].loadSequence = = child.loadingBox.
            loadSequence)
        {
            child.loadingBox.ID = child.col0[i].ID;
            child.loadBoxCol = 0;
            child.loadBoxRow = i;
            child.blockBoxNumber = child.colTop[0] - i;
            getLoadingBox = 1;
            break;
        }
    }
    if(getLoadingBox = = 0)
    {
        for(i = 0; i < = child.colTop[1]; i + +)
        {
            if(parent.col1[i].loadSequence = =
                child.loadingBox.loadSequence)
            {
                child.loadingBox.ID = child.col1[i].ID;
                child.loadBoxCol = 1;
```

```
                    child.loadBoxRow = i;
                    child.blockBoxNumber = child.colTop[1] - i;
                    getLoadingBox = 1;
                    break;
                }
            }
        }
    ……
    if(getLoadingBox = = 0)
    {
        for(i = 0; i <= child.colTop[5]; i++)
        {
            if(child.col5[i].loadSequence = =
               child.loadingBox.loadSequence)
            {
                child.loadingBox.ID = child.col5[i].ID;
                child.loadBoxCol = 5;
                child.loadBoxRow = i;
                child.blockBoxNumber = child.colTop[5] - i;
                getLoadingBox = 1;
                break;
            }
        }
    }
}//end：确定最先装船箱所在的位置

    if(BestschemeCost < (parent.totalCost +
      (child.colTop[child.loadBoxCol] - child.loadBoxRow +
      1)))
    return 0;
    child.totalCost = parent.totalCost + (child.colTop[child.
    loadBoxCol] - child.loadBoxRow + 1);
```

```
child.getScheme = 0;
child.searchDepth = parent.searchDepth + 1;
if(child.blockBoxNumber = = 0)
    {
        child.colTop[child.loadBoxCol] - -;
        child.boxOperation[0].outCol = child.loadBoxCol;
        child.boxOperation[0].outRow = child.loadBoxRow;
        child.boxOperation[0].inCol = COL;
        child.boxOperation[0].inRow = 0;
        child.boxOperation[0].boxId = child.loadingBox.ID;
        child.boxOperation[0].boxLoadSequence =
            child.loadingBox.loadSequence;
        child.getScheme = 1;
        child.maxBlockNumAfterOp = - 1;
        for(i = child.blockBoxNumber + 1; i < = ROW; i + +)
        {
            child.boxOperation[i].boxLoadSequence = 0;//午翻
            箱操作
        }
        return 1;
    }
else//产生移箱方案
    {
        child.maxBlockNumAfterOp = 1;
        i = 0;
        XiangZi tempBlockBox;
        int lastBlockBoxOk = 1;

        while(i < child.blockBoxNumber  )
        {
            ……
        }//end: while(i < child.blockBoxNumber)
```

```
                    if(child.getScheme = = 1)//将要装船的箱子移到集卡列
                    {
                        ……
                    }
                    else
                        return 0;
                }//end：产生移箱方案
            }
int zchfxClass::getBrother(TreeNode &treeNode, TreeNode &brother, int BestschemeCost)
    {
            int HaveChild = 0;
            int GetChildFlag = 0;
            int i, j, k;
            int getLoadingBox = 0;
        {    //根据 treeNode 的内容生成 brother
            brother.colTop[0] = treeNode.colTop[0];
            brother.colTop[1] = treeNode.colTop[1];
            brother.colTop[2] = treeNode.colTop[2];
            brother.colTop[3] = treeNode.colTop[3];
            brother.colTop[4] = treeNode.colTop[4];
            brother.colTop[5] = treeNode.colTop[5];

            for(i = 0; i <= brother.colTop[0]; i + +)
                brother.col0[i] = treeNode.col0[i];
            for(i = brother.colTop[0] + 1; i <= ROW; i + +)
             {
                brother.col0[i].ID = 0;
                brother.col0[i].loadSequence = 0;
             }
            for(i = 0; i <= brother.colTop[1]; i + +)
```

```
        brother.col1[i] = treeNode.col1[i];
for(i = brother.colTop[1] + 1; i < ROW; i++)
{
    brother.col1[i].ID = 0;
    brother.col1[i].loadSequence = 0;
}
for(i = 0; i <= brother.colTop[2]; i++)
    brother.col2[i] = treeNode.col2[i];
for(i = brother.colTop[2] + 1; i < ROW; i++)
{
    brother.col2[i].ID = 0;
    brother.col2[i].loadSequence = 0;
}
for(i = 0; i <= brother.colTop[3]; i++)
    brother.col3[i] = treeNode.col3[i];
for(i = brother.colTop[3] + 1; i < ROW; i++)
{
    brother.col3[i].ID = 0;
    brother.col3[i].loadSequence = 0;
}
for(i = 0; i <= brother.colTop[4]; i++)
    brother.col4[i] = treeNode.col4[i];
for(i = brother.colTop[4] + 1; i < ROW; i++)
{
    brother.col4[i].ID = 0;
    brother.col4[i].loadSequence = 0;
}
for(i = 0; i <= brother.colTop[5]; i++)
    brother.col5[i] = treeNode.col5[i];
for(i = brother.colTop[5] + 1; i < ROW; i++)
{
    brother.col5[i].ID = 0;
```

```
            brother.col5[i].loadSequence = 0;
        }
        brother.loadingBox = treeNode.loadingBox;
        brother.loadBoxCol = treeNode.loadBoxCol;
        brother.loadBoxRow = treeNode.loadBoxRow;
        brother.blockBoxNumber = treeNode.blockBoxNumber;
        for(i = 0; i <= ROW; i++)//初始化 brother 的 boxOperation
[ROW + 1]
        {
            brother.boxOperation[i] = treeNode.boxOperation[i];
        }
        brother.maxBlockNumAfterOp = treeNode.maxBlockNumAfterOp;
        brother.getScheme = 0;
        brother.totalCost = treeNode.totalCost;
        brother.searchDepth = treeNode.searchDepth;
}//end:根据 treeNode 的内容生成 brother
        if(brother.blockBoxNumber == 0)
        {
            return -1;
        }//end: if(brother.blockBoxNumber == 0)
        else//产生移箱方案
        {
            //brother.maxBlockNumAfterOp = 1;
            i = brother.blockBoxNumber - 1;
            XiangZi tempBlockBox;
            int lastBlockBoxOk = 0;
            while(i < brother.blockBoxNumber )
            {
                if(lastBlockBoxOk == 1)//为下一个堵塞箱寻找新
位置
                {
                    tempBlockBox.ID = brother.boxOperation[i].
```

附录 B 装船时翻箱智能决策系统部分程序代码

```
                    boxId;
                                        tempBlockBox.
            loadSequence =
            brother.boxOperation[i].boxLoadSequence;
                    j = 0;//为下一个阻塞箱寻找新的位置
                  }//end：if(lastBlockBoxOk = = 1)
            else//为上一个阻塞箱寻找新的位置
                  {
                      ……
                  }//end：else//为上一个阻塞箱寻找新的位置
            lastBlockBoxOk = 0;
            ……
if(brother.col0[k].loadSequence ＜ min_Box.loadSequence)
{
    min_Box.loadSequence = brother.col0[k].loadSequence;
    min_Box.ID = brother.col0[k].ID;
    min_Row = k;
}
                                            }
    if(tempBlockBox.loadSequence ＜ min_Box.loadSequence)
          {
  if ((brother.colTop[0] - min_Row) ＜ = brother.
  maxBlockNumAfterOp)
            {
    brother.colTop[0]++;
    brother.col0[brother.colTop[0]] = tempBlockBox;
    brother.boxOperation[i].inCol = 0;
    brother.boxOperation[i].inRow = brother.colTop[0];
    lastBlockBoxOk = 1;
    }
  }
else
```

```
    {
    if((brother.colTop[0] - min_Row) <= (brother.maxBlockNumAfterOp
    - 1))
        {
            {
            brother.colTop[0]++;
            brother.col0[brother.colTop[0]] = tempBlockBox;
            brother.boxOperation[i].inCol = 0;
            brother.boxOperation[i].inRow = brother.colTop[0];
            lastBlockBoxOk = 1;
            }
        }//end:
    }//end: else
}//end: if(brother.colTop[0] <= ROW)
break;
case 1:
    if(brother.colTop[1] < ROW - 1)
    {
    for(k = 0; k <= brother.colTop[1]; k++)//找出该列最早装船的
    箱子
    {
    if(brother.col1[k].loadSequence < min_Box.loadSequence)
    {
        min_Box.loadSequence = brother.col1[k].loadSequence;
        min_Box.ID = brother.col1[k].ID;
        min_Row = k;
    }
    }
    if(tempBlockBox.loadSequence < min_Box.loadSequence)
        {
        if((brother.colTop[1] - min_Row) <= brother.
        maxBlockNumAfterOp)
```

```
                {
                brother.colTop[1] + + ;
                brother.col1[brother.colTop[1]] = tempBlockBox;
                brother.boxOperation[i].inCol = 1;
                brother.boxOperation[i].inRow = brother.colTop[1];
                lastBlockBoxOk = 1;
                }
            }
            else
            {
            if((brother.colTop[1] - min_Row) <= (brother.maxBlockNumAfterOp
                - 1))
            {
            {
            brother.colTop[1] + + ;
            brother.col1[brother.colTop[1]] = tempBlockBox;
            brother.boxOperation[i].inCol = 1;
            brother.boxOperation[i].inRow = brother.colTop[1];
            lastBlockBoxOk = 1;
            }
            }
            }//end: else
            }
        break;
case 2:
    if(brother.colTop[2] < ROW - 1)
    {
    if((brother.colTop[2] - min_Row) <= brother.maxBlockNumAfterOp)//将
        最上面的阻塞箱移入改列
    {
    for(k = 0; k <= brother.colTop[2]; k + + )//找出该列最早装船的箱子
    {
```

```
if(brother.col2[k].loadSequence < min_Box.loadSequence)
    {
      min_Box.loadSequence = brother.col2[k].loadSequence;
      min_Box.ID = brother.col2[k].ID;
      min_Row = k;
    }
    }
  if(tempBlockBox.loadSequence < min_Box.loadSequence)
          {
    if((brother.colTop[2] - min_Row) <= brother.maxBlockNumAfterOp)
            {
    brother.colTop[2]++;
    brother.col2[brother.colTop[2]] = tempBlockBox;
    brother.boxOperation[i].inCol = 2;
    brother.boxOperation[i].inRow = brother.colTop[2];
    lastBlockBoxOk = 1;
    }
    }
    else
    {
    if((brother.colTop[2] - min_Row) <= (brother.maxBlockNumAfterOp - 1))
              {
                {
    brother.colTop[2]++;
    brother.col2[brother.colTop[2]] = tempBlockBox;
    brother.boxOperation[i].inCol = 2;
    brother.boxOperation[i].inRow = brother.colTop[2];
    lastBlockBoxOk = 1;
    }//end：if
    }
    }//end：else
```

```
            }
        }
        break;
    case 3:
        if(brother.colTop[3] < ROW - 1)
        {
        for(k = 0; k <= brother.colTop[3]; k++)//找出该列最早装船的箱子
        {
        if(brother.col3[k].loadSequence < min_Box.loadSequence)
        {
            min_Box.loadSequence = brother.col3[k].loadSequence;
            min_Box.ID = brother.col3[k].ID;
            min_Row = k;
            }//end;
        }//end; for(k = 0; k < brother.colTop[3])
    if(tempBlockBox.loadSequence < min_Box.loadSequence)

    {
        if((brother.colTop[3] - min_Row) <= brother.maxBlockNumAfterOp)
                {
        brother.colTop[3]++;
        brother.col3[brother.colTop[3]] = tempBlockBox;
        brother.boxOperation[i].inCol = 3;
        brother.boxOperation[i].inRow = brother.colTop[3];
        lastBlockBoxOk = 1;
        }
    }
    else
    {
        if((brother.colTop[3] - min_Row) <= (brother.maxBlockNumAfterOp
            - 1)
                {
```

```
            {
brother.colTop[3] + + ;
                brother.col3[brother.colTop[3]] = tempBlockBox;
brother.boxOperation[i].inCol = 3;
                brother.boxOperation[i].inRow = brother.colTop[3];
lastBlockBoxOk = 1;
}//end: if
            }
}//end: else
            }
break;
case 4:
    if(brother.colTop[4] < ROW - 1)
    {
        for(k = 0; k < = brother.colTop[4]; k + +)//找出该列最早装船的箱子
        {
            if ( brother. col4 [ k ]. loadSequence < min _ Box. loadSequence)
            {
            min_Box.loadSequence = brother.col4[k].loadSequence;
            min_Box.ID = brother.col4[k].ID;
            min_Row = k;
            }
        }
        if(tempBlockBox.loadSequence < min_Box.loadSequence)
            {
                if((brother.colTop[4] - min_Row) < =
                brother.maxBlockNumAfterOp)
                {
                    brother.colTop[4] + + ;
                    brother.col4[brother.colTop[4]] = tempBlockBox;
```

```
            brother.boxOperation[i].inCol = 4;
            brother.boxOperation[i].inRow = brother.colTop[4];
            lastBlockBoxOk = 1;
        }
    }
    else
    {
        ……
    }//end: else
    break;
case 5:
if(brother.colTop[5] < ROW - 1)
{
for(k = 0; k < = brother.colTop[5]; k + +)//找出该列最早装船的箱子
{
if(brother.col5[k].loadSequence  <  min_Box.loadSequence)
{
    min_Box.loadSequence = brother.col5[k].loadSequence;
    min_Box.ID = brother.col5[k].ID;
    min_Row = k;
    }
}//end: for(k = 0; k < brother.colTop[5])
if(tempBlockBox.loadSequence < min_Box.loadSequence)
        {
    if ((brother. colTop [5] - min_Row) < = brother.
    maxBlockNumAfterOp)
            {
    brother.colTop[5] + +;
    brother.col5[brother.colTop[5]] = tempBlockBox;
    brother.boxOperation[i].inCol = 5;
    brother.boxOperation[i].inRow = brother.colTop[5];
    lastBlockBoxOk = 1;
```

```
            }
        }
        else
        {
            if((brother.colTop[5] - min_Row) <= (brother.maxBlockNumAfterOp
                - 1))
            {
                {
                    brother.colTop[5]++;
                    brother.col5[brother.colTop[5]] = tempBlockBox;
                    brother.boxOperation[i].inCol = 5;
                    brother.boxOperation[i].inRow = brother.colTop[5];
                    lastBlockBoxOk = 1;
                }
            }
        }//end: else
......
int zchfxClass::getZchfxScheme(int const DEPTHOFDFS)
{
    TreeNode TempTreeNode;
    TreeNode child, brother;
    TreeNode SearchStack[MAXDEPTH];
    int SearchStackTop = -1;
    BoxOperation TempSearchPath[(MAXDEPTH+1) * (ROW+1)];
    BoxOperation BestSearchPath[(MAXDEPTH+1) * (ROW+1)];
    OperationNumber = 0;
    TreeNode NextSearchRoot;
    int HaveChild, HaveBrother;
    int i, j;
    for(i = 0; i < (COL * ROW * (ROW+1)); i++)
        {
            operationPlan[i].outCol = -1;
```

```
        operationPlan[i].outRow = -1;
        operationPlan[i].inCol = -1;
        operationPlan[i].inRow = -1;
        operationPlan[i].boxId = 0;
        operationPlan[i].boxLoadSequence = 0;
        operationPlan[i].addCost = 0;
    }
    for(i = 0; i < ROW; i++)
    {
        NextSearchRoot.col0[i].ID = FirstWei[0][i].ID;
        NextSearchRoot.col0[i].loadSequence =
            FirstWei[0][i].loadSequence;
        NextSearchRoot.col1[i].ID = FirstWei[1][i].ID;
        NextSearchRoot.col1[i].loadSequence =
            FirstWei[1][i].loadSequence;
        NextSearchRoot.col2[i].ID = FirstWei[2][i].ID;
        NextSearchRoot.col2[i].loadSequence =
            FirstWei[2][i].loadSequence;
        NextSearchRoot.col3[i].ID = FirstWei[3][i].ID;
        NextSearchRoot.col3[i].loadSequence =
            FirstWei[3][i].loadSequence;
        NextSearchRoot.col4[i].ID = FirstWei[4][i].ID;
        NextSearchRoot.col4[i].loadSequence =
            FirstWei[4][i].loadSequence;
        NextSearchRoot.col5[i].ID = FirstWei[5][i].ID;
        NextSearchRoot.col5[i].loadSequence =
            FirstWei[5][i].loadSequence;
    }
        NextSearchRoot.col0[ROW].loadSequence = 0;/
{
    NextSearchRoot.colTop[0] = -1;
    for(i = 0; i <= ROW; i++)
```

```
{
    if(NextSearchRoot.col0[i].loadSequence!=0)
        NextSearchRoot.colTop[0]++;
    else
        break;
}
NextSearchRoot.colTop[1]=-1;
for(i=0; i<ROW; i++)
{
    if(NextSearchRoot.col1[i].loadSequence!=0)
        NextSearchRoot.colTop[1]++;
    else
        break;
}
NextSearchRoot.colTop[2]=-1;
for(i=0; i<ROW; i++)
{
    if(NextSearchRoot.col2[i].loadSequence!=0)
        NextSearchRoot.colTop[2]++;
    else
        break;
}
NextSearchRoot.colTop[3]=-1;
for(i=0; i<ROW; i++)
{
    if(NextSearchRoot.col3[i].loadSequence!=0)
        NextSearchRoot.colTop[3]++;
    else
        break;
}
NextSearchRoot.colTop[4]=-1;
for(i=0; i<ROW; i++)
```

```
        {
            if(NextSearchRoot.col4[i].loadSequence!=0)
                NextSearchRoot.colTop[4]++;
            else
                break;
        }
        NextSearchRoot.colTop[5]=-1;
        for(i=0;i<ROW;i++)
        {
            if(NextSearchRoot.col5[i].loadSequence!=0)
                NextSearchRoot.colTop[5]++;
            else
                break;
        }
}//end：确定每列的顶层非空箱位
    NextSearchRoot.loadingBox.loadSequence=0;
    OperationNumber=0;
while(NextSearchRoot.loadingBox.loadSequence<(COL*ROW-ROW+1))
    {   NextSearchRoot.searchDepth=0;
    SearchStackTop=-1;
    int BestschemeCost=0x7fffffff;
    HaveChild = getChild ( NextSearchRoot, TempTreeNode, BestschemeCost,DEPTHOFDFS,TempSearchPath);
    if(HaveChild==-1) return -1;
    int ToBeContinued=1;//继续深度搜索标志
    while(ToBeContinued)
    {
        ToBeContinued=0;
        HaveChild=getChild(TempTreeNode,child,BestschemeCost,
            DEPTHOFDFS,TempSearchPath);
        HaveBrother = getBrother ( TempTreeNode, brother,
```

```
        BestschemeCost);
    if(HaveChild = = 1){
        ToBeContinued = 1;
        if(HaveBrother = = 1)//将兄弟节点压入搜索栈
        {
            SearchStackTop + + ;
            SearchStack[SearchStackTop] = brother;
        }
        TempTreeNode = child;
}
        else
        {
            if((HaveChild = = - 1) || (HaveChild = = - 2))
                {
                    if(  TempTreeNode.totalCost < BestschemeCost)
                    {
                              BestschemeCost   =   TempTreeNode.
                        totalCost;
                            NextSearchRoot = TempTreeNode;
                    for(i = (ROW + 1); i < = (TempTreeNode.searchDepth
                    + 1) *
                        (ROW + 1); i + + )
                            {
                                BestSearchPath[i] = TempSearchPath
                            [i];
                            }
                    }
                    else if(TempTreeNode.totalCost = = BestschemeCost)
                        //比较压箱数
                        ……
                    else if(  Num_TempTreeNode>Num_NextSearchRoot)
                                break;
```

```
                }//end: else
            }
        if(HaveBrother = = 1)//搜索兄弟节点
        {
            ToBeContinued = 1;
            TempTreeNode = brother;
        }
        else
        {
            if(SearchStackTop > -1)
            {
                ToBeContinued = 1;
                TempTreeNode = SearchStack[SearchStackTop];
                SearchStackTop - -;
            }
        }
      }
    }
for(i = (ROW + 1); i < (NextSearchRoot.searchDepth + 1) * (ROW + 1); i + +)
    {
        if(BestSearchPath[i].boxLoadSequence ! = 0)
        {
            OperationNumber + +;
            operationPlan[OperationNumber] = BestSearchPath[i];
        }
    }
    return 1;
}
```

后 记

本书是在导师石来德教授和宓为建教授的悉心指导下完成的,石老师从课程的安排到课题的选择与开展均作了精心考虑,宓老师为课题研究提供了调研场所,为论文的撰写、修改提供了具体的指导和帮助。四年来,导师敏锐深邃的学术洞察力,孜孜不倦的敬业精神,严谨治学、不断探索的优良作风,为人正直、待人宽厚的优秀品德给我留下了深刻的印象,必将使我受益终身。借此机会,谨向两位恩师致以最诚挚的敬意和最衷心的感谢!

感谢同济大学丁玉兰、张氢、简小刚、张新艳、归正、杨祖荣等各位老师的关心和支持。感谢张超、于睿坤、姜波、李海英、石桂梅、王秀玲、孔令荣、杨素哲、程红梅、杨继梅等各位博士和同学在生活上和学习上给予的帮助。

感谢武汉理工大学物流工程学院的肖汉斌、李文峰等各位领导;感谢胡吉全、董明望和周强教授;感谢王少梅、张庆英、计三有、于蒙、张鹏、张英、罗述全等物流系统及技术系的全体老师;此外,在论文开展初期刘志雄、蔡云、张煜、胡文斌等各位博士及张予川老师提出了一些指导性意见,在此对他们表示由衷的谢意。

上海海事大学的苌道方、何军良、赵宁、严伟等为本研究提供了许多帮助,在此表示衷心的感谢!此外,还要感谢梁承姬、董良才、舒帆等各位老师的支持。

感谢在百忙之中审阅本书的各位专家!

感谢好朋友薛颖、梁彩虹、查靓、李燏、易艳等给予的支持。感谢所有在生活和学习中曾给予我鼓励和帮助的师长、同学和亲朋。感谢父母多年来的无私奉献。感谢姐姐、妹妹的关心。特别要感谢我的爱人张铁弓先生给予我的理解、鼓励、支持和无私奉献!

最后,感谢同济大学在我求学生涯中留下了美好记忆!

张艳伟